KB215190

교회 안의 거짓말

일러두기 ——

- 본문에 인용한 성경은 대한성서공회에서 펴낸 새번역판을 따랐으며, 개역개정판을 인용한 경우에는 따로 표기했습니다.
- 이 책은 2013년 포이에마에서 출간되었다가 2017년 비아토르에서 재출간한 것의 개정판입니다.

교회 안의 거짓말

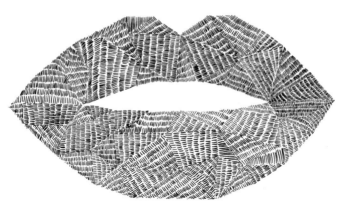

우리가 신앙이라고 착각하는
12가지 확신

김형국 지음

비아
토르
viator

교회 안의 거짓말?

"거짓말하면 안 돼!"

우리가 초등학교에 가기 전부터 수도 없이 들었던 말입니다. 어쩌면 우리는 인지가 생겨나고 도덕이라는 영역에 눈을 떴을 때부터, 거짓말이 얼마나 나쁜지에 대해서 어른들로부터 반복적으로 들었을 것입니다. 듣기만 한 것이 아니라, 우리 또한 소위 어른이 되어 가면서 누군가에게 이 말을 많이 했을 것입니다.

거짓말은 사람들 사이의 신뢰를 깨뜨리고, 세상의 진실을 왜곡합니다. 그래서 우리 모두가 피해야 할 것으로 생각합니다. 오늘날도 사람들 사이에 문제가 일어나는 것을 보면, 거짓말과 연루된 것들이 적지 않습니다. 작은 거짓말에서부터 아예 치밀하게 계획하고 하는 거짓말에 이르기까지, 우리 인생의 문제와 거짓말은 떼어놓을 수 없어 보입니다. 우리 사회의 다양한 문제들을 보아도 그렇습니다. 개인적으로 학력이나 경력을 위조하는 것에서부터, 교묘하게 타인을 조작하기 위해서 동원되는 거짓말이 있습니다. 더 나아가서는 사회와 역사를 이해하고 해석하는 일에서도, 진실보다 거짓을 택하는 경우가 적지 않습니다. 그러고 보면, 우리 인간사에 끊임없이 일어나고 있는 여러 아픈 모습들은 늘 거짓말과 관련이 있습니다. 그래서 거짓말이 많은 인생이나 사회는 건강할 수 없습니다.

교회 안에도 거짓말이 있다?

이렇게 우리에게 심대한 영향을 끼치는 거짓말이 교회 안에도 있다면, 그것은 심각한 문제가 아닐 수 없습니다. 교회는 하나님께서 우리 인생과 사회에 적지 않은 영향을 끼칠 수 있도록 준비해 놓으신 공동체이기 때문입니다. 교회는 하나님께서 사랑과 공의로 세상을 다스리신다는 사실을 진정으로 믿는 그 나라 백성들의 공동체입니다. 이들이 하나님을 제대로 믿고 따르면 세상 사람들이 보이지 않는 하나님을 볼 수 있게 되고, 더 나아가 그들도 하나님나라 백성의 대열에 합류하게 됩니다. 이것은 교회를 통해 세상을 회복하시려는 하나님의 꿈이었습니다.

그러나 인간의 약함과 악함 때문에 교회 내에서도 끊임없이 세상에서와 비슷한 거짓말이 있을 수 있습니다. 자신의 이익을 위해서 진실보다는 거짓을 택하고 그 거짓을 합리화하는 것은,

우리가 하나님나라에 들어갈 때까지 완전히 극복하지 못할 우리의 한계이며 죄성입니다. 그러나 이런 일상사에서의 거짓말 말고도, 정말 교회를 병들게 하는 거짓말들이 있습니다. 그것은 더 본질적인 영역에서 일어나는 거짓말입니다. 우리가 믿고 있는 진리에 대한, 믿는 방식과 살아가는 방식에 대한 거짓말들이 바로 그것입니다.

교회를 병들게 하는 거짓말들

이 거짓말들은 고의로 만들어지지는 않습니다. 또 이러한 말들이 100퍼센트 거짓말이 아닐 수 있습니다. 대부분의 고약한 거짓말들이 그렇듯, 교회 안에 있는 거짓말도 약간의 진실과 약간의 거짓이 섞여 있습니다. 문제는 이 거짓말들이 우리가 마땅히 걸어야 할 길에서 벗어나 곁길로 가게 한다는 것입니다. 하나님나라 백성이 하나님께서 자녀들을 위해 계획하신 길로부터 벗어나면, 그 개인과 공동체는 하나님의 아름다움을 드러낼 수 없습니다. 하나님의 자녀들은 자녀답지 못한 모습으로 살아가게 됩니다. 하나님의 살아 계심을 드러내는 흔적은 세상적인 영광과 감성이 뒤섞인 종교적 경험으로 위장됩니다. 그리고 무엇보다 하나님에 대한 궁금증을 가진 우리의 이웃들은 아예 기독교라는 종교에서 인생의 답을 찾는 것을 포기해버립니다.

이 책은 제 자신의 영적 여정과 관련이 있습니다. 예수님을 통해 하나님을 알아가기 시작하면서, 아니 그 이전에 신앙을 제대로 갖기 전부터 교회 어른들과 선배들에게서 교회 내에서 아무렇지도 않게 하는 많은 말들을 들었습니다. 워낙 자주 당연하게 통용되는 말들이어서 처음에는 아무렇지도 않게 받아들였지만, 그 말들이 현실 속에서 드러내는 부조리한 모습과 변명이라고 볼 수밖에 없는 합리화는 어린 저의 머리를 갸우뚱하게 하였습니다. 성경을 공부하며 주님을 따라가면서 저는 이러한 말들이 성경의 진리에 근거하지 않은 말들이라는 것을 하나둘씩 발견하기 시작했습니다.

한 걸음 더 나아가, 우리의 교회가 건강하지 않은 이유가 바로 여기에 있다는 사실도 발견했습니다. 하나님의 진리에 기초하지 않은, 그러나 우리가 너무나 당연하게 여기는 생각들이 오늘날 한국 교회를 병들게 한다는 사실을 발견한 것입니다. 그래서 이러한 유의 말들을 저는 '교회 안의 거짓말'이라고 생각하기 시작했습니다. 하나둘 그런 말들을 모아 보았는데 생각보다 많았습니다. 이러한 '교회 안의 거짓말'은 놀랍게도 우리의 구원과 믿음에 대한 것들(1부), 그리스도인의 삶에 대한 것들(2부), 더 나아가 교회에 대한 것들(3부)이었습니다. 이러한 오해들은 원초적으로 하나님에 대한 오해에서 기인하는 것입니다. 성경에서 보여 주고 있는 하나님과 그분의 뜻에 대한 부족한 이해와, 이를 부추길 수밖에 없는 세상과 문화의 영향이 '교회 안의 거짓말'을 만들어 낸 것입니다.

이 책을 잘 사용하려면

이 책은 다소 논쟁적일 수 있습니다. 지금까지 편하게 써 왔던 말들을 다루니, 당연히 거부감이 있을 수 있고, 읽으면서 방어적이게 될 수도 있습니다. 이런 말을 하는 사람을 정죄하는 데 오용될 수도 있습니다. 또한 각 장의 주제가 성서신학적이고 조직신학적인, 또는 문화적이고 사회적인 논쟁을 할 만한 주제들이어서, 더 깊은 연구와 토론이 필요하기도 합니다. 그러나 이 책은 논쟁이나 정죄, 또는 학술적 연구를 위해서 쓴 것이 아닙니다. 하나님 나라 백성 모두가 성경이 말하고 있는 가장 근본적인 진리에 뿌리를 내리고 그 위에 굳건히 서서, 그리스도인 개인으로서 또한 공동체로서 마땅히 걸어야 할 길을 걷도록 섬기는 것이 이 책을 쓴 목적입니다.

그래서 이 책은 관심이 가는 어떤 장부터 읽으셔도 좋습니다. 물론 앞에서부터 차례대로 읽는 것이 논리 전개에는 더 도움이 될 것입니다. 이 책을 읽으실 때, 책 뒤에 덧붙인 토론 문제 '삶으로 말씀 읽기'를 사용하여 자신이 속한 공동체에서 토론하면서 이야기를 나누실 것을 추천합니다. 우리가 통용하고 있는 이 '거짓말'들은 우리 뼛속 깊이 녹아 있는 것들이어서, 함께 토론하고 함께 기도하는 과정을 통해서야 그 실체를 드러내고, 결국에는 진리에 뿌리 내린 말들로 바뀔 수 있기 때문입니다.

한국 교회에 문제가 많다는 이야기는 이미 지겨울 정도로 많이 들었습니다. 다양한 각도에서 이 문제에 접근하는 일이 필요합니다. 그러나 그중에서 아마도 가장 중요한 일은 우리 믿음의 내용과 방법을 성경이 가르치는 진리 위에 바로 세우는 일일 것입니다. 무엇보다도 예수를 믿고 따르는 일의 본질에 해당하는 구원, 믿음, 그리스도인의 삶, 그리고 교회에 대한 바른 가르침 위에 성도들의 삶이 세워지는 것이 중요합니다. 몸살을 넘어 중병을 앓고 있는 것처럼 보이는 한국 교회를 섬기는 일에 이 작은 책이 보탬이 되기를 간절히 소망합니다.

이 책은 지난 2013년에 펴냈던 것을 《위조된 각인: 우리가 교회라고 오인하는 12가지 모습》 출간 시점에 맞춰 리뉴얼한 것입니다. 시간이 많이 흘렀음에도 별반 달라지지 않은 현실은 우리가 '신실한 믿음'이라고 오해하고 있는 것들에 계속해서 질문을 던져야 할 필요를 느낍니다. 언젠가 그러한 왜곡된 신앙이 바로 잡혀서 이 책을 '기쁘게' 절판하는 날이 오기를 기대합니다.

2021년 부활절을 맞으며

3 **교회에 대한 거짓말**

성경은 구원에 대하여 선명하게 가르칩니다. 구원과 관련하여 믿음의 역할을 이해하는 것은 매우 중요합니다. 성경은 믿음으로 구원을 얻고, 또한 복을 얻는다고 가르치기 때문입니다. 구원과 믿음과 복을 성경에서 가르치는 의미로 사용하지 않고 일반적인 문화나 사회에서 쓰는 의미로 받아들이면 문제는 심각해집니다. 하나님께서 주기 원하시는 진정한 복, 회의와 믿음, 그리고 구원의 확신과 관련된 거짓말들은 어떤 것이 있을까요? 함께 생각해 봅시다.

구원과 믿음에 대한 거짓말

예수 믿으면
복 받아요

"예수 믿으면 복 받아요!"

"예수를 믿었더니, 아이 수능 점수가 잘 나와서 서울에 있는 좋은 대학에 들어갔어요."

"경제적인 어려움이 심했는데, 예수님 믿고 나니 갑자기 우리 집 근처가 재개발이 되어 어려움이 해결되었어요."

"예수를 믿었더니 저의 고질병이 나았어요."

이런 간증 들어 보셨나요? 이뿐 아니라 우리는 설교와 책을 통해서도, 예수 믿고 복 받은 사람의 이야기, 특별히 물질적인 복을 받아 부자가 되거나, 원하던 일이 이루어진 사람들의 이야기를 접합니다. 그래서 사람들은 기독교 신앙을 다른 사람에게 권할 때도 이런 예를 들면서, 예수를 믿으면 이런저런 좋은 복을 받을 것이라고 이야기해 줍니다. 정말 예수를 믿으면 그렇게 되나요? 이런 복을 받게 되나요?

물질적인 복

/

보통 '예수 믿으면 복 받는다'라고 할 때 우리는 대부분 부귀와 영화를 떠올립니다. 혹은 부귀영화까지는 아니더라도 부자 되고, 출세하고, 결혼 잘 하고, 아이들 잘되는 것 등을 생각합니다. 물론 죽고 난 다음 천국에 가는 복도 포함되어 있기는 합니다. 하지만 그것은 부록이나 사은품 정도일 뿐, 우리의 관심은 살아 있는 동안 만사가 형통하고 이 세상에서 누릴 수 있는 최고의 것들을 잘 누릴 수 있게 되는 복에 가 있습니다.

이런 복 받는 것을 싫어할 사람이 어디 있겠습니까? 늘 돈에 시달리고, 건강이 걱정되고, 결혼생활도 흔들흔들하고, 아이는 잘 크는지 모르겠고, 출세와 성공은 고사하고 그냥 직장이라도 잘 잡으면 좋겠다는 생각이 드는 불안한 상황이니 말입니다. '예수를 믿으면 이런 문제들로부터 보호받고, 우리에게 언제 닥칠지 모르는 액이나 화를 피할 수 있고, 하나님이 특별하게 복 주셔서 그래도 조금 잘살 수 있지 않을까?' 하는 기대가 생기는 것은 당연한 일입니다. 그래서 신앙을 갖게 되기도 하지요.

특별히 이런 복을 아주 많이 받았다 할 수 있는 예로 록펠러가 자주 인용됩니다. 록펠러의 이야기를 들으면, 예수 믿으면 정말 그런 복을 받을 것 같기도 합니다. 록펠러는 세계 최고의 갑부로서, 순자산이 현존하는 미국 최고 부자인 빌 게이츠보다 세 배 정도 많은 172조 원이었습니다. 록펠러가 죽을 때 그의 재산은 미국 전체 부의 1.53퍼센트였다고 합니다. 한 개인이 미국 전체의 1.53퍼센트의 부를 가지고 있었으니, 정말 대단한 부자였습니다.

그런데 어떻게 돈을 많이 벌게 되었느냐는 기자의 질문에 록펠러는 다음과 같은 유명한 답을 했다고 합니다.

"저는 어릴 때부터 신앙생활에서 아주 중요한 몇 가지를 고수해 오고 있기 때문입니다. 아주 가난할 때도 십일조를 해야 한다고 배웠기 때문에 십일조를 했지요. 예배 때마다 빠지지 않고 맨 앞줄에 앉아서 정성껏 예배를 드렸습니다. 그리고 교회에서 하자는 일에는 거의 대부분 순종했고, 목사님의 마음을 아프게 하는 일은 결코 하지 않았습니다."

실제로 록펠러는 십일조를 정확하게 하기 위해 십일조를 계산하는 전담 직원을 수십 명이나 두었다고 합니다. 곳곳에서 들어오는 수입의 십분의 일을 계산하자니 직원이 필요했겠지요.

록펠러의 말에는 분명히 신앙생활의 중요한 요소들이 담겨 있습니다. 수입의 일정량을 떼어서 물질의 주인이 하나님임을 고백하는 헌금, 예배를 진실하게 드리는 일, 그리고 교회를 소중히 여기는 일 등은 본질적으로 아주 중요한 요소입니다. 그런데 록펠러가 정말 이런 식으로 예수를 믿어서 역사에 기억될 만한 부자가 되었을까요? 예수를 잘 믿으면 모두가 이렇게 복을 받게 되는 걸까요?

우리는 좀 혼란스러워집니다. 이런 이야기를 들을 때 우리 대부분은 '아하, 그래서 내가 복을 참 많이 받았지'보다는 '그런데 나는 예수를 믿는데도 왜 복을 못 받지?'라는 생각이 들기 때문입니다. 오히려 솔직하게 말하면, 예수를 잘 믿으려고 애를 쓰면 쓸수록 생활이 좀 더 어려워진다는 느낌이 들 때가 있습니다. 예수 믿고 따라 사는 것이 힘들다는 생각도 들고, 세상의 편리한 방식을 거슬러 사는 것이 그리스도인의 삶이라는 사실도 깨닫곤 합니다. 그러면서 질문합니다. '예수 믿으면 받는 복, 그 복이 정말 뭘까?'

뿐만 아니라 악인이 번성하는 것을 볼 때 우리는 더더욱 혼란에 빠집니다. 하나님을 믿는 사람이 복을 받아야 할 것 같은데, 하나님을 믿지 않을 뿐 아니라 거만하기까지 한 사람들이 오히려 복을 받고, 악한 사람들이 잘되고 있으니 도대체 어떻게 된 것인가요? 거기다 우리가 정말 혼란스럽게 느끼는 때는, 하나님을 잘 믿는다고 말하면서 사회적인 불의에 적극적, 소극적으로 가담해서 성공하는 사람들을 볼 때입니다. 도대체 어떻게 된 것일까요?

혼란스러워하는 시인 아삽

/

이런 혼란은 우리만 겪는 것이 아닙니다. 구약의 한 시인도 아주 극단적으로 이런 혼란을 겪었습니다. 바로 시편 73편에 나오는 아삽이라는 시인의 이야기입니다.

> 1하나님은, 마음이 정직한 사람과 마음이 정결한 사람에게 선을 베푸시는 분이건만, 2나는 그 확신을 잃고 넘어질 뻔했구나. 그 믿음을 버리고 미끄러질 뻔했구나. 3그것은, 내가 거만한 자를 시샘하고, 악인들이 누리는 평안을 부러워했기 때문이다.

아삽은 매우 혼란스러웠습니다. 그는 마음이 정직한 사람과 정결하게 사는 사람에게 하나님이 선을 베푸신다고 알고 있었습니다. 그런데 그가 본 것은, 악인들이 살아 있는 동안 번성하고 그들이 죽을 때에도 편안하게 죽는 모습이었습니다. 이에 자신은 거의 넘어질 뻔했다고, 도대체 하나님의 공의가 살아 있는 것인지 의문이 생겨 넘어질 뻔했다고 말합니다(1-3절). 그리고 나서는 4절에서 15절까지의 긴 본문에서, 거만한 사람들의 시샘할 만한 성공과 악인들이 누리는 내면적, 심리적 평안에 대해서 자세히 나열하고 있습니다.

⁴그들은 죽을 때에도 고통이 없으며, 몸은 멀쩡하고 윤기까지 흐른다. ⁵사람들이 흔히들 당하는 그런 고통도 그들에게는 없으며, 사람들이 으레 당하는 재앙도 그들에게는 아예 가까이 가지 않는다. ⁶오만은 그들의 목걸이요, 폭력은 그들의 나들이옷이다. ⁷그들은 피둥피둥 살이 쪄서, 거만하게 눈을 치켜뜨고 다니며, 마음에는 헛된 상상이 가득하며, ⁸언제나 남을 비웃으며, 악의에 찬 말을 쏘아붙이고, 거만한 모습으로 폭언하기를 즐긴다. ⁹입으로는 하늘을 비방하고, 혀로는 땅을 휩쓸고 다닌다.

¹⁰하나님의 백성마저도 그들에게 홀려서, 물을 들이키듯, 그들이 하는 말을 그대로 받아들여 ¹¹덩달아 말한다. "하나님인들 어떻게 알 수 있으랴? 가장 높으신 분이라고 무엇이든 다 알 수가 있으랴?" 하고 말한다. ¹²그런데 놀랍게도, 그들은 모두가 악인인데도 신세가 언제나 편하고, 재산은 늘어만 가는구나.

¹³이렇다면, 내가 깨끗한 마음으로 살아온 것과 내 손으로 죄를 짓지 않고 깨끗하게 살아 온 것이 허사라는 말인가?

¹⁴하나님, 주님께서는 온종일 나를 괴롭히셨으며 아침마다 나를 벌하셨습니다. ¹⁵"나도 그들처럼 살아야지" 하고 말했다면 나는 주님의 자녀들을 배신하는 일을 하였을 것입니다.

아삽은 그들의 성공과 편안함과 윤기가 흐르는 모습들을 보면서, 그들이 누리는 복과 성공을 보면서, 자신이 정직하고 열심히 성실하고 깨끗하게 살려고 했던 것은 허사가 아닌가, 의롭고 정직하게 사는 것이 무의미한 일은 아닌가 하는 회의에 빠졌다고 말합니다. 세상에서 악인들이 그처럼 악한 방법으로 돈을 많이 벌고 살아가는 모습을 보면서 자신은 바보가 아닌가 하는 생각을 했다고 말합니다.

14절의 "주님께서는 온종일 나를 괴롭히셨으며 아침마다 나를 벌하셨습니다"라는 말은, 그런 생각 때문에 온종일 괴로웠고 아침에 일어나면 한숨이 나왔다는 의미입니다. 그것을 시적으로 표현한 것이지요. 그러다 보니 그의 생각은 "나도 그들처럼 살아야지. 세상 사람들이 다 그렇게 사니 나도 그렇게 해봐야지"라고 말하려는 순간까지 이르렀습니다. 거의 실족할 뻔했다는 것이 이 시인의 고백입니다.

만약 아삽이 21세기에 살았다면 이런 시를 쓰지 않았을까요? 다음은 21세기판 아삽의 기도입니다.

그들은 불의하게 번 돈으로 온갖 좋은 것을 먹고, 좋은 데를 다니며, 피부 관리까지 받으니 10년은 더 젊어 보이는구나. 그들의 자녀는 어릴 때부터 특별 과외로 학교 성적조차 월등하구나. 가난한 자들의 가난을 게으름 때문이라고 비웃으며 그들은 교회에 나와 예배드리는 것으로 신앙생활에 점을 찍는다. 일주일 내내 하나님이 함께하신다고 하나, 그 하나님은 정의의 하나님이 아니라 수호천사나 요술램프의 요정과 같은, 그들을 위로하고 복 주기 위한 그들만의 신이구나. 그들이 일하지 않아도, 여기저기 사 놓은 부동산 값은 세월만 지나가면 알아서 스스로 살을 찌우는구나. 예수 믿고 똑바로 사는 것이 무슨 소용이 있단 말인가?

혼란이 풀리다

/

그런데 이런 아삽의 혼란이 풀리기 시작합니다. 16-17절에서는 그 혼란이 아주 극심했으나 아삽이 무언가를 깨닫게 되었음을 보여 줍니다.

16내가 이 얽힌 문제를 풀어 보려고 깊이 생각해 보았으나, 그것은 내가 풀기에는 너무나 어려운 문제였습니다. 17그러나 마침내 하나님의 성소에 들어가서야 악한 자들의 종말이 어떻게 되리라는 것을 깨닫게 되었습니다.

아삽은, 이 얽힌 문제를 풀어 보려고 했으나 너무 어려웠다고 말합니다. 이것이 우리 인간의 한계입니다. 이것은 인간의 궁극적인 한계입니다. 우리는 보이는 것만 이해할 수 있고, 그나마 보이는 것도 다 이해하지 못하는 존재입니다. 더욱이, 죽음 이전의 것들에 대해서는 부분적으로 이해할 수 있지만, 죽음 이후의 삶에 대해서는 도무지 알 수 없다는 한계가 있습니다. 그러므로 도대체 이해하려고 애를 썼지만 자기 힘으로 알 수 없다는 아삽의 이 고백은, 진실한 질문에 대한 진실한 답변입니다.

그러나 그는 17절에서 "그러나 마침내 하나님의 성소에 들어가서야, 악한 자들의 종말이 어떻게 되리라는 것을 깨닫게 되었습니다"라고 고백합니다. '성소에 들어갔다'는 것은 예배당에 왔다는 말이 아니라, 하나님의 임재 속에 들어갔다는 의미입니다. 그렇게 하나님의 임재 속에 들어갔을 때, 하나님은 우리의 능력과 지혜로는 알 수 없는 그것을 깨닫게 하셨다고 시인은 말합니다. 하나님의 임재 속에 들어간 사람은 하나님의 마음을 알게 되고, 하나님의 시각으로 자신과 세상을 보는 특권을 가집니다. 그는 하나님의 시각으로 세상을, 인생을 볼 수 있는 특권을 누리고 나서야 세상만사가 정리되기 시작했다고 말하고 있는 것입니다.

그러므로 이 시편 전체에서 가장 핵심적인 표현은 여기 17절의 "성소에 들어가서"입니다. 그가 성소에서, 즉 하나님의 임재 가운데서, 하나님의 새로운 시각으로 깨달은 것이 18-20절의 내용입니다.

18주님께서 그들을 미끄러운 곳에 세우시며 거기에서 넘어져서 멸망에 이르게 하십니다. 19그들이 갑자기 놀라운 일을 당하고, 공포에 떨면서 자취를 감추며, 마침내 끝장을 맞이합니다. [20]아침이 되어서 일어나면 악몽이 다 사라져 없어지듯이, 주님, 주님께서 깨어나실 때에 그들은 한낮 꿈처럼, 자취도 없이 사라집니다.

죽음 이후에 하나님의 공의로운 심판이 있을 것임을 깨달은 것입니다. 사실, 우리는 죽음을 굉장히 두려워합니다. 고통스럽게 죽어가는 사람들을 보면, '우리도 저렇게 고통스럽게 죽으면 어떡하나? 정말 편안하게 죽었으면 좋겠다' 하고 생각합니다. 또 어떤 사람들은 죽음으로 모든 것이 끝나 무로 돌아갈 것이라고 믿고, 죽음이 두렵지 않다고 스스로를 위로하기도 합니다. 또는 죽음 이후를 알 수 없으니 아예 죽음을 생각하지 않으려 들기도 합니다. 그러나 죽음은 어느 누구도 피할 수 없는 것이며, 성경은 죽음으로 모든 것이 끝나는 게 아니라고 이야기합니다. 죽음 이후에 모든 것이 끝나는 것이 아니라, 우리가 생각지 못한 더 끔찍한 일이 일어날 수 있다고 이 시편은 말합니다. 죽음 이후에 하나님의 공의로운 심판이 남아 있다는 것입니다. 저자는 그것을 시적으로 표현하여, "그들을 미끄러운 곳에 세워서 거기서 넘어져서 멸망에 이르게 한다"고 말했습니다. 이는 죽음 이후에 있을 하나님의 공의로운 심판을 의미합니다.

이는 정말 중요한 내용입니다. 하나님의 정의는 우리가 살아 있는 동안 이 땅에서 부분적으로 시행됩니다. 그리고 나서 죽음 이후에 완전한 공의가 행해집니다. 다시 말하면, 하나님의 심판은 유보되어 있습니다. 하나님이 인간에게 끊임없이 가르치시는 것은, 이 불의한 세상과 그 속에서 우리가 소극적으로 또는 적극적으로 저지르는 악에 대해서 분명히 심판하실 것이라는 사실입니다. 적극적인 악이란, 의식적으로 다른 사람에게 피해를 주면서 자신의 이윤과 이익을 극대화하여 세상에서 부자가 되고, 높은 지위를 차지하고, 사람들로부터 명예를 얻는 행동을 뜻합니다. 반면 소극적인 악이란, "세상은 다 그래", "이게 우리 자본주의 체제야", "어쩔 수 없어"라고 하면서 악한 제도에 편입되어 자신을 합리화하며 그 속에서 순응하여 살아가는 것을 말합니다.

이러한 적극적이고 소극적인 악에 대해서 성경은 결국 하나님의 온전하고 정의로운 심판이 있을 것이라고 말합니다. 단지 지금은 하나님이 오래 참으심으로 심판을 유보하고 계시다고 말합니다. 현재에는 그 온전한 심판의 징조가 일부 있을 뿐입니다. 이렇게 하나님의 심판이 우리가 사는 현세에 완전히 시행되지는 않기 때문에 사람들은, 악을 행함으로 부와 성공을 누리는 사람을 보면서 "아니, 하나님이 살아 계시다면 어떻게 저런 일이 벌어질 수 있는가?" 하고 질문하게 됩니다. 아삽이 그랬던 것처럼 말이지요.

그러나 아삽은 이제 하나님의 심판이 유보되어 있고, 죽음 이후에 하나님의 심판이 엄중하게 시행될 것이라는 사실을 발견하면서 큰 위로를 받습니다. 21-22절에서는 이렇게 고백합니다.

21나의 가슴이 쓰리고 심장이 찔린 듯이 아파도, 22나는 우둔하여 아무것도 몰랐습니다. 나는 다만, 주님 앞에 있는 한 마리 짐승이었습니다.

인간적인 시선으로 세상을 보았을 때는 세상을 이해할 수 없습니다. 의를 위해서 살아가는 것이 무의미하게 느껴지기도 합니다. 오히려 악한 방법으로 살아가는 것이 좋지 않을까 하는 유혹도 받습니다. 그렇게 괴로워하던 아삽은 자신을 "나는 … 한 마리 짐승이었습니다"라고 표현하며 자신의 어리석음을 이야기하고 있습니다.

노동에 걸맞은 결과로 부를 늘려가는 것이 아니라, 투기성이 농후한 방법으로 짧은 시간에 엄청난 돈을 버는 사람들을 보면서 많은 사람이 부러움을 금치 못합니다. 그 엄청난 돈으로 다른 사람들이 누리지 못하는 것들을 누리며 살아가는 사람들을 보면서, 세상을 한탄합니다. 그런 재력으로 자녀를 키우는 사람들을 보며 우리는 부러워하기도 하고, 우리의 아이들을 그렇게 키우지 못해서 아이들에게 미안해하고 힘들어하기도 합니다. 이렇게 세상적 관점만으로 세상을 보는 사람들을 시인은 한 마리 짐승과 다를 바가 없다고 고백합니다. 우리도 하나님의 시각을 갖게 되면, 그제야 시인과 같은 고백을 하게 됩니다. "나는 우둔하여 아무것도 몰랐습니다."

이제 주님의 임재 가운데서 깨달음을 얻은 시인은 이렇게 고백합니다.

23그러나 나는 늘 주님과 함께 있으므로 주님께서 내 오른손을 붙잡아 주십니다. 24주님의 교훈으로 나를 인도해 주시고, 마침내 나를 주님의 영광에 참여시켜 주실 줄 믿습니다.

이것이 하나님의 성소 안에 들어간 사람들의 특징입니다. 여전히 부족하지만, 그래서 혼란스러워하기도 하고 부러워하기도 하고 낙심하기도 하지만, 하나님이 우리의 오른손을 잡으시고 주의 교훈으로 우리를 계속 가르치시며, 마침내 세상이 하나님의 영광으로 가득 차는 그날 우리를 주님의 영광에 참여시켜 주실 줄을 믿는 것입니다. 이를 신학적으로 표현하면, 세상과 악에 대한 종말론적 이해라고 말할 수 있습니다. 종말의 관점에서 오늘의 삶을 바라보는 것입니다.

시인이 발견한 복

/

이 시는 이제 25-26절에서 정점에 이릅니다.

25내가 주님과 함께하니, 하늘로 가더라도, 내게 주님밖에 누가 더 있겠습니까? 땅에서라도, 내가 무엇을 더 바라겠습니까? **26**내 몸과 마음이 다 시들어 가도, 하나님은 언제나 내 마음에 든든한 반석이시요, 내가 받을 몫의 전부이십니다.

시인은 하나님과의 관계에서 발견한 엄청난 복을 이야기합니다. '하나님이 나의 몫'이라는 것입니다. '몫'이라는 의미의 '헬라키'라는 단어는, 전쟁이 끝나고 나면 나누어 가진 분깃을 뜻합니다. 부모님이 돌아가시고 난 다음 나눠 갖는 유산이라는 의미도 있고요. 시인은 자신에게 돌아올 몫, 분깃이 바로 하나님이라고 말합니다.

그러니 27-28절의 고백이 자연스럽게 이어집니다.

27주님을 멀리하는 사람은 망할 것입니다. 주님 앞에서 정절을 버리는 사람은 주님께서 멸하실 것입니다. **28**하나님께 가까이 있는 것이 나에게 복이니, 내가 주 하나님을 나의 피난처로 삼고, 주님께서 이루신 모든 일들을 전파하렵니다.

하나님과 가까이하는 것이 복이라고 시인은 고백합니다. 사실, 사람들은 하나님을 가까이하는 것을 자신의 삶에 교양을 좀 높이고, 마음의 수양을 하고 종교적인 영역을 보완하는 것이라고 생각하곤 합니다. 그러나 성경은 그렇게 말하지 않습니다. 성경은, 하나님이 우리가 받을 최고의 몫이며, 최고의 트로피이고, 최고의 상급이며, 우리가 추구해야 할 전부이고, 우리 재산이라고까지 표현합니다.

　만약 하나님이 그저 우리 인생을 고상하게 해 주는 우리 삶의 한 부분 정도라면, 그 하나님은 하나님이 아닐 것이라고 성경은 말하고 있는 것입니다. 이 시편 기자가 거의 실족하여 악인의 모습을 흉내 내려 했다가 말았던 이유는, 바로 성소에 들어가서 죽음 이후의 삶에 대한 시각을 갖게 되었기 때문입니다. 그때 유보되었던 하나님의 심판이 시행될 것임을 깨닫고서 자신의 삶을 다시 바라보며 바로 서게 되었고, 지금 자신과 함께하시는 하나님, 자신에게 교훈을 주시는 하나님이 자신을 영광 속에 이르게 하실 것이라는 확신을 갖게 된 것입니다. 그래서 하나님과 함께하는 것이, 하나님을 가까이하는 것이 자신에게 복이라고 말하는 것입니다.

예수 믿으면 받는 복

/

예수를 믿으면 복 받을까요? 그렇습니다. 복 받습니다. 문제는 무슨 복이냐 하는 것이지요. 예수를 믿을 때 받는 복, 우리에게 주어지는 몫은 무엇일까요? 세상에서 돈 잘 벌고, 성공하고, 아이들이 잘되는 것들은 부산물입니다. 이런 복을 받을 수도 있고, 그렇지 않을 수도 있습니다. 우리가 정말 받게 되는 몫은 하나님 자신입니다. 다시 말해, 하나님과의 관계 회복입니다. 하나님이 우리 자신의 하나님이 되는 것입니다. 미물에 불과한 인간이 천지를 만드신 하나님을 우리의 하나님이라고 감히 고백할 수 있게 되는 것입니다. 예수를 믿는 것은, 하나님으로부터 무언가를 얻어 내는 것이 아니라, 하나님 자신을 얻는 것입니다.

인간관계에서도 무언가를 얻어 내려는 목적으로 맺은 관계는 오래가지 못하는 경우가 많습니다. 결혼에 실패하는 이유 중 하나는 결혼을 통해 상대방으로부터 무언가를 얻어 내겠다는 생각이 있기 때문입니다. 결혼 후에도 행복한 사람들은 상대방의 무언가를 가지려 하기보다는 "당신이 내 결혼의 이유요" 하고 진심으로 이야기할 수 있는 사람들입니다. 물론 '성격 좋으니까 날 편하게 해 주겠지', '직업 든든하니까 돈 잘 벌어 오겠지', '예쁘니까 내가 다른 데 눈 돌리지 않겠지' 등의 생각이 전혀 없을 수는 없겠지요. 하지만 본질적인 것은 '당신이 늙어서 예쁜 모습이 아니더라도, 당신이 돈을 못 벌어 와도, 당신의 이상한 성격이 튀어나와도 난 당신을 사랑하겠다'는 것 아닐까요?

하나님과의 관계에서도 동일합니다. 하나님으로부터 무언가를 얻어 내야 복을 받았다고 생각한다면, 하나님을 제대로 믿을 수 없습니다. 그런 사람들에게는 하나님이 자신을 드러내지 않으십니다. 인간들도 그런 얄팍한 심사를 빤히 알아보는데, 우리 마음을 살피시는 하나님이 그것을 모르시겠습니까? 그런 사람들에게 그들이 원하는 물질적 축복과 세상적인 축복을 쏟아부어 주신다면 그런 신은 적어도 제가 성경에서 발견한 하나님과는 다른 존재입니다. 성경의 하나님은 그런 하나님이 아닙니다.

예수를 믿을 때 우리에게 주어지는 복은 하나님과의 관계가 회복되는 것입니다. 하나님 자신을 얻는 것입니다. 절대자요, 너무나 크신 분이시지만 사랑과 자비가 말할 수 없이 풍성하시고 우리를 향한 안타까움을 가득 가지고 계신 분, 어떻게 해서든지 우리가 세상에서 그분을 바로 알고 그분으로 충만하고 풍성한 삶을 살기를 원하시는 분, 당신을 닮아 세상 속에서 사랑과 정의를 추구하며 살도록 인도하시는 하나님을 알게 되는 것입니다. 하나님을 아버지로 섬기게 되는 것, 그분을 알아가고 그분을 알아간 만큼 그분의 사랑 가운데서 누리는 것, 이것이 예수를 믿을 때 우리가 얻는 복입니다.

이렇게 하나님과 가까이 있을 때 하나님은 우리에게 교훈하십니다. 하나님은 침묵하시는 분이 아닙니다. 우리에게 말씀하시는 분입니다. 그래서 우리는 성경을 가까이할 수밖에 없습니다. 저는 이것이 너무나 신비롭습니다. 인간의 언어는 허술합니다. 그런데 그 허술한 언어를 통해서도 하나님은 자신을 보여 주십니다. 그래서 우리는 하나님 가까이에 있으면서 그분을 알아갑니다. 하나님의 관점으로, 하나님의 지혜로 세상 사는 것을 배우기 시작하는 것이지요. 그리스도인들은 세상적인 복만 추구하는 사람들과는 달리 경제, 사회, 자녀 교육, 가정 등의 영역에서 어떻게 살아가야 하는지를 배울 수 있는 특권을 가진 이들입니다. 우리가 하나님과 가까이 있으면 그분으로부터 배우는 것은 불가피합니다.

그분과 함께 있음으로 그분에게서 배우고 그분을 즐기고 그분을 누리는 것, 이것이 예수를 믿을 때 우리에게 주어지는 몫입니다.

하나님이 우리 몫이 되면 일어나는 일

/

이렇게 하나님이 우리 몫이 되면, 우리를 괴롭히는 인생의 여러 가지 큰 문제들이 사소해집니다. 실제로 예수를 믿으면 우리를 괴롭히던 문제들이 없어지나요? 그렇지 않습니다. 제 경우엔 문제가 없어지지 않았습니다. 오히려 다른 문제들도 생기더군요. 그러나 하나님과 함께하고 하나님을 알아가고 하나님을 누리는 축복이 크기 때문에, 비록 이런저런 문제들이 가끔 저를 괴롭히는 바람에 이런 것들에 속아 넘어가서 우둔한 짐승처럼 될 때도 있었지만, 아삽이 그랬듯 이러한 문제들이 점점 작게 보이기 시작했습니다. 그리고 상대적으로 작은 이런 문제에 흔들리는 제 자신이 미련해 보이기까지 할 때도 있습니다. 하나님을 얻게 되면, 크게 보이던 세상의 여러 문제가 이겨 낼 만큼 작게 느껴집니다.

뿐만 아니라, 하나님이 나의 몫이 되시면 우리 삶 속에서 하나님의 주권을 인정하고 자족하기 시작합니다. 하나님이 우리의 분깃이면 나머지는 부록입니다. 다시 말해, 나머지는 없어도 되는 것들입니다. 중요한 몫은 이미 다 받았으므로 하나님이 자기 몫이 된 사람들은 자족하는 법을 배우기 시작합니다. 이미 몫을 다

받았는데 무엇을 더 가지려고 애를 쓰겠습니까?

물론 이 말은 불합리하고 빈곤한 현실에 안주하거나 그것을 합리화하라는 뜻이 아닙니다. 최선을 다해 정직하고 성실하게 일해서, 그로 말미암아 생긴 열매를 얻는 것은 좋은 일입니다. 열심히 일해서 정당한 대가를 받고 누리는 것은 하나님이 원하시는 하나님의 방식입니다.

그런데 자크 엘륄이라는 사회철학자는 《하나님이냐 돈이냐》라는 책에서 "그리스도인이 돈을 벌기 위해 노동하는 것은 죄다"라는 무서운 말을 했습니다. 돈을 벌려는 목적으로 일하는 것은 죄라는 것입니다. 돈을 버는 것 자체는 목적이 될 수 없기 때문입니다. 열심히 일해서, 나와 이웃과 세상을 섬기는 것이 목적이어야 합니다. 그 노동으로 말미암아 생긴 재화를 유용하게 사용하겠다는 것은 좋은 일입니다. 하지만 돈 자체를 많이 버는 것이 노동의 목적이 되고, 일단 돈을 번 다음에 그것으로 좋은 일을 해야겠다는 생각은, 돈 버는 것 자체가 목표가 되어버리므로 죄를 짓는 것이라는 말입니다.

최선을 다하여 정직하고 성실하게 일하고 이로 인해 창출된 재화로 좋은 것을 누리는 것은 나쁜 일이 아닙니다. 그러나 가정 생활도 희생하고, 신앙생활도 희생하고, 자기 건강도 희생하면서 돈을 추구하는 것은 그것이 이미 신이 되었다는 의미이므로, 하나님의 심판 아래에 있다고 말할 수 있습니다.

다른 한편으로, 빈곤한 현실에 안주하거나 그것을 합리화하라는 것도 아닙니다. 현재 수입이 없다면, 무슨 일이든 할 수 있는 일을 해야 합니다. "난 이전에 대기업에서 일했는데, 내가 어떻게 이런 하찮은 일을 해?"라고 한다면, 이것은 하나님의 주권을 인정하지 않는 태도입니다. 과거에 어떻게 살았든 지금 자신의 상황에서 열심히 살아야 합니다. 그것이 자족하는 사람의 태도입니다. 자신에게 주어진 것들은 하나님이 주신 것이라는, 주권에 대한 의식을 분명히 가지고 있으면, 많건 적건 받은 바에 맞춰서 살아가는 것입니다. 정직하고 성실하게 일해서 얻을 수 있는 이상의 돈과 성공과 권력을 추구하는 것을 성경에서는 어리석은 자의 삶이라고 말합니다.

심판은 유보되어 있다

/

여기서 우리가 기억해야 할 것이 있습니다. 하나님의 심판이 유보되어 있다는 사실입니다. 자기 몫을 넘어선 탐욕의 결과는 이 땅에서는 부귀영화일지 모르나 하나님의 유보된 심판으로 들어가게 된다는 사실을 잊지 말아야 합니다. 악한 세상에서 하나님이 주신 복이 아닌 자신이 추구해서 얻은 복, 자신이 받을 수 있는 것을 넘어선 복은 위험합니다. 자기 몫을 넘어선 탐욕의 결과는 하나님의 심판의 대상입니다.

다시 록펠러 이야기로 돌아가 보겠습니다. 사실 록펠러는 그리스도인들의 좋은 표상으로 여겨져 왔습니다. 성실하게 십일조를 드리고 맨 앞자리에서 예배드리는 것 등은 잘 하는 일입니다. 하지만 그것을 복 받은 근거라고 보는 것은 위험한 일이 아닐 수 없습니다. 더욱이 록펠러가 끌어모은 재산이 하나님의 복의 증거라는 것은 더 끔찍한 이야기입니다. 그가 어떻게 돈을 벌었는지를 보면 말이죠.

록펠러는 1870년대에 석유회사인 스탠더드 오일을 설립했습니다. 그러고 나서 석유 판매를 늘리기 위해 입법부를 매수했을 뿐 아니라, 철도업자들과 비밀 거래로 운임 할인을 하고, 뇌물을 쓰는 등의 전략을 펴서 경쟁자를 무력화시킴으로 정유업 물동량의 90-98퍼센트를 장악하게 됩니다. 이러한 독점으로 가격을 인위적으로 상승시키고, 경쟁을 차단했습니다. 임금은 형편없이 떨어졌죠. 물론 노동자들은 그를 좋아할 턱이 없었습니다. 스탠더드 오일은 록펠러라는 반짝반짝 빛나는 이름과는 대조적으로, 미국인이 가장 증오하는 기업이 되다시피 했습니다. 이후 석유 가격의 횡포로 소비자들과 중소업체들의 원성이 높아지자 1911년 미국 연방 대법원은 스탠더드 오일을 34개의 소기업으로 분할했습니다.

또한 불법 독과점으로 경쟁사를 무너뜨린 록펠러는, 회사 내에서는 노동운동을 철저하게 탄압했습니다. 1913년에는 '러드로의 학살'이라는 참혹한 일이 일어났습니다. 콜로라도 주의 한 탄광에서 9천 명의 노동자들이 형편없는 작업환경을 견디다 못해 파

업을 일으켰습니다. 그러자 회사가 고용한 무장 병력과 광산 경비원들이 출동했고, 이듬해 민병대가 광원들이 머물던 천막촌을 기습해서 불을 지르고 기관총을 난사해 여자와 어린이를 포함한 50여 명이 죽었습니다. 미국 노동운동사에서 가장 잔혹한 사건으로 기억되는 '러드로의 학살'이 일어난 이 탄광은 바로 데이비슨 록펠러의 소유였습니다.

록펠러는 또한 의료 부문에도 손을 대어, 미국의 의료보험 제도가 시행되는 데 막대한 지장을 준 사람으로 기억되기도 합니다. 그는 불법 독과점, 노동자 탄압, 문어발식 확장, 주가 조작 등 갖은 악행을 저질렀지만, 말년에 재산의 상당 부분을 사회에 환원하면서 위대한 자선가라는 명예를 얻게 됩니다. 하지만 루즈벨트 전 대통령은 록펠러에 대해 이렇게 말했습니다. "그가 선행을 얼마나 하든지, 재산을 쌓기 위해 저지른 악행을 갚을 수는 없다."

이렇게 돈을 버는 것이 하나님의 축복일까요? 거대한 자본주의 구조 속에서 줄을 잘 타서 엄청난 돈을 벌어들인 것이 하나님의 축복일까요? 만약 이런 것이 하나님이 주시는 축복이라면, 저도 아삽처럼 '미끄러질 뻔할' 것 같습니다.

자신의 욕심에 이끌려 세상의 악한 구조에 적극적 또는 소극적으로 참여하는 것에 대해서 주의해야 합니다. 그것이 무엇이 되었든, 우리의 경제 활동과 우리가 추구하는 성공이 혹시 하나님의 유보된 심판 아래로 들어갈 수 있는 것은 아닌지 고민해야 합니다. 이는 다른 누군가가 나에게 지적해 줄 수 있는 문제가 아닙니다. 우리 각자가 정직하게 생각해 봐야 할 문제입니다. 더욱이 이런 일을 하면서 하나님의 이름까지 팔게 된다면, 하나님의 뜻으로 그렇게 한다고까지 말하게 된다면 그 심판을 과연 누가 피할 수 있겠습니까?

또 가능하다면 좀 더 적극적으로 이 악한 구조와 문화 속에서 이웃과 세상을 섬기는 방법이 있을지, 약자를 살리는 방법이 있을지 생각해 봐야 합니다. 우리의 활동과 직업과 일을 통해서 이웃과 세상과 약자를 섬기는 방법이 있을지 고민해 봐야 합니다. 사실 이것이 하나님을 복으로 삼은 사람들이 추구하게 되는 것이 아닐까요?

진짜 복을 얻은 사람

/

다른 복을 받으려고 애쓰지 말고 이미 누리고 있는 복에 자족하면서, 우리가 섬겨야 할 사람들을 찾아가는 것이 예수 믿는 사람들의 복입니다. 그런데 이런 복은 책을 읽으면서 고개를 끄덕이는 것으로 끝나지 않습니다. 이것은 기도하면서 배워야 하는 복입니다. 하나님이 우리 몫이 되셨으니 자신에게 주어진 삶을 자신의 분깃으로 여겨서 자족하고, 그 자리에서 성실하고 열심히 살면서 가진 것 중 일부를 약하고 힘든 사람들과 나누는 삶. 말은 쉽지요.

하지만 예수를 정말 사랑하고, 예수님의 사랑이 정말로 우리 마음속에 담길 때 가능한 일입니다. 사실 가정에 있는 약자인 우리 아이들도 잘 대해 주지 못하고 있지 않습니까? 아내나 남편에게도 잘하지 못하는 것이 우리들 아닙니까? 그러므로 이 놀라운 복은 기도하면서 배워야 합니다. 예배드리면서 배워야 합니다. 아삽이 성소에 들어가서 깨닫고 시각이 바뀌었던 것처럼 말입니다.

예배를 어떻게 지루한 것이라고만 말할 수 있습니까? 기도하고 성경 읽는 것이 어떻게 우리 인생에서 선택 사항이라고 말할 수 있겠습니까? 그것 없이는 이런 복을 누리지 못할 뿐 아니라, 정신줄을 잠깐만 놓으면 잠재적으로 유보되어 있는 심판 밑으로 들어가게 되는 상황입니다. 성소에 들어가는 것, 하나님의 임재 속에 들어가는 것의 중요성을 다시 한번 생각해야 합니다.

예수 바로 믿고, 진짜 복을 받읍시다. 인간의 이기적인 탐심을 합리화하거나 옹호하는 종교는 거짓 종교입니다. 그렇게 가르치면 거짓 선지자입니다. 예수를 믿음으로 말미암아 얻는 복이 있다면, 그것은 하나님이 우리 몫이 되는 복입니다. 우리를 사랑하시는 하나님과 동행하며 인생을 사는 복입니다. 하나님의 주권과 정의 아래에서 살아가는 법을 알아가고 배우는 복입니다. 그것은 영원까지 이를 수 있는 복입니다. 이것이 예수 믿으면 받는 진짜 복입니다.

일단 믿어
보세요

"믿음 생활을 하려면 과학이나 이성 같은 건 의지하면 안 돼."
"사사건건 시비를 가리지 말고 일단 믿어 봐."
"두 눈 딱 감고 믿어 봐. 그러면 자꾸 믿어져. 참 신기해."

그리스도인들은 어디를 가든 늘 믿음 타령을 합니다. 일단 믿
으라고 말입니다. "두 눈을 바로 뜨고 살아도 속기 쉬운 세상인데
어떻게 두 눈을 딱 감고 믿을 수가 있어?" 하고 질문해도, "아니,
신앙을 갖는다는 것은 지적 자살을 의미하는 것입니까? 바보가
되라는 말입니까?"라는 의문을 제기해도, 그리스도인들은 일단
믿으면 문제가 다 해결되는 듯이 말합니다. 심지어 하나님에 대
해 질문을 던지는 것을 불신앙으로 여기기까지 합니다. 교회 어

른이나 선배들에게 자꾸 질문을 하다가 '사탄의 자식'이라는 말을 듣기도 합니다.

성경도 그렇게 말하는 듯이 보입니다.

> 복음에는 하나님의 의가 나타나서 믿음으로 믿음에 이르게 하나니 기록된 바 오직 의인은 믿음으로 말미암아 살리라 함과 같으니라(롬 1:17, 개역개정).

로마서의 저자는 "의인은 믿음으로 말미암아 살리라"라는 하박국의 말씀을 인용하면서, 복음은 우리를 '믿음으로 믿음에 from faith to faith' 이르게 한다고 말합니다. 언뜻 보기에도 이 말씀은 일단 믿는 것으로 시작해야 한다고 말하는 것 같습니다.

상황이 이렇다 보니, 우리는 때로 더 이상 질문도 못하고 문제도 해결하지 못한 채 어려움을 겪습니다. 정말로 일단 믿고 시작해야 합니까? 도대체 믿음의 문제, 그리고 그 믿음을 받아들일 수 없게 만드는 수많은 회의의 문제를 어떻게 받아들여야 할까요?

건강하지 못한 회의

/

놀랍게도, 성경 전체를 살펴보면, 성경은 우리에게 믿기 전에 회의가 있어야 한다고 말합니다. 많은 사람들이 회의에 빠졌고 회

일단 믿어 보세요

의를 통해 더 깊은 믿음에 이르게 된 것을 보여 줍니다. 다시 말해, 성경은 믿음을 갖기 전에 질문이 있는 것이 당연하고 많은 경우 유익하다고 말합니다. 문제는 질문과 회의에 여러 가지 오해와 혼란이 있다는 것이지요. 따라서 질문과 회의의 유용성에 대해 이야기하기 전에, 먼저 그와 관련된 오해에 대해 정리하는 것이 필요할 것 같습니다. 회의라 하든, 의심, 질문, 혼돈, 궁금증이라 하든, 상관은 없습니다. 단지 믿음과 연결되는 건강한 회의와 건강하지 못한 회의만을 구별해 보려고 합니다. 다음의 몇 가지가 건강하지 못한 회의입니다.

회의주의

첫 번째로, 회의주의에서 나오는 회의는 건강하다 할 수 없습니다. 회의주의란, '도대체 확실한 것이 무엇이 있는가? 우리가 확실한 것을 찾을 수 있는가?'라고 말하며, 고의적으로 모든 것을 무시하는 태도입니다. 이는 실제로는 불가능한 태도지만, 근대 철학에서 가지고 있었던 고민 중 하나였습니다.

철학자 르네 데카르트는 '코기토 에르고 숨$^{Cogito\ Ergo\ Sum}$'이라는 유명한 말을 했습니다. 그는 "도대체 내가 존재한다는 것을 어떻게 알 수 있는가?"라는 질문을 던지고 나서 '코기토 에르고 숨', 즉 "나는 생각한다. 고로 나는 존재한다"라는 말을 만들어 냈습니다. '모든 것이 불확실하지만, 지금 내가 의심하고 있다는 것, 내가 생각하고 있다는 것만은 사실이니, 내가 존재하는 것 아니냐?'

라는 말입니다. 후에 철학자 데이비드 흄은 이 말을 약간 비꼬아서 "나는 생각한다. 고로 나는 존재한다"가 아니라 "나는 생각한다. 고로 생각이 존재한다"로 바꾸기도 했습니다. '나는 어디로 갔는지 잘 모르겠다'라는 것이지요.

이렇듯 회의주의는 우리 존재에 대해서조차 알 수 없다는 생각입니다. 신에 대해서도 '신이 있는지 잘 모르겠다. 있다 해도 내가 그 신을 알 수 있을지 참 회의적이다. 또 안다 해도 그를 믿을 수 있을지도 회의적이다' 하고 생각합니다.

철학자들뿐만 아니라 적지 않은 사람들이 이런 회의주의를 가지고 있습니다. 어쩌면 그 사람이 자라 온 환경 때문인지도 모르겠습니다. 삶 자체에 대해 많은 상처를 입고 혼란스러움을 경험해서 회의적인 태도가 발전되고, 그래서 회의주의로 꽉 찰 수도 있겠지요. 그러나 어떤 이유에서든, 이런 회의주의적 입장은 신에 대한 질문은 물론, 다른 어떠한 질문에도 답을 얻을 수 없을 것입니다. 확실한 것은 없다는 확고한 전제에서 출발하기 때문입니다. 놀랍게도, 확실한 것이 없다는 '믿음'이 이런 생각에 깔려 있습니다.

무신론적 불신앙

두 번째는 무신론적 불신앙입니다. 이는 '믿지 못하겠다'가 아니라, '믿지 않겠다'는 의지가 담긴 자세입니다. 이런 자세는 무신론과 연관되는 경우가 많기 때문에, 여기서 '무신론적 불신앙'이라고 표현했습니다.

무신론이란 신이 없다고 전제하는 태도입니다. 간혹 어떤 사람들은 '신이 없다'는 것은 사실이고 '신이 있다'는 생각은 종교라고, '신이 없다'는 생각은 과학이고 '신이 있다'는 생각은 신앙이라고 생각합니다. 그러나 그렇지 않습니다. 신이 없다는 것도 신념이며 일종의 세계관입니다. 신이 '있다' 또는 '없다'는 개념은 어느 한쪽이 사실인지 아닌지 증명할 수 있는 성질의 것이 아닙니다.

그런데도 무신론적 시각을 지닌 일부 사람들은 '신이 없다'는 것이 마치 사실인 양 생각하곤 합니다. 특별히 최근에는 이런 무신론적 세계관을 설파하는 전도사들이 많이 나왔습니다. 대표 주자로 리처드 도킨스를 들 수 있습니다. 그는 정말 필설이 강한 사람이라, 그의 글을 읽고 있노라면 신앙을 가진 사람들은 유아기적으로 퇴행한, 심각한 문제가 있는 사람들처럼 보입니다. 《지상 최대의 쇼》라는 책에서, 도킨스는 "신앙은 바이러스 같은 것이다"라고 말합니다. 다음은 그가 미국 휴머니스트협회에 의해 1996년 '올해의 휴머니스트'로 선정되었을 때 이를 수락하며 내놓은 강연 중 일부입니다.

세상에서 신앙만 한 악은 없으며 그것은 천연두 바이러스에 비견할 만하지만, 제거하기로 치면 천연두보다 훨씬 더 어려운 게 분명합니다.

최첨단의 유명한 진화생물학자인 리처드 도킨스는, 결국 신은 인간이 만들어 낸 것이고 인류 사회가 발전하는 데 큰 지장을 주기 때문에, 신앙을 가지는 것은 잘못이라고 강조합니다. 기독교는 비과학적이며 비논리적일 뿐 아니라 이성적으로 받아들일 수 없는 입장이라고 말합니다. 그의 책을 읽다 보면 정말 그런 것 같습니다.

　　그러나 과학을 공부하는 사람들도 리처드 도킨스의 말에 다 동의하지는 않습니다. 예를 들어, 유명한 진화생물학자였던 스티븐 제이 굴드가 그러했습니다. 그는 개인적으로는 불가지론자였는데도 도킨스의 이러한 자세를 계속해서 비판하며, 도킨스와 글로 논쟁을 하기도 했습니다. 그는 도킨스가 과학을 심각하게 남용하고 있다고 비판합니다. 그는 자연과학은 신의 존재를 증명하지도 거꾸로 반증하지도 못한다고 말합니다. 과학은 존재하는 자연에 대한 탐구이지, 존재하는지 아닌지 경험적으로 알 수 없는 신에 대해서 탐구하는 것이 아니라고 말합니다. "신이 인간을 다스린다거나 신이 인간 가운데 개입한다고 하는 것에 대해 과학은 긍정도 부정도 할 수 없다. 과학은 신에 대해서 왈가왈부할 수 있는 위치에 있지 않다"는 것이 그의 입장입니다.

　　《신의 언어》라는 책을 쓴 프랜시스 콜린스라는 과학자도 마찬가지입니다. 콜린스는 세계적인 유전학자로서, 1993년부터 15년간 인간 게놈 프로젝트의 책임자로 일했고, 2003년 최초의 인간 유전자 지도 완성본을 발표했습니다. 그는 도킨스에 대해, "자기가 만들어 놓은 망상을 게걸스럽게 해체하는 데 선수다"라고 표현했습니다. 물론 도킨스가 망상의 허수아비를 만들 수 있을 정도까지, 기독교가 본질을 놓치고 껍데기뿐인 종교로 전락한 것도 일부 사실입니다. 그러나 그 잘못된 모양을 마치 본질인 것처럼 이야기하고 그것을 해체하는 사람이 바로 도킨스라고 콜린스는 지적합니다.

일반적으로 사람들은 과학이 발전하면 할수록 과학자들이 신을 믿지 않을 것이라 생각합니다. 하지만 이런 생각은 완벽하게 틀렸습니다. 1916년, 미국의 과학자들을 대상으로 신앙을 가지고 있는지 조사했을 때 종교적 신념과 신앙을 가지고 있다고 응답한 사람은 40퍼센트 정도였습니다. 그런데 그로부터 80년이 지난 1996년에 비슷한 통계를 다시 냈을 때에도 미국의 과학자들 가운데서 종교적 신념과 신앙을 가지고 있다고 응답한 사람은 여전히 40퍼센트를 유지하고 있었습니다.

다시 한번 말하지만, 무신론은 과학이 아닙니다. 그것도 하나의 철학적 입장이며, 하나의 전제이고 신념입니다. 그러므로 이런 무신론적인 출발점에서 나오는 회의는 어차피 신이 없다는 결론에 다다를 수밖에 없습니다.

유신론적 불신앙

세 번째로, 이런 무신론적 불신앙뿐만 아니라 유신론적 불신앙이라는 것도 있습니다. 뒤에서도 다시 잠시 다루겠지만, 이는 신이 있다고 믿기는 하되 신을 증오하는 태도입니다. 그 이유는 주로 과거의 경험 때문입니다. 특히 종교 생활과 관련해서 입었던 상처, 또한 극한 위기 속에서 믿고 기도했을 때 침묵하셨던 무자비한 하나님에 대한 분노가 원인입니다. 자신에게는 이러한 분노가 있으니, 신이 있다고 믿기는 하지만 그런 신을 저주하겠다는 것입니다. 이는 적극적으로 표출되기도 하고, 소극적으로 마음속 깊숙이 자리해 있기도 합니다. 그러나 이런 경우에는 그들이 제기하는 회의와 질문들이 건강할 수 없습니다.

이 유신론적 불신앙은 무신론적 불신앙과는 다릅니다. 하나님의 존재를 믿지만, 그 하나님을 신뢰하지 못하겠다는 것입니다. 더 나아가서 '그런 신이라면 나는 믿지 않겠다' 또는 오히려 '반항하겠다' 하는 자세입니다. 이는 우리 인생의 고통에 대한 성경의 가르침을 제대로 배우지 못해서 오는 결과일 때가 많습니다. 성경은 인간의 고통을 매우 심도 있게 다루는데, 불행히도 많은 교회가 이런 고통의 문제를 피상적으로 다룹니다. 때문에, 기도하면 고통을 사라지게 해 줄 것으로 믿었던 하나님에게서 배신당했다는 마음은, 신은 있되 믿을 만한 존재가 못 된다는 독특한 '유신론적 불신앙'을 만들어 냅니다. 참으로 안타까운 노릇입니다.

불가지론

또 한 가지는 불가지론이라는 자세입니다. 한국에는 불가지론자들이 그렇게 많지 않은 것 같지만, 불가지론도 중요한 입장 중 하나입니다. 불가지론이란 영어로 'agnostic'이라고 합니다. 이 단어에서 부정을 의미하는 접두사 'a'를 빼면 'gnostic'이라는 단어가 나옵니다. 이는 '그노시스gnosis'라는 헬라어에서 나온 단어로, 신에 대한 특별한 지식을 가리킵니다. 바로 이 단어에 부정을 의미하는 'a'를 붙여서 신에 대한 지식을 가질 수 없다는 의미를 나타낸 것입니다. 이 단어는 다윈과 동시대 인물이었던 토머스 헉슬리가 만들어 낸 말이라고 합니다. 헉슬리는 인간인 우리는 신에 대해 알 수 없다고, 인간은 답을 찾을 수 없다고, 신을 긍정할 수도 부정할 수도 없다고 생각한 것입니다.

실제로 많은 과학자들이 이런 입장을 취합니다. 앞에서 언급했던 과학자들에 대한 통계 조사에서는 적극적인 종교적 신념을 가진 사람이 40퍼센트, 놀랍게도 무신론자가 겨우 20퍼센트였고, 나머지 40퍼센트는 모르겠다고 응답했습니다. 이들의 입장이 바로 불가지론입니다.

이런 자세는 한편으론 정직한 결론인 것처럼 보입니다. 신이 있다고도 없다고도 볼 수 없으므로 그 결정을 유보할 수밖에 없다는 자세이니 정직한 것으로 볼 수도 있겠습니다. 그러나 신이 있는가 없는가, 알 수 있는가 없는가의 문제는 우리가 결정을 유보할 만큼 가벼운 주제가 아닙니다. 예를 들어, '내가 누구인가'라는 자기 정체성에 대한 질문과 그에 대한 답변을 유보하고 산다면, 인생은 끊임없이 불확실하고 혼란스러울 것입니다. '내가 누구인지, 내 인생을 어떻게 살아야 할지'를 결정짓는 일에 신의 존재가 본질적으로 중요하다면, 이 문제를 보류한 상태에서 지나가는 것은 비겁할 수 있습니다. 우리 삶을 결정짓는 중요한 문제라면, 직면하고 질문하고 고민하는 것이 필요하지 않겠습니까?

한 걸음 더 나아가서, 사랑하는 자녀가 있다면, 그에게 "나는 아무것도 알 수 없으니 네가 스스로 진리를 찾아가라" 하고 말하는 것은 부모로서 너무 무책임한 조언이 아닐까요? 그렇기에 치열한 고민과 궁구 끝에 결국 세상에 알 수 있는 것은 없다는 진정한 불가지론에 이른 것이 아니라면, 불가지론은 많은 경우 변명이나 합리화가 될 위험성이 있습니다.

회의의 필요성

/

그렇다면 우리에게 필요한 진정한 회의와 질문은 어떤 것일까요? 회의가 정말 필요한 것인가요? 회의한다면 어떤 회의, 어떤 질문, 어떤 의심을 해야 할까요?

먼저 저는 회의의 내용과 자세에 대해서 이야기하기보다, 회의 자체가 필요하다는 이야기부터 하고 싶습니다. 우리 모두에게는 근본적인 질문이 있습니다. 이 책을 읽는 분 중에는 하나님을 잘 모르는 분이 있을 것입니다. 또 오랫동안 교회를 다녔지만 하나님을 잘 믿지 못하는 분이 있을 것입니다. 그런데도 이 책을 읽고 있는 이유는 무엇입니까? 현재의 삶이 충분하지 않다고 느끼기 때문이 아닐까요? 저는 그것이 '지금의 삶을 넘어서는 뭔가가 있을 텐데…' 하는 마음이 있기 때문이라고 생각합니다. 이런 근본적 질문에서 나오는 회의는 우리 삶을 정직하게 직면하는 데서 오는 회의입니다. 우리 각자의 삶에서 무언가 허전함을 느끼며 삶 자체에 대해 질문을 던지기 시작하는 것입니다.

사실 우리는 이러한 인생에 대해서뿐 아니라, 우리의 모든 삶의 현장에서 크고 작은 의심과 회의를 겪습니다. 예를 들어, 친구의 소개로 이성 친구를 만나러 나가는 경우를 생각해 볼까요? 만남의 장소에 나가기 전에 우리는 대부분 '나가는 게 좋을까, 안 나가는 게 좋을까?'라는 질문부터 하기 시작합니다. 그리고 소개팅에 나가서도, 만나자마자 무조건 사귀지는 않습니다. 이런저런 질문도 하고 관찰도 하고 난 다음, 충분히 의심해 보고 나서야 이 사람과 데이트를 해도 괜찮겠다 싶을 때 데이트를 합니다. 무조건 믿어버리는 경우는 거의 없을 것입니다.

물건을 살 때도 마찬가지입니다. 중요한 물건을 살 때 우리는 먼저 '사야 하나, 말아야 하나?' 질문도 하고, 그 물건에 가치가 있는지도 의심해 봅니다. 이런 모습이 우리의 본성입니다.

우리는 세상의 어떤 것도 무조건 믿지 않습니다. 그런데 신을 무조건 믿으라고요? 믿으면 인생을 다 바쳐야 하는 신을 무조건 믿고 시작하라고요? 큰일 날 일입니다. 우리는 질문해야 합니다. '내가 제대로 살고 있는 것인가? 그렇다면 내가 지금 의지하려는 신은 나에게 지금의 삶 이상의 것을 줄 수 있는 존재인가?' 질문하고 회의하고 파고들어야 합니다. 회의는 필요한 것입니다.

회의의 불가피성

/

뿐만 아니라 회의는 불가피합니다. 인간이 인간인 이유는 질문하기 때문입니다. 사람은 질문을 하면서 자신이 인간임을 드러냅니다. 학교에서든 직장에서든, "이거 왜 해야 하죠?" 하고 물어보면 "물어보지 말고 하라는 대로 해"라고 말하는 이들이 가끔 있습니다. 그런 말을 들을 때 우리는 속으로 '정말 비인간적이다'라고 생각하곤 합니다. 아마 인간은 질문하는 존재이기 때문에 그럴 것입니다. 인간은 모든 것에 대해 질문하게 되어 있습니다. 그리고 질문함으로써 인간은 성숙합니다. 그래서 한 문학평론가는 인간을 가리켜 '호모 사피엔스'가 아니라 '호모 콰이렌스$homo\ quaerens$', 즉 질문하는 인간이라고 말했습니다.

이러한 인간의 질문은 '내가 왜 그런 생각을 하지?'라는 물음을 던지는 데까지 이릅니다. 인간이 동물과 다른 점은, 동물도 약간의 지적인 능력이 있기는 하지만 동물은 자기 성찰을 하지 못한다는 것입니다. 동물은 '내가 왜 그런 생각을 하지?'라는 질문을 하지 못합니다. 어떤 감정이 생기는데, 왜 그런 감정이 생기는지 묻지 못합니다. 그런데 인간은 자신을 향해 '넌 왜 화가 났니? 넌 왜 이렇게 슬프니?' 하는 물음을 던지며 자신을 관찰하고 성찰

하는 독특한 능력을 가진 존재입니다.

하나님이 인간을 그렇게 만드셨습니다. 하나님은 인간이 질문을 하도록 만드셨습니다. 비록 한계가 있긴 하지만, 우리에게는 지적 능력이 있기 때문에 끊임없이 질문을 합니다. 각자 사고의 수준과 방향이 다르지만, 자기 수준에서 끊임없이 질문을 하는 것입니다. 회의는 불가피합니다. 의심은 할 수밖에 없습니다. 인간은 그런 존재입니다.

회의의 한계

/

그럼에도 우리는 질문의 한계를 인정해야 합니다. 회의는 필요하기도 하고 불가피하기도 하지만, 그렇게 질문한다고 해서 모든 답을 다 얻을 수 있는 것은 아니라는 말씀입니다. 거기에는 한계가 있습니다. 우리의 이해력에 한계가 있기 때문입니다.

뿐만 아니라 인간의 언어와 사고에 한계가 있으니, 무한하신 하나님을 설명하는 데는 아주 큰 한계가 있을 수밖에 없습니다. 그러므로 신에 대한 질문에 답을 다 얻을 수 없다고 해서, 원하는 답을 얻지 못한다고 해서, 모르겠다거나 안 믿겠다고 하는 것은 너무나 어리석은 일입니다.

5세기의 유명한 신학자이자 철학자인 아우구스티누스에 대한 다음과 같은 일화가 있습니다. 아우구스티누스는 삼위일체에 대한 아주 방대한 저작을 남긴 아프리카 출신의 신학자입니다. 한 번은 그가 아프리카 북부의 해안선을 산책하고 있었습니다. 당시 아우구스티누스는 삼위일체에 관한 책을 쓰고 있었죠. 그런데 한 아이가 해안선에서 모래 구덩이를 파 놓고 거기다 계속해서 바닷물을 집어넣고 있었습니다. 아이의 행동이 너무 진지하고 지속적이어서 호기심이 생긴 아우구스티누스가 질문했습니다.

"얘야, 지금 뭘 하고 있니?"

그랬더니 그 아이는, "이 바닷물을 몽땅 이 구멍에다 담으려고요" 하고 말했습니다.

너무 기가 막혔던 아우구스티누스는 웃으며 물었습니다.

"그걸 떠서 여기다 어떻게 다 담니?"

그랬더니 아이가 아우구스티누스를 쳐다보며, "아저씨는 어떻게 그 크신 하나님을 보잘것없는 언어로 모두 담아내겠다는 말이에요?"라고 했다고 합니다.

아우구스티누스는 이 이야기를 마음속에 간직하고 자신의 한계를 인식하며 삼위일체에 대한 글을 썼다고 합니다.

우리가 다루고 있는 하나님은 단순한 분이 아닙니다. 우리는 질문을 던질 때, 지적인 면에서 한계가 있다는 것을 인정하는 겸허한 자세를 가져야 합니다.

찾는이에서 찾은이로 갈 때의 회의

/

그렇다면 이제 우리의 회의를 두 단계로 나누어 조금 더 구체적으로 이야기해 보려 합니다. 하나는 '찾는이'에서 '찾은이'로 갈 때의 질문과 회의입니다. (저는 '찾는이'란, 이 세상을 살아가면서 세상에 함몰되어 가는 것을 달가워하지 않고, 자신과 세상, 그리고 하나님에 대하여 진실한 질문을 던지며 그 답을 찾고자 하는 사람들이라고 생각합니다. '찾는이'가 그 답을 찾으면, 우리는 그를 '찾은이'라고 부를 수 있을 것입니다.)

언젠가 어떤 잡지사의 기자와 인터뷰를 할 때였습니다. 그 기자는 '찾는이'에 대한 정의를 들어 보더니 "솔직히 사람들이 삶의 의미를 찾습니까? 매일 사는 것도 바빠 죽겠는데, 그런 사람이 많이 있습니까?" 하고 물었습니다.

저는 정색을 하며 대답했습니다. "대부분입니다."

"제가 보기에는 안 그런데요. 삶의 의미를 찾는 사람은 별로 없는 것 같던데요."

제가 대답했습니다. "그렇게 보이기도 할 것입니다. '삶의 의미를 내게 좀 가르쳐 줘'라고 말하며 그 의미를 찾는 사람은 많지 않기 때문입니다. 그렇게 적극적으로 찾는 사람들이 일부 있지만, 대부분의 사람은 이렇게 찾습니다. '이렇게 사는 게 전부가 아닌데. 결국 이렇게 나이 들어 가는 걸까? 이게 전부일까? 내가 살고 있는 삶 이상의 뭔가가 있을 것 같은데…' 대부분의 사람들에게 이런 질문이 마음속에서 떠나지 않습니다. 이런 질문을 적극적으로 찾는 과정으로 바꾸지 않았을 뿐이지, 사람들은 문득문득 이런 생각을 하고 있고, 이런 생각은 그들이 삶의 의미를 소극적으로라도 찾고 있다는 것을 보여 주는 것입니다.”

문제는 현대 문화가, 이런 문제들을 가지고 회의하고 질문할 수 있는 기회들을 원천봉쇄하다시피 한다는 것입니다. 현대 문화는 우리가 가진 근본적인 질문, 즉 ‘나는 왜 사는가? 사랑이란 무엇인가? 어떻게 의미 있게 살 수 있을까? 참된 가치란 무엇인가? 죽고 난 다음에는 어떻게 되는가?’ 등등의 매우 중요한 질문들을 덮어버리거나 유보하도록 만드는 경향이 있습니다. 우리는 진실한 질문을 방해하는 문화 속에서 살고 있습니다. 그래서 겉으로 볼 때는 사람들이 진실한 질문을 던지지 않는 것처럼 보이는 것입니다.

주변을 한번 돌아보십시오. 온통 우리를 즐겁고 정신없게 만드는 것으로 가득 차 있습니다. 쇼핑, 영화, 텔레비전, 스마트폰, 연예계 소식, 화장, 패스트푸드, 레포츠, 오락, 게임 등으로 말입니다. 마음속에서 진지한 질문이 생기려고 하면, ‘에이, 영화나 한 편 봐’, ‘야, 술이나 한잔 마시자’, ‘나가서 뛰고 땀 좀 흘리면 좋아져’, ‘텔레비전 켜 봐’ 하는 생각들이 떠오릅니다. 기독교 변증가이자 문화 비평가인 오스 기니스는 오늘날 우리가 살고 있는 세상을 ‘오락공화국’이라고 표현했습니다. 그는 이렇게 말했습니다. “우리 사회는 인간의 유한성과 죽을 운명을 잊게 만드는 거대한 음모 집단이 되었다. 우리는 외면한다. 그리고 무관심해 진다.”

정말 어떤 음모가 있는 것 같습니다. 사람들로 하여금 하잘것 없는 것에 마음을 빼앗기게 만드는 오락공화국에 살기 때문에, 삶에 대해 진지한 질문을 던지다가도 "아휴, 골치 아픈 거 얘기하지 마. 답도 없는데" 하고 덮어버리게 되는 것입니다. 이렇게 잠깐 우리 마음을 훔쳐 가는 것에 영혼을 빼앗겨버리는 것이 오늘날 우리가 살고 있는 시대입니다.

저는 찾는이들에게, 자신의 삶에 대해 질문하는 것이야말로 용기 있고 진실하며 마땅히 해야 할 일이라고 이야기하고 싶습니다. 믿음은 이런 질문들에서 출발합니다. 찾는이들이 자신의 삶에 대해서 회의하게 되고 '이렇게 사는 게 맞나? 이것 이상이 있을 것 같은데' 하는 생각을 갖다가 교회에 대해, 기독교에 대해, 예수에 대해 약간의 희망을 갖게 되는 것, 이것이 믿음의 시작이라고 저는 생각합니다. '혹시 교회가, 혹시 기독교가, 혹시 예수가 내가 가진 질문에 답을 줄 수 있을까? 왜 저 사람들은 저렇게 살지? 저들은 혹시 답을 가지고 있는 게 아닐까? 내가 찾고 있던 것을 이미 찾은 게 아닐까?' 하는 반신반의의 마음을 갖게 되는 것, 믿음은 이렇게 잉태됩니다. 그래서 어느 날 교회에 와 보거나, 성경을 한번 읽어 보거나, 관련된 책을 한번 펴 보거나 하게 되는 것은, 전적으로 회의만 하고 있다면 할 수 없는 일입니다. 회의가 있지만 회의만큼 약간의 믿음이 있기 때문에 움직인 것입니다.

앞에서 보았던 "하나님의 의가 나타나서 믿음으로 믿음에 이르게 한다"(롬 1:17)는 말씀의 초기 믿음이란 바로 이런 것입니다.

덜컥 믿겠다는 것이 아닙니다. '혹시 여기 답이 있지 않을까?' 하고 움직이는 작은 믿음이 출발점의 믿음입니다. 그런데 이 믿음은 사실 회의가 없이는 존재하기 어렵습니다. 초기에는 회의와 믿음이 공존합니다.

그러다가 이제 성경을 읽고 예수에 대한 이야기를 듣게 됩니다. 복음의 가장 본질적인 메시지를 듣게 되는 것입니다. 그리고 그때 아주 중요한 분기점을 만납니다. 바로 다음과 같은 사실을 깨닫게 됩니다. '하나님이 나를 포함한 세상을 만들었을지도 모른다. 그렇다면 그 하나님이 내 인생과 세상에 의미를 부여할 수 있을 것이다. 그러니 하나님 없이 살아가는 것은 심각한 문제이고 성경은 이것을 죄라고 부른다.' 그리고 이 심각한 문제를 해결하기 위해서 하나님이 이 땅에 오셔서 죽으셨다는 사실을 듣게 되는 것입니다. 여기서 우리는 믿음이 필요함을 알게 됩니다. 이렇게 하나님과 자신에 대해서 새롭게 알게 된 사실에 전인격적으로 동의하는 것이 바로 믿음입니다.

로마서 1장 17절의 "믿음에서 믿음에 이르게 한다"라는 표현을 새번역에서는 "믿음에서 출발해서 믿음을 목표로 합니다"라고 번역했습니다. 앞에서도 말했지만, 출발점이 되는 첫 번째 믿음은 완전한 믿음이 아닙니다. 회의 반, 믿음 반 정도 되는 믿음입니다. 찾는이가 찾은이로 되는 일은, 초기에 아주 작은 겨자씨만 한 믿음에서 시작합니다. 그 뒤에 아주 획기적으로 분기점을 넘어가는 믿음, 우리 자신과 세상을 창조하신 하나님의 존재와 예수께서 하신 일을 인격적으로 받아들이는 믿음을 갖게 되는 것입니다.

찾은이에서 더 온전한 믿음의 찾은이로

/

찾은이란, '하나님이 정말 답을 주시는 분이구나. 하나님은 내가 누구인가, 어떻게 하나님과 관계를 맺는가, 하나님의 관점에서 내 인생을 어떻게 볼 것인가 하는 인생의 본질적인 문제들에 대해 답을 주시는 분이구나' 하는 것을 발견한 사람입니다. 이렇게 찾는이에서 찾은이로 가는 믿음을 갖게 되었다면, 이제 다음 단계, 더 깊은 신앙으로 가게 됩니다. 찾은이에서 '더 온전한' 믿음의 찾은이로 가는 것입니다.

앞에서 말했던 그 잡지사의 기자는 이런 질문도 했습니다.

"찾은이와 찾는이를 정말 구별할 수 있습니까?"

저는 이렇게 답변했습니다. "구별할 수 있습니다. 찾은이는 비록 불완전하지만, 예수를 통해서 답을 찾았다고, 적어도 찾을 수 있다고 깨달은 사람입니다. 출발점에 서 있는 사람입니다. 그러므로 그 전과 그 이후의 상태가 확연하게 구분됩니다. 때로는 언제 그렇게 되었는지 모를 때도 있지만, 적어도 찾은이와 찾는이의 분명한 구별선이 있습니다."

그러나 그렇게 찾은이가 되었다고 해서 그것으로 끝나는 것이 아닙니다. 완성된 것도 아닙니다. 하나님을 정말 믿고 하나님과 관계를 맺었음에도 불구하고 그 이후에도 우리 속에서는 또 다른 회의들이 나타납니다. 이를테면 이런 회의가 우리 속에 들어옵니다. '정말 나의 구체적인 삶의 현장에서 하나님을 신뢰할 수 있을까? 하나님이 없는 것 같은 세상 속에서 하나님을 신뢰하고 살 수 있을까? 하나님이 주인이라고 고백하고 사는 것이 정말 가능할까? 특별히 이런저런 고통을 겪으면서도 여전히 하나님의 변하지 않는 사랑을 의지할 수 있을까? 나같이 가치 없는 사람을 하나님이 정말 사랑하실까? 하나님이 나의 길을 인도하신다고 하는데 이렇게 복잡하고 혼란스러운 상황 속에서 하나님의 인도가 과연 있는 것인가? 하나님이 원하시는 교회 공동체가 과연 세워질 수 있을까?'

이런 회의가 생길 때 이것이 잘못된 것인 줄 알고 억누르려고 하는 경우가 많습니다. 하지만 그것은 바른 자세가 아닙니다. 찾은이가 되어서도, 회의는 필요하고 불가피합니다. 이러한 찾은이들의 회의에는 다음과 같은 세 가지 특징이 있습니다.

첫 번째로, 이런 회의에는 우리의 연약함이 반영되어 있습니다. 하나님을 믿고 난 다음에도 회의가 올 때 그것은 우리 속의 치유되어야 할 부분과 관련이 있는 경우가 많습니다. 어릴 때 누군가로부터 한번도 사랑을 받아 보지 못하고 자란 사람은 하나님이 우리를 사랑하신다는 말을 믿기가 어렵습니다. 자애롭고 우리를 용납해 주시며 우리에 대해 책임지시는 아버지를 경험해 보지 못한 사람은 '하나님 아버지'라고 부를 때에도 그 하나님이 멀게 느껴집니다. 육신의 아버지가 그랬던 것처럼 말입니다. 육신의 아버지가 우리를 사랑하신 것 같기는 한데 사랑을 표현하신 적이 없으니, 하나님 아버지도 그러실 것이라고 생각합니다.

혹은 이유를 알 수 없는 고통과 다른 사람이 만들어 놓은 어려운 삶의 조건 때문에 헉헉거리며 어린 시절을 보냈던 사람들은, 앞으로 하나님이 변함없이 우리를 사랑하시고, 종국에는 우리를 푸른 초장으로 인도하시리라는 말씀이 믿어지지 않습니다.

이렇듯 회의는 우리의 상처와 연약함을 보여 줍니다. 그러나 하나님은 그 연약함을 다루기를 원하십니다. 그것을 온전케 만들기를 원하십니다. 그러므로 이런 회의가 들 때 우리는 그 회의를 가지고 "하나님은 어떤 분이십니까? 하나님은 여기에 대해 뭐라고 말씀하십니까?"라고 질문해야 합니다. 그때 우리는 성장하기 시작합니다. 그 연약함을 넘어가기 시작하는 것입니다.

두 번째로, 믿음은 이런 회의와 질문을 통해서 자라납니다. 가끔 우리는 하나님을 알지 못하는 친구들의 질문에 당황하곤 합니다. 미처 생각해 보지 못한 질문을 만난 것이죠. 그러나 그럴 때 친구를 향해 "야, 그냥 일단 믿어"라고 하지 말고, 그 질문에 대해 진실하게 고민해야 합니다.

대학생 때 나름대로 정리를 했지만, 저는 최근에 진화론에 대해서 다시 읽어보기 시작했습니다. 알지 못하는 부분이 굉장히 많다는 것을 알게 되어 좀 더 공부를 해봐야겠다는 생각이 들었습니다. 진화론도 계속 발전하고 있기 때문에 과거에 종의 진화를 이야기할 때와 DNA를 중심으로 진화를 설명하는 것과는 큰 차이가 있다는 것을 발견했습니다. 저는 설교에서 프랜시스 콜린스의 《신의 언어》라는 책에 대해 언급하고 나서, 이런 질문을 받았습니다. "우리 교회 입장이 뭡니까?" 이에 대한 저의 답변은 "우리 입장이요? 더 공부해봐야 한다는 것이지요"입니다.

무신론적 입장에서 접근하는 도킨스 식의 진화론은 받아들일 수 없지만, 다른 가능성들이 있다면 진지하게 귀를 기울일 필요가 있습니다. 왜냐하면 과학과 신앙은 전혀 다른 영역이기 때문입니다. 그러므로 과학에서 논의하는 것들에 대해 신앙인들이 자신들의 관점에서 잘 이해하고 들어 보는 것이 필요합니다. 진화론에는 여전히 허점이 많습니다. 그 내용을 다 받아들이는 데는 문제가 있습니다. 그러니 진지하게 공부를 해봐야죠.

지적인 것이든, 실존적인 것이든, 우리 내면에서 나오는 것이든, 회의와 질문은 우리 믿음을 성장하게 만듭니다. 질문하지 않는 사람들은 성장하지 않습니다.

마지막으로, 고난과 고통으로 갖게 되는 회의는 궁극적으로 우리를 성숙으로 이끕니다. 고난과 고통이 다가올 때 우리 속에서는 회의가 생겨납니다. '이렇게 기도하는데 자비로운 하나님이 왜 대답하지 않으시는가? 왜 나를 버리셨는가?' 하는 생각이 드는 것입니다.

그러나 우리는 고난과 고통을 통해서, 하나님이 우리의 행불행을 좌우하시거나 그것을 액땜해 주시는 분이 아니라는 사실을 알기 시작합니다. 우리는 고난과 고통을 통해서 변화되기 시작합니다. 사실 우리는 고통과 고난을 겪기 전에는, 또는 아주 정직하게 말해서 다른 사람의 고난과 고통을 진지하게 관찰하지 않고서는 이 세상이 얼마나 깨어져 있는지를 알지 못합니다. 이 세상이 얼마나 고통스러운 곳인지 모릅니다. 고통을 겪고 나서야, '아, 그래서 하나님을 떠난 세상에 대해서 하나님이 그렇게 애처로워하시는구나, 아, 그래서 하나님이 하나님을 떠난 세상을 위해서, 그들을 돌아오게 하시기 위해서 자기 아들까지 보내셨구나' 하는 깨달음이 생겨납니다. 깨어진 세상에 대한 이해가 깊어지는 것입니다.

고통과 고난은 때때로 사람들로 하여금 신앙을 잃어버리게도 만들지만, 고통과 고난 속에서 정직하게 질문하기 시작하면 오히려 더 깊은 신앙에 이르게 됩니다. 그 속에 하나님의 은혜가 있음을, 하나님의 사랑이 있음을 깨닫습니다. 이렇게 우리는 믿음에서 믿음에 이르게 됩니다. 초기의 믿음과 다른 더 성숙한 믿음, 더 온전한 믿음이 되어 갑니다. 고통과 고난을 이해하고 해석하고 대응할 줄 아는 그런 믿음 말입니다.

'일단 믿기, 전에

/

이제 '일단 믿기' 전에 해야 할 일이 무엇인지 짧게 정리해 보려고 합니다. 첫 번째, 진실한 질문을 던져야 합니다. 질문 없이는 답변도 없습니다 No Question, No Answer!. 진실한 회의 없이는 진실한 믿음도 없습니다. 진실한 질문이란, 우리 자신에 대한 것까지 포함합니다. 저는 찾는이들에게 "하나님은 어떤 분이십니까?"라고 질문하기 전에 "나 자신의 삶은 이대로 괜찮은가?"라는 정직한 질문을 해보라고 말합니다. 이것이 첫 번째로 우리에게 던져야 할 질문입니다. 뿐만 아니라 그리스도인들도 질문해야 합니다. 삶의 의미에 대해서, 자신의 진정한 가치에 대해서, 고통에 대해서, 깨어진 세상에 대해서 질문해야 합니다. 정직한 질문을 던지는 것이 필요합니다.

두 번째, 진실한 답변이 주어지면 거기에 진실하게 반응해야 합니다. 실제로 모든 질문에 답변이 주어지지는 않습니다. 그러나 더 문제가 되는 것은, 답변이 주어져도 움직이지 않는 것입니다. 그러면 진리를 절대로 알 수 없습니다. 그것은 한날 지적 유희에 지나지 않기 때문입니다. 진정으로 삶의 의미를 찾는다면, 안 만큼, 진리를 깨달은 것만큼 움직여야 합니다. 움직이지 않는 사람은 영원히 깨달을 수 없습니다. 그리고 답도 주어지지 않습니다. 하나님은 우리의 지적 유희에는 답변하지 않으십니다.

깨달은 것만큼 걸어가는 것이 우리의 신앙생활입니다. 그렇게 깨닫고 한 걸음 나아가게 되면 또 다른 의심이 생길 것입니다. 그러면 또 고민하고 답을 찾고 다시 한 걸음 더 나아가게 됩니다. 우리의 여정은 이런 모양입니다. 그러므로 진실한 답변이 주어진다면, 거기에 진실하게 반응하는 것이 필요합니다.

마지막으로, 더 온전한 믿음에 이르도록 하나님께 도우심을 요청해야 합니다. 마가복음 9장에는 한 귀신 들린 아이의 아버지가 나옵니다. 예수님이 그 아버지에게 물으십니다.

"아이가 이렇게 된 지 얼마나 되었느냐?"

아이의 아버지는 어릴 때부터라고 답하면서 "하실 수 있으면 우리를 불쌍히 여기시고 도와주십시오"라고 말합니다.

그러자 예수님은 "'할 수 있으면'이 무슨 말이냐? 믿는 사람에게는 모든 일이 가능하다"라고 하셨고, 그제야 아이 아버지는 이렇게 외칩니다.

"내가 믿습니다. 믿음 없는 나를 도와주십시오"(24절).

그리스도인들은 "저는 하나님을 믿습니다. 그러나 삶의 여러 가지 모습을 볼 때 저의 믿음은 여전히 부족합니다. 더 깊은 믿음으로 들어갈 수 있도록, 더 온전한 믿음으로 들어갈 수 있도록 도와주십시오"라고 기도하는 것이 필요합니다.

삶을 살아가면서 특별히 많은 그리스도인들이 질문을 던지는 때가 있습니다. 고난을 겪을 때입니다. 예를 들어, 나이가 들고 나면 그렇게 큰일이 아니지만, 청년 시절에는 크게 느껴지는 것이 이성교제에서 실패하는 것입니다. 또 결혼을 하고 나면 겪는 고난들이 있습니다. 재정적 어려움도 있고, 사회생활에서의 어려움도 있습니다. 그런 고난들을 겪을 때 우리는 질문하며 기도해야 합니다. '하나님, 이것의 의미가 무엇입니까? 성경은 이에 대해서 뭐라고 가르치고 있습니까? 하나님은 무엇을 가르치시려고 저를 이러한 과정을 지나가게 하십니까? 하나님, 이 과정을 통해서 믿음을 더 주십시오. 제가 좀 더 온전한 믿음으로 성장할 수 있도록 도와주십시오.'

우리 모두 가 보지 않은 길을 가고 있다

/

우리는 모두 가 보지 않은 길을 가고 있습니다. 어느 누구도 자신이 걷고 있는 인생을 살아 본 적이 없습니다. 그러니 우리가 가는 길이 맞나 질문하는 것은 당연한 일입니다. 회의는 당연합니다. 그렇게 하지 않고 인생을 산다는 것은 아무 질문 없이 다른 사람이 답해 주는 것을 맹목적으로 믿거나, 그냥 시류에 빠져서 밀려가는 인생을 산다는 뜻입니다.

저는 30년 전에 예수님을 만나고 예수님을 따라가기 시작했습니다. 그 중간중간 여러 번 아주 진지하게 이 길이 맞나, 하는 질문과 회의가 생길 때가 있었습니다. 그때마다 고민과 회의 끝에 이 길이 진정으로 맞다는 결론에 다다르게 되었고, 이런 과정은 하나님을 향한 신뢰를, 하나님을 향한 믿음을 더 깊게 만들었습니다.

얼마 전 부산에 잠시 다녀왔습니다. 저의 고모부님이 곧 돌아가실 것 같아서였습니다. 고모부님은 평생 신앙생활을 하신 분이셨는데, 죽음을 앞두고서 굉장히 고통스러워하셨습니다. 눕지도 앉지도 못하고, 고통스러워하시는 고모부님께 제가 무슨 말을 할 수 있을지 마음이 무거웠습니다. 여러 가지 성경 구절이 떠올랐지만, 그중에서 저는 이런 이야기를 나누었습니다.

"고모부, 마가복음을 보니, 예수님이 부활하셨다는 소식을 듣고 제자들이 다 두려워 떨었다는 말로 끝이 납니다. 제자들은 예수님이 십자가에 못 박히시는 과정을 지켜보며 극심한 혼돈과 고통에 빠졌고, 예수님을 배반했다는 죄책감과 자기 연민에 빠져서 아주 혼란스럽고 힘들어 했습니다. 그런데 나중에 예수님이 부활하시고 난 다음, 이들은 예수님에 대해서 제대로 보고 깨닫게 되었습니다.

고모부, 고모부는 죽음 이후에 부활이라는 새로운 세계가 열린다는 것을 평생 믿고 사셨습니다. 그러나 고모부도 저도 경험해보지 못한 세계입니다. 제자들이 예수님의 부활 직전에 혼란과 자기 연민과 고통 속에 있었던 것처럼 우리도 아직 부활을 경험하지 못했기 때문에 그 이후의 세계를 잘 모릅니다. 그러나 예수님이 그 길을 먼저 가셨습니다. 그리고 부활하신 예수님을 만나고 난 다음 제자들이, 그 비열했던 제자들이 완전히 변화되었다는 것이 마가복음의 이야기가 아닙니까? 고모부는 이 방에 있는 누구보다도 먼저 이 길을, 이 신비한 영적 체험의 길을 가고 계십니다. 지금 힘드시죠? 지금 짜증스럽고 고통스러우시죠? 지나갑니다. 먼저 그 길을 가시면, 저희들도 따라가겠습니다."

우리는 아무도 가 보지 않은 길을 가고 있습니다. 죽음은 이 글을 읽는 어느 누구도 가 보지 않은 길입니다. 그런데 그 길을 가 본 분이 있다고 합니다. 그 길의 의미를 아는 분이 있다고 합니다. 만약 예수님이 계시지 않았다면, 만약 예수님이 우리에게 그것을 설명해 주지 않으셨다면, 우리는 불가지론에 빠지는 것이 맞습니다. 무신론적 입장을 취하는 것도 맞다고 이야기할 수밖에 없습니다. 그러나 예수님이 그 길을 먼저 가셨다고, 그래서 삶의 의미에 대해서 질문하는 자에게, 진실하게 질문하는 자들에게 답변하신다고 말씀하십니다.

그러므로 우리는 끊임없이 회의해야 합니다. 정직하게 질문해야 합니다. 그리고 회의하고 질문한 것만큼 얻어지는 답변을 가지고 살아가야 합니다. 한 걸음씩 말입니다. 이것이 예수를 진정으로 따르는 자들의 모습입니다.

믿고 기도하면
응답받아요

세상 살기가 참 힘든 것 같습니다. 언제나 그랬지만, 요즈음에는 부쩍 경제적으로 여유가 없고, 젊은이들이 '88만원 세대'라 불릴 정도로 많이 어렵습니다. 가정에도 염려거리가 끊이지 않습니다. 나이가 들어가면서 건강이 염려됩니다. 이렇게 쉽지 않은 인생살이를 과연 잘 헤쳐 나갈 수 있을까, 하는 질문이 문득문득 떠오릅니다.

그래서 사람들은 '신을 믿으면 이런 어려움들을 이겨 낼 수 있지 않을까? 이러한 극단적인 상황에서 벗어날 수 있지 않을까?' 하는 기대감으로 종교를 갖기도 합니다. 또는 자기계발서 같은 것을 통해서 어려움을 극복할 수 있는 길을 배워 보려고 합니다. 성공한 사람들의 비결이 담긴 성공학을 배우면 이런 평범하고 지굿지굿한 생활에서 벗어나서 좀 더 멋지고 번듯한 삶을 살 수 있지 않을까 기대하기도 합니다.

어떤 방법이든, 우리가 이루고 싶은 것을 이룰 수 있다면, 이 어렵고 지긋지긋한 상황에서 빠져나갈 수만 있다면, 그것이야말로 정말 반가운 소식이며 복음이 아닐 수가 없습니다. 누군가 "꿈은 이루어진다"라고 말하면 사람들은 기대감을 갖습니다. 그래서 우리에게 필요한 것은 믿고 기도하는 것, '원하는 대로 이루어진다'는 확신, 긍정의 힘 같은 것이라고 사람들은 말합니다. 교회에서는 끊임없이 "믿고 기도하면 뜻이 이루어진다"는 설교가 선포되고, 또 이런 일을 실제로 체험한 성도들의 간증이 넘쳐나는 것 같습니다.

긍정적 사고를 이야기하는 책들

/

이러한 사람들의 바람 때문에 예나 지금이나 자기계발서나 성공학에 관련된 책들은 늘 베스트셀러가 됩니다. 《긍정의 힘》, 《꿈꾸는 다락방》, 《시크릿》 같은 책들은 최근에 나왔지만, 오래전부터 비슷한 책들에 소개된 내용을 담고 있습니다. 이런 책들을 보면, 정말 믿음의 비밀이 있는 것 같습니다. 우리가 놓치고 있는 중대한 비밀 같은 것이 있다는 생각이 듭니다.

분명 이러한 책들에는 긍정적인 면이 있습니다. 사람들 중에는 부정적인 사고에 빠져 있는 이들이 많습니다. 그 원인에 대해서 여러 가지 분석과 설명이 있지만, 많은 사람이 부정적 사고의 노예가 되어 있는 것은 사실입니다. 우선, 자신에 대해서 아주 부정적인 생각을 가지고 있습니다. 자신이 하는 일이 잘될 것이라고 생각하지 않습니다. 자신에게 문제가 있다고 생각합니다. 부정적인 자아상을 품고 있는 탓에, 주변에서 일어나는 일들에 대해서도 '잘 안 될 거야' 하고 매우 부정적으로 사고합니다.

그것으로도 모자라서, 다른 사람들과 이야기를 나눌 때도 부정적이고 냉소적인 말을 끊임없이 내놓습니다. 이렇듯 부정적인 말들을 하니 세상만사가 잘 풀릴 리 없습니다. 부정적인 일들이 생겨나고, 그러면 또다시 자신은 참 부정적인 인간이라는 생각이 들고, 그러다 부정적인 사고가 더 크게 자리 잡는 악순환에 빠져듭니다. 그러다 보면 삶에 대해서 자신감을 잃게 되지요.

이러한 상황에서 앞에서 언급한 책들을 읽으면, 우리 자신이 그동안 얼마나 부정적인 생각을 가지고 있었는지, 얼마나 불필요하게 부정적인 자아상을 떠메고 있었는지, 자신감을 잃어버리고 살았는지를 발견합니다. 그래서 그 책들을 읽고 있으면 힘이 나지요. 자신의 잊어버렸던 꿈, 부정적으로 생각했기 때문에 다가오지 않았던 미래에 대한 꿈과 비전을 되찾게 되고, 좀 '세게' 믿으면 정말 그것이 이루어지리라는 기대감이 생겨납니다. 얼마 전 베스트셀러가 된《긍정의 힘》에서는 우리가 기대한 만큼 하나님이 복을 주신다고 하니, 독자는 기대하지 않으면 무슨 복을 받겠나 하는 생각이 들어 다시 한번 힘을 내는 것이죠. 좋은 점이 분명히 있습니다. 그러나 이상한 점도 있습니다.

《시크릿》이든, 한국판《시크릿》이라 불리는《꿈꾸는 다락방》이든 핵심 내용은 비슷합니다.《시크릿》의 요지는 구하라는 것입니다. "구하고 믿고 받았다고 생각하고, 절대 의심하지 말라. 믿음에 믿음만을 더하라"라는 것입니다.《꿈꾸는 다락방》의 경우는 한 걸음 더 나아가서, "꿈을 꾸되 생생하게 꿈꾸라. 그리고 그것이 이미 이루어졌다고 생각하고, 누가 뭐라 해도 조금도 흔들리지 말라. 그러면 그것이 당신에게 현실이 될 것이다"라고 말합니다.

이《시크릿》은 아주 많이 팔렸습니다. 미국에서만 400만 부가 팔렸고, 전 세계적으로 1억 부가 팔렸습니다. 그런데 이상한 점이 있습니다. 수 세기 동안 1퍼센트만 알았다고 하는 부와 성공의 비결을 알려 주었는데, 적어도 1억 명이 사서 본 것인데, 왜 세계 경제는 이 모양이고, 그 책을 본 사람들은 아직 성공하지 못한 것일까요?

그런데 그것보다 더 이상한 점이 있습니다.《긍정의 힘》,《잘되는 나》,《최고의 삶》과 같이 어떤 목사가 쓴 책들도 핵심 내용이 위의 책들과 비슷하다는 것입니다. 저자는 그 책들에서, "예수님은 '네 믿음대로 되리라' 하고 말씀하셨다. 믿음의 한계는 없으니 큰 믿음을 가지고 과감한 기도를 드려라. '하나님, 당신이 저를 사랑하실 줄로 믿습니다. 저를 위해서 복을 많이 쌓아 두셨다고 믿습니다. 오늘 제 삶을 당신이 쌓아 놓으신 넘치는 복과 은혜로 채워 주십시오. 그렇게 될 줄로 믿습니다' 하고 긍정하고 살아가라"
라고 이야기합니다.

《시크릿》이나 《꿈꾸는 다락방》처럼 하나님과 별 관계없이 쓰
인 책과 《긍정의 힘》, 《잘되는 나》, 《최고의 삶》과 같이 하나님을
계속 이야기하고 있는 책의 내용이 거의 같습니다. 둘 다 마음속
으로 그리고, 믿고, 의심하지 않으면 이루어진다는 똑같은 공식
을 이야기합니다. 유일한 차이점이 있다면 《시크릿》이나 《꿈꾸
는 다락방》에서는 하나님과 기도가 등장하지 않고, 《긍정의 힘》,
《잘되는 나》, 《최고의 삶》에서는 하나님과 기도가 등장한다는 것
입니다.

믿지 않아서?

/

사실, 아주 오래 전부터 많은 이들이 '믿고 기도하면 응답받을 것'
이라는 이야기를 해 왔습니다. 노먼 빈센트 필이 긍정적 사고에
대해서 이야기하고 난 이후로 로버트 슐러 목사, 조용기 목사 등
이 계속해서 같은 이야기를 했습니다. "믿고 기도하면 이루어진
다. 하나님이 복 주려고 준비하고 계시는데 당신들이 믿고 기도
하지 않기 때문에 이루어지지 않는 것이다. 긍정적으로 사고하고
믿고 기도하라." 최근의 책들은 사실 30~40년이 넘는 오래된 가
르침이 새로운 옷을 입고 나온 것일 뿐입니다.

그런 책들이 하나같이 말하는 바는, 우리가 꿈꾸었던 것이 이루어지지 않는 이유는 믿지 않아서라는 것입니다. 믿음이 부족해서라는 것입니다. 그래서 애써 보다가 일이 잘되지 않으면 '내가 믿음이 부족해서 그래. 좀 더 잘 믿었으면, 의심하지 않았으면, 흔들리지 않고 계속 믿었으면 됐을 텐데…' 하고 생각하게 되는 것입니다.

제 가까운 친척 중 하나가 어린 시절에 원인을 알 수 없는 병에 걸린 적이 있었습니다. 여러 의료진을 통해 온갖 검사를 받았지만, 치료법은커녕 병명도 알 수 없었습니다. 그래서 결국 집안의 어른들은 기도를 받기 시작했습니다. 온 가족이 기도했습니다. 너무나 소중한 아이였기에 정말로 믿고 기도했습니다. 그러던 중 기도해 주시는 분들이, 벚꽃이 필 때 아이의 병이 나을 것이라는 이야기를 해 주셨습니다. 몇 달만 지나면 벚꽃이 필 때가 되기에, 우리는 더 열심히 기도했습니다. 그러나 이 아이는 벚꽃이 필 때 세상을 떠났습니다. 우리 가족의 믿음이 부족해서 아이가 죽은 걸까요?

진실하게 믿음으로 기도했는데, 병이 낫지 않는 경우가 있습니다. 믿음이 부족해서일까요? 자녀가 병에 걸려 고통받고 있을 때 부모는 아이를 위해서 처절하게 기도합니다. 이런 상황에서 어떻게 믿음이 부족할 수가 있겠습니까? 그렇게 처절하게 생명을 걸고 기도하는데 왜 병이 낫지 않는 겁니까? 혹은 믿음으로 새로운 사업을 시작했다고 하는 사람들이 많습니다. 그런데 성공하지 못하고 계속 고전하는 것은 믿음이 부족해서인가요? 배우자가 나타날 것이라고 열심히 믿고 신실하게 기도했는데도, 마땅한 사람이 나타나지 않아 독신으로 나이 들어가는 경우는 또 어떻습니까? 조금 더 기다려야 하나요? 기도가 부족해서 그런 걸까요?

실제로 적지 않은 사람들은, 그처럼 순수하게 믿고 기도했는데 이루어지지 않은 소망과 꿈 때문에, 자신들이 그렇게 절실하게 기도했던 신에 대해 배신감마저 갖게 됩니다. 신앙에 대해서 냉소적인 자세를 갖기도 합니다. 도대체 어떻게 된 걸까요? 왜 열심히, 그리고 간절히 믿었는데 이렇게 된 것일까요? 예수님도 믿음의 중요성을 가르치지 않으셨던가요?

예수님은 분명 믿음의 중요성을 이야기하시고, 참된 믿음에 대해 가르치셨습니다. 그러니 지금부터 예수님께서 가르치셨던 믿음에 대한 이야기를 해봅시다.

믿음의 중요성을 말씀하시는 예수님

/

마가복음 2장을 보면 중풍병자의 친구들이 예수님께로 그 병자를 메고 옵니다. 그때 예수님은 그들의 믿음을 보시고서 중풍병자가 죄 사함을 받았다고 말씀하시며, 병을 고쳐 주셨습니다(2:5). 또 마가복음 5장에는 12년 동안 혈루병을 앓고 있던 여인이 예수님의 옷에 손을 대는 이야기가 나옵니다. 여인은 그렇게 손을 대기만 하면 나을 것이라는 믿음으로 손을 댔고 병이 나았습니다. 예수님은 분명 "딸아, 네 믿음이 너를 구원하였다"(5:34)라고 말씀하셨습니다. 회당장 야이로의 죽은 딸을 살리실 때에도 예수님은 "두려워하지 말고 믿기만 하여라"(5:36)라고 말씀하셨습니다. 정말 믿으니까 병이 나았고 죽었던 사람도 살았습니다.

그런데 성경에는 그렇지 않은 경우들도 있습니다. 마가복음 4장 35절 이하를 보면 예수님과 제자들이 배를 타고 가는 장면이 나옵니다. 그런데 풍랑이 일어서 배에 물이 가득 찼고, 제자들은 두려움에 떨었습니다. 그때 예수님은 풍랑을 잔잔케 하시고는 "왜들 무서워하느냐? 아직도 믿음이 없느냐?"(4:40)라고 말씀하셨습니다. 풍랑이 일어 배가 뒤집힐지도 모르는 상황에서 떨고 있는 제자들을 향해 예수님은 믿음이 없다고 꾸짖으셨습니다. 도대체 무슨 믿음이 필요하다는 말씀일까요? '믿으면 풍랑이 없어질 것이다'라는 믿음일까요? 혹은 '뱃멀미도 없이 저쪽까지 건너갈 것이다' 하는 믿음이 필요했던 것일까요? 왜 예수님은 제자들에게 믿음이 없다고 하셨을까요?

그뿐 아니라 마가복음 9장에서는, 무리 중 한 사람이 벙어리 귀신 들린 아들을 고쳐 달라고 데려온 일이 있었습니다. 그러나 제자들은 고치지 못했습니다. 그 후 변화산에서 내려오신 예수님이 그 아이의 아버지를 만나셨습니다. 아버지의 이야기를 들으신 예수님은 이렇게 말씀하십니다. "믿음이 없는 세대여, 내가 언제까지 너희와 함께 있어야 하겠느냐? 내가 언제까지 너희에게 참

아야 하겠느냐?"(9:19) "믿음이 없는 아버지여!"도 아니고 "믿음이 없는 제자들아, 병을 고칠 수 있다는 것을 믿지 않았구나"도 아니었습니다. 예수님은 "믿음이 없는 세대여"라고 하셨습니다. 이것은 무슨 의미일까요?

성경은 믿음을 아주 중요하게 여깁니다. 그 믿음이 우리 인생의 열쇠이기도 합니다. 우리는 우리가 얼마나 강하게 믿느냐하는 믿음의 강도를 중요시합니다. 그런데 예수님은, 이 믿음에서 중요한 것은 믿는 내용이라고 말씀하십니다. 이에 대해 마가복음 9장의 말씀을 조금 더 자세히 살펴보겠습니다.

믿음의 내용이 중요하다

/

방금 앞에서 본 마가복음 9장의 귀신 들린 아들은 어떻게 되었을까요? 마가복음 9장 22-24절은 이렇게 이어집니다.

> 22 "귀신이 그 아이를 죽이려고, 여러 번, 불 속에도 던지고, 물 속에도 던졌습니다. 하실 수 있으면, 우리를 불쌍히 여기시고, 도와주십시오." 23 예수께서 그에게 말씀하셨다. "'할 수 있으면'이 무슨 말이냐? 믿는 사람에게는 모든 일이 가능하다." 24 그 아이 아버지는 큰 소리로 외쳐 말했다. "내가 믿습니다. 믿음 없는 나를 도와주십시오."

예수님은 23절에서 "믿는 사람에게는 모든 일이 가능하다"라고 말씀하십니다. 그렇다면 우리는 질문해 봐야 합니다. 도대체 무엇을 믿는다는 것입니까? 언뜻 보면, 아이의 병이 나을 줄을 믿는다는 것처럼 보입니다. 그러나 이 본문을 다시 자세히 보십시오. 아버지는 그 아이의 상황에 대한 이야기를 하고 난 후, "하실 수 있으면" 불쌍히 여기고 도와 달라고 말합니다. 다시 말해, '당신이 뭔가 하실 수 있는 일이 있다면', '무엇이든 해보실 수 있다면'이라는 말입니다. 그런데 예수님은 그 말에 대해 "'할 수 있으면'이 무슨 말이냐? 믿으면 못할 일이 없다"고 하십니다. 이 말에는 분명 대상이 암시되어 있습니다.

여기에는 생략된 말이 있습니다. 즉, '나를 믿으면', '예수를 믿으면' 예수님이 못하실 일이 없다는 말입니다. 이것을 풀어서 이야기하자면, "'뭔가 할 수 있다면'이 무슨 말이냐? 나를 믿는다면 모든 것이 가능하다"라고 할 수 있습니다. 따라서 믿음이란 예수라는 대상을 믿는 것이지, 아이가 병이 나을 것을 믿는 것이 아니라는 말입니다.

이는 마가복음 10장에 나오는 기적에서도 발견할 수 있습니다. 예수님이 제자들과 함께 가고 계실 때 바디메오라는 눈먼 걸인이 예수님을 향해 소리쳤습니다. 그러자 예수님이 그에게 말씀하십니다.

51예수께서 그에게 말씀하셨다. "내가 너에게 무엇을 하여 주기를 바라느냐?" 그 눈먼 사람이 예수께 말하였다. "선생님, 내가 다시 볼 수 있게 하여 주십시오." 52예수께서 그에게 말씀하셨다. "가거라. 네 믿음이 너를 구원하였다." 그러자 그 눈먼 사람은 곧 다시 보게 되었다. 그리고 그는 예수가 가시는 길을 따라나섰다.

예수님은 그 눈먼 사람에게 "내가 너에게 무엇을 하여 주기를 바라느냐?" 하고 물으셨습니다. "너에게 눈을 뜰 만한 믿음이 있느냐?"라고 물으신 것이 아닙니다. "네가 눈을 뜨고 새롭고 멋진 삶을 살 것에 대한 기대감과 꿈을 가져라. 그것을 믿어라"라고 하시지도 않았습니다. 그저 "내가 무엇을 해 주었으면 좋겠느냐?" 하고 물으셨습니다. 예수님은 그 눈먼 사람이 예수님 자신에게 주목하게 하셨습니다. "내가 무엇을 해 줄까?"라고 하시며 예수님을 바라보게 하셨습니다.

성경에서 중요하다고 말하는 믿음은, 예수가 어떤 분이시고 무엇을 하시는 분이신가에 대한 믿음입니다. 누구를 믿느냐 하는 내용이 중요하지, 얼마나 강력한 믿음을 갖느냐는 중요한 것이 아니라는 말입니다. 물론, 긍정적인 사고를 갖게 하는 삶의 자세로서 믿음을 이야기한다면, 이는 일반적으로 유익합니다. 부정적인 사고에 빠져 있는 사람들보다는 긍정적인 생각을 가지고 일들이 이루어질 것이라고 믿는 것은 좋은 태도입니다. 그러나 성경에서 말하는 믿음은, 그런 긍정적인 일이 일어날 것이라는 기대가 아니라 예수님이 누구시고 무슨 일을 하고 계신가에 초점이 있습니다. 그 믿음은 우리가 원하는 것을 얻게 해 주는 요술지팡이 같은 것이 아닙니다. 그런 마법이 아닙니다. 피하고 싶은 것은 피하고, 얻고 싶은 것은 갖게 하는 주술이 아니라는 말입니다. 성경에서 이야기하는 믿음은 철저하게 예수 그리스도와 관련이 있습니다.

하나님나라 관점에서 이해하는 믿음

/

그러므로 성성이 말하는 참된 믿음을 이해하려면, 하나님나라의 관점이 필요합니다. 마가복음 전체뿐 아니라, 사복음서에서 가장 중요한 성경 구절인 마가복음 1장 15절에 그 관점이 나와 있습니다. 마가복음 1장 15절은 예수님의 중심 사상인 하나님나라를 함축적으로 요약한 구절입니다.

때가 찼다. 하나님의 나라가 가까이 왔다. 회개하여라. 복음을 믿어라.

예수님이 말씀하시는 바는 이것입니다. "너희들은 지금까지 하나님이 다스리시지 않고 세속적 가치와 권력이 지배하는 세상에서 살고 있었다. 그런데 내가 옴으로써 하나님이 다스리시는,

하나님의 정의와 사랑이 다스리시는 새로운 세계가 도래하고 있다. 즉, 하나님나라가 가까이 왔다. 그러니 너희는 지금까지 세상을 좇아서 살았던 것을 회개하고 복음을 믿어라."

하나님나라의 핵심 가르침은 하나님의 다스림입니다. 하나님은 사랑과 공의로 인간을 포함한 피조 세계를 다스리고 계십니다. 하나님은 보이는 세계와 보이지 않는 세계, 현세와 미래의 주인이십니다. 하나님은 만물의 창조자이시며, 주관자이십니다.

그런데 우리는 하나님이 다스리시는 하나님나라에 들어갈 자격이 없는 인간들입니다. 하나님의 공의로운 다스림과 하나님의 넓은 사랑을 누릴 수 없는 존재들입니다. 우리가 감히 어떻게 그분을 우리의 아버지라고 부를 수 있겠습니까? 그리스도인들이 하나님을 아버지라고 부르는 것에 익숙해지다 보니 그 의미를 잃어버릴 때가 많습니다. 실제로, 하나님이 아버지가 되신다는 것은 우리가 감히 상상할 수도 없고 받아들이기도 쉽지 않은 대단한 일입니다. 그런데 그 엄청난 일을 가능하게 하신 분이 바로 예수 그리스도이십니다. 예수님은 우리로 하여금 하나님을 아버지라고 부를 수 있게 하셨습니다. 이것이 바로 복음입니다.

그러므로 복음의 핵심에는 예수 그리스도가 계십니다. 예수 그리스도로 말미암아 하나님나라가 도래했고, 우리가 예수 그리스도로 말미암아 하나님의 자녀가 되는 것입니다. 마가복음 전체에서, 또한 사복음서 전체에서 이야기하는 믿음은 바로 이 놀라운 하나님나라에 들어갈 수 있도록 예수님이 길을 열어 주신 복음을 믿는 것을 뜻합니다. "복음을 믿어라"라는 말은, 자신의 힘으로는 언감생심 꿈도 못 꿀 하나님나라에 들어갈 수 있는 기쁜 소식이 되어 주신 예수님을 믿으라는 뜻입니다.

무엇이 아니라 누구를 믿느냐

/

그렇다면 참된 믿음으로 드리는 기도란 어떤 것일까요? 다시 한 번 강조하지만, 참된 믿음이란 무엇을 믿느냐가 아니라 누구를 믿느냐에 대한 것입니다. 다르게 표현하면, 우리가 믿고 싶은 것을 믿는 것이 아니라 예수님이 누구신지, 무엇을 하셨는지를 믿는 것입니다. 이 땅에 하나님나라를 도래하게 하신 예수님, 하나님의 아들이시고 메시아이신 분, 이 땅에 개입하셔서 우리에게 풍성한 삶을 주겠다고 약속하신 분, 우리는 그분의 주권과 그분의 사랑과 그분의 임재와 더 나아가 그분 자신을 믿는 것입니다. 이것이 성경에서 가르치는 참된 믿음입니다.

여기서 초점이 흔들리면 안 됩니다. 우리가 그분을 믿으니, 그분이 우리에게 복을 주시지 않을까요? 그분이 우리에게 좋은 것을 주시지 않을까요? 사랑을 주시지 않을까요? 아마 여러 가지를 주실 것입니다. 하지만 우리는 이 부분에서 자주 혼돈에 빠집니다. 우리는 하나님 자신을 믿기보다는 하나님이 나를 위해서 무엇을 해 주시리란 것을 더 믿고 싶어 하기 때문입니다. 다시 말해,

우리는 보통 하나님의 뜻이 이루어질 것을 믿지만, 우리가 원하는 대로 이루어지기를 바라는 마음이 있다는 것입니다. 하나님의 뜻이 이루어지는 데에 하나를 덧붙이고 싶어 합니다. '우리 자신이 원하는 방식으로' 그 뜻이 이루어지기를 바라는 것이죠.

미묘한 차이를 감지하셨습니까? 하나님의 사랑도 마찬가지입니다. 하나님이 우리를 누구보다도 사랑하신다는 것은 그리스도인들이 가지는 감격입니다. 우리를 그렇게 사랑하실 수 있다는 사실이 그리스도인들을 살게 하는 힘이 됩니다. 그런데 여기서 도가 지나치면, 하나님이 우리를 너무나 사랑하시니 마치 우리를 위해서 존재하시는 분인 것처럼 여겨집니다. 우리의 행복과 우리가 원하는 것을 주기 위해 기다리고 계시는 분처럼 느껴지는 것입니다. 미묘한 것 같지만 중대한 차이입니다.

우리가 구원받은 것을 믿는다고 말할 때도 그렇습니다. "하나님이 나를 너무 사랑하셔서 행하신 일을 보니, 내가 구원받았구나. 나는 자격이 없지만, 하나님이 이렇게 놀라운 일을 하셨구나. 그래서 내가 구원받았구나" 하는 고백은 참된 믿음입니다. 하지만 약간 바꾸어서 "내가 이러이러한 체험을 한 것을 보니, 내게 이러이러한 일이 일어난 것을 보니 내가 구원받았구나"라고 말할 때는 관점이 달라진 것입니다. 한쪽은 지속적으로 하나님을 바라보면서 하나님의 주권과 사랑과 구원을 누리는 반면에, 다른 한쪽은 여기서 조금 빗나가서 우리 자신이 중심이 됩니다. 우리가 원하는 것, 우리가 사랑받는 것, 우리의 종교적 체험으로 관점이 옮겨 온 것입니다.

물론 하나님은 우리에게 많은 것을 주기 원하십니다. 우리에게 사랑을 주기 원하시고, 영적인 체험도 주고 싶어 하십니다. 우리가 이 땅에서 구질구질하게 살지 않기를 원하십니다. 모든 것을 다 주기 원하십니다. 그러나 하나님은 이런 것들을 주기 위해서 계시는 분은 아닙니다. 하나님은 이보다 훨씬 크신 분입니다. 상상할 수 없이 크신 분입니다. 온 우주를 창조하셨고 인간의 역사를 이끌어 가시는 분이십니다. 그러한 분이 우리를 사랑하시고, 우리를 부르셨고, 우리를 하나님의 다스림 밑에 있게 하셨고, 우리를 통해서 그분의 뜻을 이루기로 하셨기 때문에, 나머지 것들은 따라옵니다. 하나님 이외의 모든 것들은 '별책부록'과 같습니다.

그러므로 우리의 관심이 하나님에게서 '부록' 쪽으로 옮겨 가고, 그런 것들을 얻기 위해 하나님을 수단으로 사용하려 한다면 이는 매우 위험한 자세가 아닐 수 없습니다. 하나님은 본질상 우리의 수단이 되실 수 없습니다. 하나님은 우리에게 목적으로만 존재하실 수 있지, 목적을 위한 수단이 되실 수 없습니다.

실제로 예수님과 하나님에게 집중하지 않고 우리에게 성공과 축복을 주시는 하나님께 초점을 맞추고 그런 하나님을 믿게 되면 사람들은 현실에 적응하지 못합니다. 왜냐하면 하나님이 우리를 축복해 주실 것으로 믿지만, 차갑고 부조리하고 무섭고 괴로운 현실이 그대로 남아 있기 때문입니다. 세상은 완전히 회복되지 않았습니다. 예수님이 다시 오실 때까지 깨어진 세상은 이대로 유지될 것입니다. 또한 하나님은 의인과 악인을 공평하게 대하시는 분입니다. 그러니 나에게 특별한 축복을 주시리라 믿었지만 원하는 대로 일이 이루어지지 않습니다.

그러면 어떻게 되나요? 믿고 기도했는데도 응답이 이루어지지 않았다면, 그것은 믿음이 부족했기 때문이라고 사람들은 가르치고 또 그렇게 믿습니다. 이제, 더 많은 믿음이 필요하기 때문에 부족한 믿음을 채워 줄 긍정과 축복과 성공을 전하는 설교와 예배를 찾아가게 됩니다. 계속해서 여기에 매달립니다. 그러다 심하면 중독이 되어버리기도 합니다. 다시 더 강한 믿음으로 무장을 하고 하나님께 구하는 기도를 드리는 나락으로 빠지는 것이죠. 그러나 그렇게 오랫동안 따라가도 원하는 바가 이루어지지 않고 그토록 소원했던 일들이 이루어지지 않을 때, 사람들은 하나님을 떠납니다. 혹은 마음속 깊숙한 곳에서 배신감을 가지고 하나님을 향한 분노를 쌓아가기도 합니다.

이는 믿음을 잘못 배웠기 때문에 나타나는 현상입니다. 믿음은 우리가 원하는 것을 갖기 위한 수단이 아닙니다. 중요한 것은 하나님과 예수 그리스도를 알아가고 믿는 것입니다. 하나님이 누구신가, 그분이 우리를 위해서 무슨 일을 하셨는가, 예수 그리스도를 통해서 어떤 놀라운 일을 행하셨는가 하는 것을 받아들이는 것이 참된 믿음입니다.

하나님의 뜻은 하나님나라 안에서 발견된다

/

그렇다면 우리 각자를 향한 하나님의 뜻과 비전은 없는 것일까요? 아닙니다. 우리를 구원하셔서 하나님나라에 들어가게 하신 하나님은 우리를 향한 비전과 뜻을 가지고 계십니다. 그리고 그 하나님의 뜻과 비전은 반드시 예수께서 가져오신 하나님나라 안에서 발견됩니다. 우리가 무엇을 원하는지, 우리가 무엇을 간절히 바라는지는, 사실 중요하지 않습니다. 중요한 것은 하나님의 뜻이, 하나님의 다스림이 우리 인생을 통해서 어떻게 드러나느냐입니다.

우리 각자가 하나님을 따라간다면, 우리는 상상도 하지 못했던 인생을 살 것이 분명합니다. 모든 사람이 그렇습니다. 하나님이 그렇게 계획하셨습니다. 그런데 그 놀라운 뜻과 비전은 우리가 원하는 방식대로 이루어지지 않을 가능성이 많습니다. 불행하게도 하나님의 뜻은 우리 생각과 다를 때가 너무나 많습니다. 그것은 하나님의 뜻과 방식이 우리가 세뇌되어 있는 세속적 가치관이나 방법과는 거리가 멀 때가 많기 때문입니다. 우리가 하나님나라에 들어왔지만, 여전히 세상 나라의 가치관과 세상이 움직이는 원리와 수많은 유혹에 세뇌되어 있기 때문입니다.

성경에서 이야기하는 비전은 큰 집을 갖는 것, 승진하는 것, 가정불화가 해결되는 것, 돈 많이 버는 것이 아니라, 세상을 위해 일하고 계시는 하나님의 역사 가운데서 우리 각자의 몫을 찾아가는 것입니다. 사실 그것이야말로 신나는 일입니다. 하나님은 이 세상에서 일하고 계십니다. 힘 있게 일하고 계십니다. 그런데 우리 같은 평범한 또는 평범 이하의 사람들을 부르셔서 그 일 중에서 한 부분을 맡기십니다. 그것이 하나님의 놀라운 뜻입니다. 그런 일들을 하도록 하시기 위해 하나님은 우리에게 필요한 것을 주시기도 하고 거두어 가시기도 합니다. 다양한 방식으로 우리를 인격적으로 대우해 주십니다. 그래서 우리는 예수님을 따라서 기도하는 법을 배워야 합니다. "내 뜻대로 하지 마시고, 아버지의 뜻대로 하여 주십시오"(막 14:36).

그렇다면 하나님은 우리가 생각하는 물질적 축복이나 세상적인 성공에는 아예 관심이 없으시고 우리에게 이런 것을 허락하지도 않으시는 걸까요? 우리는 물질적 축복이나 성공을 위해서는 기도하지 말아야 할까요? 저는 이런 제목을 위해서 기도하지 않는 것이 좋다고 감히 말하고 싶습니다. 성경에 나오는 부자들의 경우를 잘 살펴보십시오. 성경에는 하나님을 신실하게 믿은 부자들도 많이 있습니다. 그러나 제가 지금까지 본 바에 의하면, 성경에는 부를 추구해서 부자가 된 사람은 없습니다. 그들이 하나님을 찾았을 때, 그들이 하나님을 섬겼을 때 부가 따라왔습니다.

아브라함을 생각해 보십시오. 아브라함은 애초부터 안정과 부가 보장된 자신의 아버지의 집과 고향을 떠나서, 부를 추구하는 것과는 반대 방향으로 걸었습니다. 롯과 아브라함 사이에 분쟁이 생겼을 때에는, 롯에게 먼저 좋은 땅을 선택하라고 말합니다. 그러고 나서 자신은 척박한 땅을 차지합니다. 그러나 하나님은 아브라함이 바로 그렇게 포기한 순간에 나타나셔서 앞으로 그가 받을 복에 대해서 말씀하십니다.

또 솔로몬의 경우를 보십시오. 그가 왕위에 올랐을 때 하나님은 그에게 무엇을 해 줄까 하고 물으셨습니다. 그때 솔로몬은 제국을 다스릴 수 있는 권력과 부귀가 아닌 지혜를 달라고 했습니다. 이 지혜는 정치적 책략을 뜻하는 것이 아닙니다. 구약의 지혜는 하나님을 경외하는 마음, 하나님을 두려워할 줄 아는 마음입니다. 하나님은 그에게 부귀를 덧붙여 주셨습니다.

성경을 보면, 하나님의 뜻을 따라 사는 어떤 사람은 부유해집니다. 또 하나님의 뜻을 따라 사는 어떤 사람은 가난해집니다. 예수님도 가난하게 사셨고, 사도 바울 또한 그러했습니다. 이것은 하나님께서 결정하실 고유의 몫입니다. 우리 각자가 부유해지고 가난해지는 것을 택하는 것이 아닙니다. 그것은 그분께 맡겨야 합니다. 우리가 할 일은 하나님을 따르겠다는 결단입니다. 우리가 해야 할 것은 "나는 당신을 따르겠습니다. 내 몫은 주께서 주시는 대로 받겠습니다"라는 고백입니다. 세속적 가치관이 우리를 붙잡고 있다면 우리는 하나님의 놀라운 뜻을 영원히 발견하지 못할 것입니다.

하나님의 주권을 믿고 기다리는 것

/

그러므로 참된 믿음으로 드리는 기도란 하나님의 주권을 믿는 것입니다. 하나님의 사랑 깊은, 정의로운 다스림을 믿는 것입니다. 하나님의 뜻이 우리 각자의 인생에 임함을 믿는 것입니다.

우리 그리스도인들이야말로 긍정적인 자세를 가져야 합니다. 그 긍정적인 자세란, 우리가 하는 일은 다 잘될 것이라는 막연한 긍정심이 아니라, 하나님이 우리 같은 자를 위해서 자신의 아들을 버리셨으니 우리를 각자에게 가장 좋은 길로 인도하지 않으시겠는가 하는 마음입니다. 이는 그 아들 예수 그리스도 안에 나타난 하나님의 놀라운 사랑에 근거한 마음입니다.

저는 고등학교 시절 예수님을 믿고 나서, 더럭 겁이 났습니다. '하나님이 나를 아프리카 같은 곳에 가라고 하시면 어떡하지?' 하는 생각이 들었습니다. 그런데 그때 제 마음을 겨우 달랠 수 있었던 까닭이 있었습니다. 어린 신앙이었지만, '날 위해서 자신의 아들까지 희생시키셨는데, 아프리카에 가라고 하신다면 그게 내게 가장 좋은 것일 거야' 하는 생각이 들었습니다. 만약 하나님이 우리에게 상상하지 못한 일을 하라 하신다면, 그것은 우리의 몫이기 때문에 그렇습니다. 우리의 인생을 그렇게 살 때 가장 값어치 있기 때문에 그렇습니다.

그리스도인들이 갖는 긍정적인 자세는, 세상적인 성공과 부가 보장되어 있기 때문에 갖는 긍정적인 마음과는 다른 차원입니다.

그것은 '그분이 우리를 위하시니 그분이 우리를 사랑하시니 무엇을 두려워하겠는가? 내 인생을 통해서 하나님이 무슨 일을 하실까?' 하는 기대입니다.

우리 아버지 하나님은 정말 작아 보이고 보잘것없는 인생을 쓰십니다. 우리가 믿어야 할 것은 '하나님은 보잘것없는 나에게 관심이 있으시다. 하나님이 내 인생을 지켜보고 계신다. 하나님이 내 인생을 통해서 일하려고 하신다. 그것을 간절히 원하신다'는 것입니다.

그러므로 하나님이 어떤 식으로 일하실까를 기대하며 기도하는 것이 믿음으로 드리는 기도입니다. 그렇게 기도하고 나아갈 때 우리는 기다려야 합니다. 즉각적인 반응이 오지 않을 때가 많습니다. 왜 그럴까요? 하나님나라가 아직 완전히 임하지 않았기 때문입니다. 이 땅에서는 완전한 기도의 응답이란 없을 가능성이 많습니다. 모든 기도가 응답되지는 않습니다. 기도할 때마다 다 응답된다면 그것은 우리가 이미 하나님나라에 완전히 들어와 있는 것입니다. 완벽한 기도 응답과 완벽한 치유와 우리가 꿈꾸던 것의 완벽한 모양들은 전부 다 우리를 기다리고 있습니다. 우리는 그날을 향해서 가고 있는 것입니다.

옳은 기도이지만, 마땅히 드려야 하는 기도이지만, 응답되지 않을 때도 있습니다. 내 생전에 이루어지지 않는 기도도 있습니다. 우리가 주님이 다시 오시길 기도하지만, 지난 2천 년 동안 이 기도는 아직 응답되지 않았잖습니까? 그래도 우리는 낙심하지 말고 쉬지 않고 기도합니다. 그분의 뜻이 하늘에서 이루어진 것과 같이 이 땅에서도 이루어지기를 원하기 때문입니다. 그리고 우리의 기도를 들으시고 언젠가 주님께서 이 땅에 오실 때, 마지막으로 이 땅을 방문하실 때, 우리가 생각하고 꿈 꿨던 그 일은 진정으로 일어날 것입니다. 그래서 우리는 기다리면서 기도합니다. 응답되지 않아도 낙심하지 않고, 하나님의 뜻이라면 그것을 붙들고 기도하는 것입니다.

믿음으로 기도하면

믿음으로 기도하면 응답받는다는 말, 믿지 않아서 응답받지 못한다는 말, 맞는 말입니다. 그러나 믿지 않아서 응답받지 못했다거나, 믿고 기도하니 응답받았다는 말은 비성서적이고 세속적으로 사용되는 경우가 너무나 많습니다. 마치 믿음만 분명하면, 하나님을 움직일 수 있다는 것처럼 이야기한다면, 그 믿음은 성경적 믿음은 아닙니다.

하나님은 주님이십니다. 하나님은 하나님이십니다. 우리가 비록 그분의 자녀가 되어 그분의 사랑을 흠뻑 받았지만, 우리는 그분을 우리 마음대로 주무를 수 없습니다. 하나님은 우리가 원하는 대로 움직일 수 없습니다. 얼마나 많은 사람이 하나님을 자가용처럼 여기는지요! 얼마나 많은 사람이 하나님을 자기의 수호천

사처럼 생각하는지요! 얼마나 많은 사람이 하나님을 자기의 베이비시터처럼 생각하는지요! 하나님은 그런 분이 아닙니다. 하나님은 우주가 있기 전에도 존재하셨고, 우주가 소멸되고 난 다음에도 존재하실 광대하신 분입니다.

하나님나라가 아직 완전히 임하지 않았기 때문에 우리는 고통과 불의가 가득한 세상 속에서 삽니다. 그러나 이 세상에서 우리가 긍정적일 수 있는 이유는 '긍정의 힘' 때문이 아닙니다. 공의로 세상을 다스리고, 우리를 죽기까지 사랑하신 하나님이 계시기 때문에 긍정적으로 사는 것입니다. 결국은 그분의 뜻이 이루어질 것을 믿기 때문에 낙심하지 않고 그분의 뜻을 분별하며 그분 뜻을 따라가는 것입니다. 이것이야말로 성경에서 말하는 참된 긍정이고, 성경에서 요구하는 참된 믿음입니다.

우리의 탐욕을 만족시켜 줄 수 있을 것이라고 이야기하는 믿음은 버려야 합니다. 우리의 기도는 "하나님의 뜻이, 하나님의 나라가 내 인생을 통해서 부분적으로라도 나타나게 되기를 원합니다"라는 믿음의 기도여야 합니다.

우리는 어쩌면 그렇게 부자가 되지 못할지도 모르겠습니다. 그다지 성공하지 못할지도 모르겠습니다. 어떤 때는 사람들이 꿈꾸는, 아이들에게 아무 문제도 없고 부부는 건강하게 해로하는 가정을 이루고 살지 못할지도 모르겠습니다. 그러나 하나님의 뜻을 따르다 우리 인생이 마무리되었을 때 누군가가 우리 인생을 찬찬히 살펴보며, 세상적으로 성공해서가 아니라 하나님께서 함께하신 흔적을 발견하고 "하나님이 살아 계시는 것 같아. 당신의 인생을 보니 하나님이 살아 계신 것이 맞네" 하고 말한다면, 그것이야말로 참된 성공이며 참된 행복이 아니겠습니까? 참으로 '그를' 믿고 기도하면, 하나님의 뜻이 이루어져, 나의 인생 속에 살아 계신 하나님이 드러날 것이기 때문입니다.

구원의 확신
있으세요?

"구원의 확신 있으세요?"라는 질문을 받아본 적 있으신가요? 간혹 길거리에서 이런 질문을 하는 사람을 만나게 되는데, 정말이지 목사인 저조차도 당황하지 않을 수 없습니다. 예전에 사람들에게 이러한 질문을 던져서, 당황하고 혼란스러워하면 답을 제시하는 전도 방법이 유행한 적이 있기도 하고, 또 몇몇 선교 단체에서 구원의 확신을 강조하다 보니, 이런 질문을 하게 되는 것 같습니다.

혹은 이렇게 직접 물어보지는 않는다 하더라도 누군가를 보면서, 또는 자신을 보면서 "그 사람은 구원의 확신이 없는 것 같아", "난 구원의 확신이 없어" 같은 이야기를 하곤 합니다. 구원의 확신이 있는 것이 믿음의 척도인 것처럼 여겨져서, 뭔가 흔들리는 구석이 보이면, 구원의 확신이 없는 것이 아닌가 생각하는 것입니다. 구원의 확신이란 도대체 뭘까요? 이 이야기를 하기 위해 먼저 일반적인 종교의 관심사에 대해서 한번 생각해 보려 합니다.

죽음에 대한 여러 종교의 시각

/

일반적으로 종교의 궁극적인 관심은 죽음 이후에 어떻게 될 것인가 하는 것입니다. 인간의 역사가 시작된 이후로 인간은 절대적 한계인 죽음을 극복해 본 적이 없습니다. 그러니 도대체 죽음 이후에 우리 인생은 어떻게 되는가에 대한 질문을 가지지 않을 수 없고, 죽음 이후의 삶에 대해 어떤 시각을 갖느냐에 따라 사실 우리 삶의 모양이 달라집니다. 죽음을 어떻게 이해하느냐, 죽고 난 다음 어떻게 되리라고 생각하느냐가, 결국은 오늘 어떻게 살 것인가를 알려 주는 지침이 되는 것입니다. 그러므로 죽음은 아주 중요한 주제일 수밖에 없습니다.

불교는 죽고 난 다음에도 여전히 삶이 윤회한다고 믿으며, 이 땅에서 어떻게 살았느냐에 따라서 다음 생에 태어나는 모양이 달라진다고 말합니다. 착하게 살지 않으면 다음 생에는 지렁이로 태어날 수 있다는 것이죠. 그러니 당연히 이 땅에서 자비를 베풀면서 선하게 살려는 자세를 갖게 됩니다. 그러나 그렇게 삶이 윤회하지만, 인간으로 태어난 이때에 해탈의 경지에 이르면 윤회의 고리를 끊을 수도 있다고 말합니다. 그래서 용맹정진하여 해탈의 경지에 이르려고 애를 쓰는 것입니다.

노장사상, 도교의 경우에는 음양오행이 결합하여 이 세상이 존재한다고 생각합니다. 인간 역시 그렇게 존재한다는 것이죠. 천지를 형성하고 있던 기가 우리 속에서 살다가 소멸되는데, 그때 인간도 죽는다고 생각합니다. 인간은 우주적인 생명을 부분적으로 가지고 살다가, 그 기가 떠나면 사멸한다는 것입니다. 그러니 인생에 집착할 필요가 없어집니다. 인생이란 결국 기가 있다가 사라지면서 소멸되는 것이기 때문입니다. 그래서 《도덕경》을 보면, '상선약수上善若水', 즉 최고의 선은 물과 같다고 말합니다. 물 흐르듯 자연스럽게 살라는 말입니다.

유교는 또 어떻습니까? 한번은 '계로'라는 공자의 제자가 공자에게 물어보았습니다.

"죽음이 무엇입니까?"

그때 공자는 아주 유명한 답을 합니다.

"부지생 언지사不知生 焉知死."

'사는 것도 알지 못하거늘, 죽음을 어찌 알겠느냐'라는 말입니다.

그렇다면 그리스도인들은 어떻게 말할까요? 그리스도인들은 죽음 이후에 두 가지 다른 세계가 있다고 이야기합니다. 하나님과 함께하는 천국이라는 곳과 하나님과 영원히 소외되는 지옥이라는 곳입니다. 여기서 중요한 것은 하나님과의 관계입니다. 즉, '하나님과 함께하는' 천국과 '하나님과 완전히 멀어져 다시는 그 관계를 회복할 수 없는' 지옥이라는 말입니다. 그리고 그리스도인들은, 자신들은 죽고 난 다음 하나님과 영원히 함께 있을 수 있는, 아주 신비롭고 말로 표현할 수 없는 세계에 들어갈 것을 확신한다고 말합니다.

구원의 확신(?)을 가진 그리스도인들

/

자신은 천국에 들어갈 것을 확신한다는 그리스도인들의 말은 다른 종교인들, 혹은 비종교인들을 참 당황스럽게 하는 말이 아닐까 싶습니다. 불교의 경우, 평생을 정진해도 해탈에 이를지 모를 일이고, 보통 불자들은 악을 많이 쌓아 다음 생에 미물로 태어나는 비참함은 면해야겠으니 착하게 살아야겠다며 삶에 대해 어떤 경외심을 가지고 살아가는데, 그리스도인들은 자신은 예수님을 믿었기 때문에 구원받아 영원히 살 것이고, 죄를 짓고 살아도 회개하면 용서를 받아 천국에 들어가는 것이 확실하다고 하니, 참 기가 막힐 노릇일 겁니다.

그래서 "너는 나랑 하나도 다른 게 없는데, 너는 어떻게 구원받는다는 거니? 그 종교 참 희한하다"라고 말하는 이들도 있습니다. 또 그리스도인들이 그들에게 "당신들은 구원의 확신이 있습니까?"라는 질문을 하면, "이 인간들 참 무례하군"이라는 반응이 나오기도 합니다. 그리스도인들이 자신의 얄팍한 신앙을 가지고, 나름 진리를 깨닫고 바르게 살려고 애쓰는 사람에게 '확신'이 있느냐고 물어보는 무례함에 대해 치를 떠는 것이죠.

또는 "기독교도 여러 종교 중 하나요 그저 진리를 알아가는 과정이지, 무슨 확신을 이야기합니까? 아직도 기독교의 주일학교 수준을 못 벗어난 것 아닙니까? 다른 길로 산을 오르더라도 결국 정상에서 만나는 것처럼 기독교도 하나의 길일 뿐입니다. 그런데 뭘 그렇게 확신한다고 자신하고, 또 그런 질문들을 하는 겁니까?"라고 응수하며 답답해하는 사람들도 있습니다.

반면, 구원의 확신이 있느냐는 질문을 받는 그리스도인들의 반응은 어떤가요? 그리스도인 중에 어떤 이들은 그런 질문을 받으면 마치 자신의 순결성을 물어보는 것 같아 기분 나빠합니다. "아니, 내 신앙을 의심하는 거야?"라고 하며 불쾌해하기도 합니다.

그러나 또 많은 사람들은, "사실 구원의 확신 때문에 참 좋습니다. 우리가 죽으면 천당 간다는 확신이 있다는 말이니까요. 그러니 좀 대강 살아도, 구원의 확신이 있으니 천당 갈 것 아닙니까?"라고 반응합니다. 사실, 구원의 확신이라는 것이 상당히 많은 사람들에게 일종의 면죄부와 같은 역할을 합니다. "나는 구원의 확신이 있어. 그러니 좀 잘못 살아도, 때때로 세상과 타협을 해도, 유혹에 넘어가도 결국은 구원받을 거야. 사랑은 온갖 두려움을 내어 쫓으니, 난 두려움 없이 살 수 있지. 참 좋다." 이렇게 죄 짓는 것, 세상과 타협하는 것, 세상의 가치관대로 살아가는 것을 아무렇지도 않게 여기는 모습, 구원의 확신이 있으니 괜찮다고 생각하는 아주 끔찍한 현상이 나타나기도 하는 것입니다.

그렇다면 도대체 무엇을 근거로 구원의 확신을 이야기하는 것일까요? 일반적으로 그 근거는 자신의 체험에 있는 경우가 많습니다. 예전에 어떤 뜨거운 체험이 있었기 때문에, 하나님 앞에서 몰입해 예배했던 특별한 체험이 있기 때문에, 구원받은 것이 분명하다는 것입니다. 또 어떤 사람은 자신의 결단을 확신의 근거로 말합니다. 어떤 집회에서 예수님이 우리를 위해 돌아가셨다는 메시지를 듣고 그분을 믿기로 결단했던 것이 확신의 근거라는 것입니다. 또는 구원받았다는 확신이 마음속에 있기 때문에 그 확신을 믿는 경우도 있습니다. 자신의 확신을 확신함으로써 구원받았다고 생각하는 것이지요. 또 적지 않은 사람들은 자신이 모태신앙이라서, 혹은 세례를 받았기 때문에 구원을 받았다는 확신을 갖기도 합니다. 하지만 유감스럽게도 이러한 것들은 구원의 근거로는 매우 미약하고 불안합니다. 성경은 이에 대해 어떻게 가르칠까요?

성경이 가르치는 구원

/

제 생각에, 신약성경 전체에서 구원의 확신에 대해 가장 직설적으로 설명하고 있는 부분이 바로 로마서 5장인 것 같습니다. 그중에서도 6-11절을 아래에 인용해 놓았습니다.

6우리가 아직 약할 때에, 그리스도께서는 제 때에, 경건하지 않은 사람을 위하여 죽으셨습니다. 7의인을 위해서라도 죽을 사람은 거의 없습니다. 더욱이 선한 사람을 위해서라도 감히 죽을 사람은 드뭅니다. 8그러나 우리가 아직 죄인이었을 때에, 그리스도께서 우리를 위하여 죽으셨습니다. 이리하여 하나님께서는 우리들에 대한 자기의 사랑을 실증하셨습니다. 9그러므로 지금 우리가 그리스도의 피로 의롭게 되었으니, 그리스도로 말미암아 하나님의 진노에서 구원을 얻으리라는 것은 더욱 확실합니다. 10우리가 하나님의 원수일 때에도 하나님의 아들의 죽으심으로 말미암아 하나님과 화해하게 되었다면, 화해한 우리가 하나님의 생명으로 구원을 얻으리라는 것은 더욱더 확실한 일입니다. 11그뿐만 아니라, 우리는 또한 우리 주 예수 그리스도로 말미암아 하나님을 자랑합니다. 우리는 지금 그로 말미암아 하나님과 화해를 하게 된 것입니다.

9절의 표현, "구원을 얻으리라는 것은 더욱 확실합니다"라는 구절을 보니, 이 본문은 구원의 확신을 이야기하는 본문이라는 사실이 분명해 보입니다. 그렇다면 그렇게 확실하다는 구원이 무엇인지에 대한 이야기부터 시작해 봅시다.

인간의 상태

첫 번째로, 구원에 대한 이야기를 하려면 인간의 상태에 대해서 직시하는 것이 필요하다고 이 본문은 간접적으로 이야기하고 있습니다. 6절은 우리 인간의 상태를 "우리가 약할 때"로, 또 "경건하지 않은 사람"이라고 설명합니다. 또 8절은 조금 다르게, "우리가 아직 죄인이었을 때에"라고 표현합니다. 약하고 경건하지 않은 죄인이 바로 인간의 상태라는 말입니다.

여기서 "약하다"(6절)라는 말은, 인간은 스스로 구원에 이를 수 있는 능력을 가지지 못한 존재라는 뜻입니다. 이 점에서 기독교는 다른 종교와 큰 차이가 있습니다. 다른 종교들은 '인간 속에 신이 있다'고, '인간 스스로 구원을 이룰 수 있다'고, '스스로 깨달음의 경지에 이를 수 있다'고 생각하는 반면, 성경은 '인간은 약하다. 인간은 의지도 약하고, 지식도 약하고, 영적 분별력도 약하고, 도덕적 힘도 약하다. 그 약함을 가지고는 하나님을 알 수가 없다'고 말합니다.

뿐만 아니라 인간은 약하기 때문에 그 삶의 양식이 "경건하지 않다"(6절)고 본문은 말합니다. '경건하다'는 말을 가장 잘 설명하면 '하나님을 닮았다'라고 할 수 있으므로, 이 표현은 '하나님을 닮지 않았다', '동물을 닮았다'는 의미입니다. '지나치게 동물적'이라고 표현할 수 있을까요? 다시 말해, 이는 그 속에 신적인 요소가 없어졌다는 말입니다.

그 이유는, "죄인"(8절)이기 때문입니다. 성경에서 말하는 죄란,

하나님이 우리 인간과 우주의 주인이신데도 우리 자신이 주인이 되어 있는 상태입니다. 이로 인해 여러 가지 죄의 열매를 맺는 것입니다. 성경이 말하는 죄는, 일반적으로 사람들이 생각하는 것 같은 도덕적, 사회적 규범을 어긴 것이 아닙니다. 성경에서 말하는 죄인은 하나님을 무시하는 사람입니다. 인생과 우주의 주인이신 하나님을 무시하는 것, 그것이 죄의 본질이라는 것입니다.

그런데 그렇게 하나님을 무시해버렸으니 그 결과가 어떻게 되었겠습니까? 하나님은 인간에게 생명을 주시는 분입니다. 그리고 인간이 그토록 원하는, 단순히 육체적 필요뿐만 아니라, 정신적 기쁨과 자유와 평화를 허락하시는 분입니다. 그런데 그 하나님을 무시했으니, 우리 속에서 생명이 사라집니다. 우리 속에는 육체적인 생명만이 남아, 육체적 생명이 스러지면 생명이 끝나게 되었습니다. 또한 자유와 평화 비슷한 껍데기, 어떤 모형, 모방된 것을 조금 가질 수 있을지 모르지만, 실제적인 생명과 기쁨과 자유와 사랑, 평화 같은 것을 누릴 수 없게 되었습니다. 죄인인 사람의 상태가 그렇다는 것입니다.

9절에서는 이를 조금 더 심각하게, "하나님의 진노"라고 표현합니다. 인간이 하나님의 진노 아래 있다는 것입니다. 우주와 우리 인생과 역사의 주인을 무시하고 제거해버린 것은 아무렇지도 않은 일이 아닙니다. 하나님의 진노와 하나님의 의로운 심판이 임할 수밖에 없는 상태가 되었습니다. 그래서 인간은 살아 있으나 하나님의 심판 아래서 죽음을 맛보고 살다가 결국은 진짜 죽음을 맛보게 되는 운명이라고 성경은 이야기합니다.

하나님이 하신 일

그런 면에서 인간의 상태는 절망적입니다. 그러나 이런 상태에 있는 인간을 향해서 하나님이 먼저 다가오십니다. 이것이 기독교의 핵심적인 두 번째 진리입니다. 6절은 "… 때에, 그리스도께서는 … 경건하지 않은 사람을 위하여 죽으셨습니다"라고 말합니다. 또 8절은 "우리가 아직 죄인이었을 때에 그리스도께서 우리를 위하여 죽으셨습니다"라고 합니다. 여기 '그리스도께서 죽으셨다'는 표현이 두 번 나옵니다.

기독교는 참 희한한 종교 같습니다. 신이 인간이 되어 이 땅에 와서 인간을 위해서 죽었다고 주장합니다. 제 머리로는 이 신비를 이해할 수 없습니다. 몇 백억 광년이라고 가늠하는 엄청난 크기의 우주를 지으신 하나님이, 그 우주만물 가운데서도 신적인 요소를 지니고 있어서 죽음 이후의 삶에 대해 끊임없이 고민할 수밖에 없는 인간에게 찾아오셨습니다. 우리 같은 미물이 되셔서, 우리를 위해서 죽으셨다는 것입니다.

세상 사람들은 보통 예수에 대해 말할 때, 희생적 사랑, 박애적 사랑을 강조합니다. 그러나 예수 그리스도는 단순히 박애적인 희생을 하신 것이 아니라, 인간이 죽어야 할 자리에서 대신 죽은 것이라고 성경은 말합니다. 예수의 죽음은 희생적 사랑의 죽음이 아닙니다. 단순히 휴머니즘적인 사랑에서 나온 죽음이 아닙니다.

대속적인 죽음입니다. 인간의 죄를 속하기 위한 죽음이었습니다. 예수님은 끊임없이 그렇게 주장하셨습니다. 마가복음 10장 45절에서는 "인자가 온 것은 섬김을 받으려 함이 아니라 도리어 섬기려 하고 자기 목숨을 많은 사람의 대속물로 주려 함이니라"(개역개정)라고 말씀하십니다. 자신의 생명을 주는 것은 인간의 죄를 사하기 위한 것이라고 말씀하시는 것입니다. 인간을 위해 몸값을 지불하신 것이라고 말입니다. 예수님이 이 땅에 오셔서 하신 일은 바로 이것입니다.

하나님의 목적

/

이를 통해서 하나님은 인간에게 무엇을 말씀하고 싶으셨을까요? 8절은 "이리하여 하나님께서는 우리들에 대한 자기의 사랑을 실증하셨습니다"라고 말합니다. 여기 '실증했다'는 말은 '증명했다prove', 혹은 '시위를 하듯 보여 주었다demonstrate'라는 의미입니다. 하나님은 우리에게 그분의 사랑을 보여 주고자 하셨습니다.

하나님은 예수 그리스도를 통해 하나님이 어떤 분이신지를 우리 눈높이로 보여 주실 뿐만 아니라, 우리에 대한 지극한 사랑을 실제로 보여 주셨습니다. 이렇게 말씀하시면서 말입니다. "내가 너희를 정말 사랑한다. 너희를 살리기 위해 너희가 죽어야 할 자리에서 내가 대신 죽는다. 동물을 대신 죽일 수도 없고, 사람이 사람을 대신할 수도 없는 노릇이니 하나님인 내가, 너희를 만든 내가 인간이 되어 대신 죽는다." 그래서 이 사랑을 경험한 사도 요한은, "그가 우리를 위하여 목숨을 버리셨으니 우리가 이로써 사랑을 알았다"(요일 3:16, 개역개정)라고 말했습니다. 사랑의 본령을, 사랑의 본질을 깨달았다고 말입니다.

사실 부모가 자녀를 사랑하지만 부모의 사랑은 늘 한계가 있습니다. 어릴 때는 부모님의 사랑이 최고인 줄 알았지만, 막상 부모가 되어 보면 우리의 사랑에 한계가 있다는 걸 경험하게 되지요. 그래도 부모의 사랑이 무조건적인 사랑에 가장 가깝지만, 여전히 한계가 있음을 우리는 압니다. 우리를 무조건적으로 사랑한다고 이야기해 주는 존재가 이 땅에는 없습니다. 그런데 우리는 그런 사랑을 갈구합니다. 정말 간절히 원합니다. 그래서 남자도 찾고 여자도 찾고 돈도 찾고 성공도 찾지만, 이런 것들이 우리를 무조건적으로 사랑해 주지 않는다는 것을 인생을 살면서 뼈저리게, 정말 고통스럽게 경험하곤 합니다.

그런데 하나님은 우리를 무조건적으로 사랑하신다고 말합니다. 이것이 기독교의 메시지입니다. 이 큰 사랑을 도대체 우리가 어떻게 알고 믿을 수 있겠습니까? 저는 제 아들, 딸을 희생시키면서는 무슨 일도 하고 싶지 않습니다. 그런데 하나님은 자신의 독생자를 희생시키면서까지 우리를 사랑하신다고 하십니다.

예수님의 죽음의 결과

그 결과는 무엇일까요? 9절은 "그러므로 지금 우리가 그리스도의 피로 의롭게 되었으니"라고 말합니다. '그리스도의 피'란 그리스도께서 죽으실 때 흘리신 피를 의미합니다. 그리스도가 죽으심으로 우리가 의롭게 되었다는 것입니다. 이는 사회적 통념의 의인이 되었다는 말이 아닙니다. 성경이 말하는 의인은 그런 의인이 아닙니다. 성경의 의인은, 하나님 앞에 설 수 있는 자를 가리킵니다. 하나님과 관계를 맺을 수 있는 신분을 갖게 되는 것, 진노의 대상이었던 이들이 하나님 앞에서 그분의 얼굴을 바라볼 수 있게 되는 것입니다. 다시 말해서, 그토록 무조건적 사랑을 갈망하던 우리가 하나님의 사랑을 받을 수 있는 자리에 서게 되는 것입니다. 예수님이 죽으심으로 말미암아, 우리가 받아야 할 심판을 예수님이 대신 받으심으로 말미암아, 우리가 감히 그분 앞에 서서 그분과 사랑을 나누는 자가 되었다는 것이 의인이 되었다는 의미입니다.

그런데 여기에 생략된 요소가 있습니다. 그것은 로마서 전체에 걸쳐 나오는 '믿음'이라는 단어입니다. 사실 로마서 3장 25-28절에서 아주 강력하게 이야기했고 4장에서는 믿음의 핵심적인 원리를 한 장에 걸쳐 설명했기 때문에 이 5장에 와서는 '믿음'이라는 단어가 빠졌지만, 그것은 생략된 것이지 없는 것이 아닙니다. 믿음 없이는 의인이 되는 일이 일어날 수 없습니다.

믿음이란 하나님이 하신 일을 받아들이는 것입니다. 믿고 싶은 것을 믿는 것이 아니라 하나님이 역사 속에 오셔서 그 일을 행하셨다는 사실을 전인격적으로 수용하는 것, 그것이 믿음입니다. "정말 그렇게 하셨습니까? 정말요? 정말이군요. 제가 그것을 받아들이겠습니다. 그리고 제가 그 기초 위에서 인생을 살겠습니다"라고 말하는 것입니다.

예수님의 죽음의 결과로 우리는 의로운 존재가 되었습니다. 그렇게 죽으신 의미를 정말 믿을 때 우리는 하나님과 특별한 관계, 사랑을 주고받는 관계가 된다는 말입니다.

구원의 확신의 성격과 근거

/

그렇다면 구원의 확신을 갖는다는 것은 무엇이며 그 근거는 무엇인지 성경은 어떻게 이야기하고 있을까요?

확신의 성격

9절 후반부를 보면, "하나님의 진노에서 구원을 얻으리라는 것은 더욱 확실합니다"라고 되어 있습니다. 10절 역시 "하나님의 생명으로 구원을 얻으리라는 것은 더욱더 확실한 일입니다"라고 말합니다. 여기서 우리가 주목해야 할 것은 시제입니다. 이 두 구절의 시제는 과거가 아닌 미래입니다. 앞으로 구원을 받으리라는 사실을 확신한다는 말입니다. 많은 그리스도인들이 구원의 확신이 있다고 말할 때, "나 구원받았어" 하고 과거 시제를 사용합니다. 하지만 성경에 나와 있는 구원의 확신은 구원을 받았다는 과거적인 영역보다 미래에 구원받을 것을 확신한다는 미래적인 요소가 강조되어 있습니다.

성경에서 이야기하는 구원의 확신은, 과거에 이런저런 체험이나 세례나 고백이라는 사건이 있었기 때문에 그때 구원을 얻었다는 것이 아닙니다. 오히려 미래에 구원을 얻게 될 것을 확신한다는 것입니다. 즉, 구원의 확신은 과거에 이루어진 일에 대한 확신보다는 미래에 일어날 구원에 대한 확신이라는 것입니다.

확신의 근거

그리고 이러한 구원을 확신하는 근거는 바로 앞에서 언급했던 구원의 내용입니다. 즉, 실제로 예수님이 우리를 하나님 앞에 의인으로, 사랑받는 자로 세우시기 위해 역사적으로 이 땅에 오셔서 죽으셨다는 사실이 근거입니다. 그가 이 땅에 오셔서 역사적으로 죽으셔서 이루신 일의 의미를 로마서에서 설명하고 있는데, 그것은 그의 죽으심을 통해서 우리가 하나님 앞에 설 수 있는 존재가 되었다는 것입니다. 즉, 의롭게 되었다는 것입니다.

9절과 10절을 다시 한번 보십시오. "우리가 그리스도의 피로 의롭게 되었으니 … 구원을 얻으리라는 것은 더욱 확실합니다"(9절). "하나님의 아들의 죽으심으로 말미암아 하나님과 화해하게 되었다면, 화해한 우리가 하나님의 생명으로 구원을 얻으리라는 것은 더욱더 확실한 일입니다"(10절). 이 두 구절 다 우리 미래의 구원의 근거를 하나님이 과거에 하신 일에 두고 있습니다. 하나님이 인간을 위해서 행하신 일에 뿌리를 박고 있다는 말입니다.

근거의 역사성

이는 조금 더 역사적으로 살펴볼 필요가 있습니다. 우리가 아는 것처럼 예수님은 주후 30년경에 십자가에 못 박혀 죽으셨습니다. 그 후 사도 바울은 주후 33년 정도에, 즉 그로부터 3년쯤 후에 회심했습니다. 그전까지는 예수님을 잘 몰랐을 뿐 아니라 기독교인들을 박해했지만, 주후 33년쯤에 예수님을 만나고 변화됩니다. 그리고 나서 23-24년 정도가 지난 주후 57년경에 이 로마서를 쓰게 됩니다. 그런데 로마서의 사상은 사도 바울이 제일 먼저 썼다고 여겨지는 갈라디아서의 사상과 동일합니다. 갈라디아서는 바울이 주후 48년에 쓴 것으로 알려져 있으므로, 그가 예수를 믿고 15년 정도 지난 다음 자신의 사상을 글로 기록한 것이라 볼 수 있습니다.

사실 바울은 그의 신앙 여정 초기부터 사람들에게 동일한 사상을 이야기하고 있었습니다. 그것은 자신이 하나님을 만나서 변화되기 바로 3년 전에 일어났던 그 사건이, 하나님이 인간의 역사 속에 개입하셔서 자신을 인간에게 보여 주신 사건이라는 것입니다. 이전의 바울은 예수를 그저 선지자, 독특한 젊은 지도자 정도인 줄 알았습니다. 그러나 이제 그분이 하나님이셨다는 사실을 알게 되었습니다. 바울은 이제 그분이 이 땅에 오셔서 인간들에게 하나님이 어떤 분인지를 보여 주시고 우리 인간을 위해서 돌아가셨다는 그 사실, 그저 정치범으로 죽은 것이 아니라 하나님으로서 인간을 대신하기 위해서 죽었다는 그 사실을 역사적으로 확신했습니다.

어떻게요? '그가 부활하셨다'는 소식을 초대교회 교인들이 생명을 걸고 전했기 때문입니다. 누구의 이야기를 통해서요? 초대교회 교인들의 증언을 통해서입니다. 눈으로 본 증인들을 통해서입니다. 그는 물론 이 증언을 믿지 못했고, 오히려 유대교를 해치는 이단이라고 생각해서 기독교인들을 박해하는 일에 앞장섰습니다(행 8:1). 그는 그때 기독교의 첫 번째 순교자인 스데반이 순교하는 자리에 있었습니다. 생명을 걸고서 하는 증언을 들었던 것이지요.

바울과 초대 교인들이 이렇게 구원받을 것이 확실하다고 이야기할 수 있었던 근거는, 무슨 체험이 있어서도 아니었고 어떤 종교에 가입해서도 아니었습니다. 하나님이 인간의 역사 속에 들어오셔서 인간을 사랑한다고 말씀하시면서 인간을 위해 대신 죽어주신 사건이 실제로 일어났기 때문이었습니다. 그 일이 역사적 사건이기 때문이었습니다. 그래서 우리 죄가 사해졌고 우리가 하나님 앞에 의롭게 설 수 있다면, 앞으로 오게 될 심판으로부터도 하나님이 우리를 구원하실 것이라고 확신하는 것입니다.

기독교는 증인의 종교입니다. 초대교회 교인들, 즉 예수님이 하신 일을 눈으로 보고 경험했던 자들이 주변 사람들에게 그것을 증언했습니다. 생명을 걸고서요. 그러자 이를 들은 사람들이 그 내용의 진실성을 탐구해 본 다음, '맞구나, 이 사람들이 증언한 바가 사실이구나' 하고 그 증언을 받아들였습니다. 그때 그들은 자신의 마음속에 하나님의 영이 일하시는 것을, 그들에게 주관적으로 확신을 주시는 어떤 영이 일하시는 것을 다양한 모양으로 체험하게 됩니다. 그래서 그들이 또다시 생명을 걸고 그 이야기를 다른 사람에게 전달하고, 그렇게 전달한 내용을 들은 사람들은 또 '정말 그래?' 하며 탐구해 보다가 '정말 그렇구나' 하고 받아들이고 하나님이 그들 속에 오시는 것을 경험합니다. 지난 2천 년 동안 이런 일들이 꼬리를 물고 이어지다가 지금 우리에게까지 오게 되었습니다.

그리스도인들이 이 땅에서 신실해야 하는 이유가 여기에 있습니다. 우리가 증언하는 내용이 인간 역사에 전무후무한 이야기이기 때문입니다. 하나님이 인간이 되었다니요? 말이 됩니까? 하나님이 인간을 위해서 죽었다니요? 말이 됩니까? 죽은 사람이 부활했다니요? 말이 됩니까? 말이 안 되는 이야기입니다. 전무후무한 이야기입니다. 어느 신화에도 이런 내용은 없습니다. 나중에 이를 모사한 신화들이 생겼다면 모를 일이지만 말입니다. 그렇다면 사람들이 이것을 받아들일 수 있는 것은 증인들의 신실성에 달려 있습니다. 증인들인 우리가 정말 생명을 걸고라도 이 사실을 전하려 하는가에 있는 것이지요.

확신에 이르는 과정

그러나 실제로 많은 음모 이론들이 있었습니다. 예수님이 부활하셨다는 것, 예수님이 하나님이셨다는 것은 후대에 만들어진 이야기라고 주장하는 많은 이들이 있었습니다. 예수의 주장을 액면 그대로 받아들이면 그분을 경배할 수밖에 없는데, 그것은 보통 사람들에게 어려운 일이니까요. 그러니 예수는 후대 교회가 만들어 낸 존재라고 하는 수많은 음모 이론이 끊임없이 양산될 수밖에 없었습니다. 아마 지금까지 나온 것보다 더 정교한 음모 이론들이 또 나올 것입니다.

그러므로 우리는 진지하게 고민해 봐야 합니다. '예수가 정말 역사적인 인물인가? 카이사르처럼, 플라톤처럼, 아리스토텔레스처럼, 실제로 있었던 존재인가?' 대부분의 사람이 예수 그리스도가 역사적 존재라는 사실에 대해서는 의심하지 않습니다. 그렇다면 두 번째 생각해야 할 것은, '그가 실제로 죽고 부활했는가? 어떻게 우리가 그것을 아는가?' 하는 것입니다.

아직 불확실한 부분이 있다면 그냥 믿으려 할 필요가 없습니다. 그냥 믿으려는 것은 우리의 믿음을 믿는 것입니다. 구원의 확신을 확신하는 것입니다. 우리에게 필요한 것은 예수 그리스도를 탐구하는 것입니다. '그가 역사적인 인물이었는가? 그가 와서 죽고 부활한 일은 사실인가?' 하고 질문하며 조사해 보는 것입니다. 굉장히 많은 자료들이 있고, 또 온갖 음모 이론들도 있습니다. 둘 다 보면서 무엇이 진실인지 스스로 선택하는 것이 필요합니다.

대학 졸업 후 1988년은 제 인생에서 가장 어려운 때였습니다. '젊은 날에 주님을 위해서 이렇게 열심히 살았는데 어떻게 주님은 나한테 이렇게 하시나?' 하는 생각이 들면서 주님께 굉장히 화가 났습니다. 어떻게 주님은 내가 꿈꾸었던 것과는 거리가 먼 이런 인생을 주시는지 이해할 수 없었습니다. 주님을 부인하고 싶었습니다. 젊은 날을 다 바쳐 주님께 헌신했는데 나에게 돌아오는 것을 보니, 정말 주님을 버리고 싶었습니다. 주님을 등지고, 《난 이렇게 속았다》라는 책을 쓸까 하는 생각도 했습니다.

　　그러다 기도하고 묵상하는 가운데 제 마음속에 울려 퍼지는 소리가 있었습니다. '네가 예수가 없다고, 그 이야기는 조작된 것이라고 말하며 하나님에게서 등을 돌려도, 너를 위해서 죽으신 예수 그리스도의 사랑, 하나님의 사랑은 2천 년 전 갈보리 언덕에서 그랬던 것처럼 여전히 빛나고 있다.' 제가 한국 사람인 것을 부인해 봤자 여전히 한국 사람인 것처럼, 예수 그리스도의 죽으심과 부활은 역사적 사실이어서 제가 부인할 수 없음을 다시 기억하게 되었습니다. 아무리 들여다봐도 그것은 역사적 사실임에 틀림이 없었습니다. 그래서 주님을 부인하지 못했습니다. 제가 부정해도 부정될 수 없다는 것을 깨달았습니다. 진리이며, 역사적 사실이기 때문입니다. 그러고 나서 다시 주님 앞에 무릎을 꿇었을 때, 주께서 저를 다시 만지시고 회복시키셨습니다.

　　그리스도인들은 체험을 통해 구원의 확신을 갖는 것이 아닙니다. 체험이 뒤따라오기는 합니다. 황홀한 체험을 하기도 합니다.

그러나 그 반대의 체험도 있어서, 하나님이 없는 것처럼 느껴지기도 합니다. 그러니 체험에 구원의 근거를 두게 되면, 확신이 있었다 없었다 요동치는 신앙을 가질 수밖에 없습니다. 기독교는 역사에 뿌리 내리고 있는 종교입니다. 우리가 앞으로 구원받으리라는 확신을 갖는 근거는, 바로 예수 그리스도께서 역사 속에서 이루신 위대한 구원 사역입니다.

구원의 삼중 시제

/

여기서 이해를 돕기 위해 구원은 삼중 시제가 있다는 사실을 언급할 필요가 있을 것 같습니다. 구원에는 세 가지 시제가 있습니다. 놀랍게도 성경은 '구원을 받았다', '구원을 받으리라', '현재 구원을 받고 있다'라는 세 가지 표현을 다 사용합니다.

예수 그리스도께서 우리를 위해서 돌아가셨다는 사실을 믿었을 때, 우리는 이미 구원을 받았습니다. 이는 과거입니다. 그러나 완전한 구원은 미래에 이루어집니다. 그래서 구원을 받으리라고 이야기합니다. 또 지금 현재 우리가 살아 있는 동안에는 구원을 받고 있다고 말합니다. 여기 바울의 표현을 보십시오.

에베소서 2장 8절에서는 "여러분은 믿음을 통하여 은혜로 구원을 얻었습니다"라고 구원의 과거성을 이야기합니다. 고린도전서 1장 18절에서는 "십자가의 말씀이 멸망할 자들에게는 어리석은 것이지만 구원을 받는 사람인 우리에게는[to us being saved, NIV] 하나님의 능력입니다"라고 구원의 현재성을 말합니다. "두렵고 떨리는 마음으로 자기의 구원을 이루어 나가십시오"(빌 2:12)라는 말씀도 마찬가지입니다. 반면 로마서 10장 13절에서는, "주님의 이름을 부르는 사람은 누구든지 구원을 얻을 것입니다"라며 미래성을 언급합니다. 앞에서 보았던 로마서 5장 10절도 마찬가지입니다.

베드로 또한 그렇습니다. 베드로는 베드로전서 1장에서 구원에 대한 세 가지 시제를 다 사용합니다. 1장 3절에서는 '구원받았다'라는 직접적인 표현은 쓰지 않지만, "하나님께서는 그 크신 자비로 우리를 새로 태어나게 하셨습니다"라고 구원의 과거성을 이야기합니다. 그러고 난 다음 몇 절 지나서는 "여러분은 믿음의 목표 곧 여러분의 영혼의 구원을 받고 있는 것입니다"(9절)라면서 구원의 현재성을 말합니다. 그리고 1장 5절에서는 "하나님께서는 여러분의 믿음을 보시고 그의 능력으로 여러분을 보호해 주시며 마지막 때에 나타나기로 되어 있는 구원을 얻게 해 주십니다"라고 말합니다. 구원이 마지막 때에 나타나게 되어 있다고 하며, 구원의 미래성을 이야기하는 구절입니다.

성경은 삼중 시제로 구원을 이야기합니다. 우리가 예수 그리스도를 믿었을 때 구원받았다고 말할 수 있습니다. 그러나 이 구원은 우리가 살아 있는 동안 우리 안에서 성장해 갑니다. 그러다 마지막에 이르러 우리는 최종적으로 그 구원을 받게 되는 것입니다.

구원의 확신을 가진 사람의 모습

/

'구원'은 우리가 확신하느냐 마느냐가 중요한 것이 아닙니다. 구원받은 사람에게는 낭중지추囊中之錐, 곧 '주머니 속의 송곳'과 같이, 삶에서 숨길 수 없는 특별한 요소가 나타납니다.

첫 번째로, 로마서 5장 11절은 구원받은 우리가 "주 예수 그리스도로 말미암아 하나님을 자랑합니다"라고 말합니다. 이는 '우리가 내세울 것은 역사 속에 오셔서 우리를 위해서 대신 죽어 주신 하나님밖에 없습니다'라는 뜻입니다. 우리가 내세울 것은 우리의 체험, 하나님을 위한 헌신, 다른 사람들을 위한 희생, 어떤 특별한 결단이 아닙니다. 우리는 내세울 것이 하나도 없습니다. 우리가 자랑할 것은 우리를 위해 인간의 역사 속에 오신 하나님, 인간을 위해서 죽으신 하나님밖에 없습니다. 그래서 그리스도인들은 교만해질 수 없습니다. 헌신도 하고 특별한 체험도 하지만, 그런 것은 아무것도 아니라는 것입니다. 우리는 하나님만을 자랑합니다. 하나님만을 기뻐합니다.

두 번째 표지는, 그리스도로 말미암아 "하나님과 화해를 하게 된 것입니다"(11절 하)라는 표현에 나옵니다. 구원받은 우리는 이제 하나님의 진노와 심판, 혐오의 대상이 아니라, 하나님과 화해해 사랑을 나누는 관계로 살아갑니다. 그러므로 이것을 정말로 체험한 사람들은 하나님과 화해한 시각으로 다른 사람도 보고, 하나님과 화해한 시각으로 인생의 어려움도 보고, 세상에서 어떻게 살까도 생각하게 됩니다.

구원의 확신이 있느냐는 질문을 받을 때 우리가 어떻게 답하든 그것은 중요하지 않습니다. 오히려 두 가지 표지가 있는지가 중요합니다. 첫째, '우리가 예수 그리스도를 자랑스러워하는가? 인간의 역사 속에 오신 하나님을 자랑스러워하는가? 그것이 유일한 자랑인가?' 질문하며 점검해 보십시오. 둘째, '하나님과의 관계성 속에서 인생을 재편성해 가고 있는가?' 하고 질문하며 살펴보십시오.

"나는 구원의 확신이 있다"라고 말하는 것은 잘못된 것은 아닙니다. 그러나 구원의 확신이 우리의 결단, 우리의 체험, 우리의 종교적인 행위에 근거하고 있다면 그것은 잘못된 확신입니다. 더나아가, 그 같은 구원의 확신을 통해 구원을 과거의 어떤 시점에 완전히 얻었다고 생각하는 것은 더더욱 성경적이지 않습니다. 성경은 예수님이 역사 속에 오셔서 우리를 위해 죽으시고 그의 피로 우리를 의롭게 하신 것이 너무나 확실하므로, 우리가 미래에 구원을 받는 것 역시 확신할 수 있다고 말합니다. 다시 말해, 역사 속에 오셔서 일하신 그분을 믿는다면, 그 변화될 수 없는 역사적 사실 때문에 예수를 믿는다면, 장차 올 심판에서도 주께서 우리를 구원하실 것을 믿는다고 확신할 수 있다는 것입니다.

천국 가는 것은 따 놓은 당상이라는 '값싼 구원의 확신'이 오늘날 그리스도인들 사이에 있습니다. 예수께서 역사 속에 오셔서 우리를 위해서 이루신 일을 믿기에, 앞으로 있게 될 심판에서도 우리는 구원을 얻게 되리라는 것을 확신하는 '참된 구원의 확신'은 찾아보기 쉽지 않습니다. 이러한 구원의 확신을 가진 사람은 구원받았음을 잘못 받아들여 죄를 짓고 회개하는 일을 가볍게 반복하지 않습니다. 오히려 미래에 이루어질 온전한 구원을 소망하며 악하고 고통스런 세상에서도 주님을 의지하고 자랑하며, 하나님의 뜻에 따라 자신의 삶을 재구성하며 살아갈 것입니다. 이들은 참으로 예수님을 통해 하나님의 사랑을 경험한 사람들로, 그 역사적인 사랑에 감격하며, 미래에 오게 될 온전한 구원을 확신하며 오늘을 의연하게 살아갑니다. 참된 구원의 확신을 가진 성도가 간절히 필요한 때입니다.

그리스도인의 삶에 대한 거짓말

/

나무는 열매로 알 수 있고, 사람은 삶을 통해서 알 수 있습니다. 우리가 진정 하나님나라의 백성이며 하나님의 자녀라면, 우리의 삶이 이 놀라운 진리를 드러낼 것입니다. 우리 그리스도인의 삶이 어떻게 변화되는지, 우리는 과연 누구인지, 어떻게 우리의 약함을 극복하고 결국 하나님의 살아 계심을 드러낼 수 있느냐는 매우 중요한 질문들입니다. 이와 관련해서도 우리 속에 거짓말이 있는 것은 아닐까요? 함께 고민해 봅시다.

믿음은 좋은데,
왜 저래?

"믿음은 좋은데, 왜 저래?"
"그 사람, 믿음은 좋은데, 성격이 좀 이상해."
"믿음은 있는 것 같은데, 어떻게 저렇게 살지?"

주변에서 만나는 그리스도인들을 보며 이런 생각을 해보신 적 있으신가요? 또 이런 말을 들어 본 적은 없으신가요? 혹은 한국 사회에 어떤 문제가 터질 때마다 그 문제의 중앙에 그리스도인들이 있었던 일들을 기억하십니까?

아니, 우리 자신을 들여다보아도 믿고 있는 것만큼 살지 못하는 모습이 보입니다. 그럴 때 우리는, 가까이 있는 이들로부터 "믿음은 좋은데, 왜 그래?"라는 말을 듣기도 하고, 우리 스스로 그렇게 느끼기도 합니다. 또 하나님을 믿지 않는 이들은 그리스도인들을 바라보면서 "믿음은 좋다는데 우리랑 사는 게 별반 다르지 않네" 하고 말하기도 합니다.

그렇다면 '믿음이 좋다'는 것은 도대체 무엇을 의미할까요? 믿음은 좋은데 성격은 이상한 것, 믿음은 좋은데 하나님을 믿지 않는 이들과 똑같은 모습으로 살아가는 것이 가능한 일일까요?

교회 활동을 열심히 하면 믿음이 좋은 것이다?

/

사실, '믿음이 좋다'라는 말에는 상당한 오해들이 있습니다. 그러므로 먼저 그 오해를 걷어 내는 것이 필요합니다. 사람들은 흔히 교회 활동을 열심히 하거나 종교 생활을 열심히 하면 믿음이 좋다고 말합니다. 교회에서 열심히 봉사하고 교회의 프로그램에 적극적으로 참여하는 사람들을 보면, '참 믿음이 좋은 사람들이구나'라고 생각합니다. 규칙적으로 헌금을 하는 사람들을 볼 때도 그렇습니다. 수입의 십분의 일을 뚝 떼어 헌금한다는 것은 보통 사람들이 상상도 할 수 없는 일입니다. 그러니 그렇게 헌금하는 사람을 보면 믿음이 좋다고 생각합니다. 또 때때로 금식하는 사람들을 만날 때에도, '어떻게 밥까지 굶어 가며 신앙생활을 하지?'라는 생각을 하곤 합니다.

하지만 이는 믿음의 외형적인 표현입니다. 물론 내면의 믿음이 겉으로 표출되는 것일 수도 있지만, 어떤 면에서 이는 껍데기에 해당한다고 할 수 있습니다. 믿음은 내면의 실상과 더 관계가 있습니다. 겉으로 드러난 모습보다는 우리 내면의 실상이 더 중요하다는 것입니다.

사실, 이렇듯 내면이 중요하다는 것은 우리 일상생활에서도 흔히 경험하는 일이지요. 예를 들어, 여자 친구의 빼어난 외모에 반해서 결혼했지만 결혼하고 보니 내면이 건강하지 못해서 평생 고생하는 남자들이 있습니다. 또 직장도 괜찮고 장래도 촉망되는 남자여서 '참 괜찮다' 싶어 결혼했지만 성격에 심각한 문제가 있어서 평생 고생하는 여자들도 있습니다.

이렇게 일상생활에서도 껍데기만 보고 중요한 결정을 하게 되면 심각한 문제가 생길 수 있는데, 하물며 영적인 문제와 내면세계를 다룬다고 하는 신앙을 이야기할 때 어떻게 외적인 활동과 껍데기만을 보고 믿음이 좋다고 이야기할 수 있겠습니까? 그러다 보면 자칫 심각한 문제를 초래할 수 있습니다. 좋은 믿음이란 우리 내면의 실상과 관련된 것입니다.

믿음은 말로 고백하는 것이다?

/

뿐만 아니라, 말로 고백하는 것을 믿음이라 생각하기도 합니다. 물론, 말로 고백하는 행위는 아주 중요합니다. 특별히 기독교 신앙은, 마음속에 믿는 바를 반드시 입으로 표현하라고 이야기합니다. 마음속에 확신이 있으면 공개적으로 사람들 앞에서 그 내용을 고백하라고 합니다.

그러나 이것이 다가 아닙니다. 말로 고백하는 것은 믿음이 시작되는 시점입니다. 이 고백은 씨앗과 같습니다. 이렇게 출발한 믿음은 반드시 그 씨앗 속에 있는 생명력으로 인해 성장하여 변화된 삶으로 열매를 맺어야 합니다. 믿음이란, 씨앗으로 시작해서 열매로 마감되는 것이라고 말할 수 있습니다. 그 씨앗이 자라나서 열매를 맺어야 그것을 참된 믿음, 좋은 믿음, 성장하는 믿음이라고 말할 수 있을 것입니다.

과거의 경험이 좋은 믿음을 만든다?

/

또 어떤 사람들은 과거의 경험이나 실적 같은 것이 있으면 믿음이 좋은 것이라고 생각합니다. 사실, 우리 가운데는 자신의 믿음이 그렇게 나쁘지 않다고 생각하는 사람들이 많습니다. '지금 하나님과 특별한 관계를 맺고 있지는 않고, 예배를 드릴 때 감격 같은 것을 잃어버린 지 좀 오래됐지만, 내 믿음이 그렇게 나쁘진 않아'라고 생각하는 이유는, 과거에 어떤 믿음의 경험이 있었기 때문입니다. 지금은 별로 좋지 않지만 예전에 종교적인 활동을 하고 체험도 했기 때문에 언제든 그 신앙이 다시 되돌아올 수 있다고 생각하는 것입니다. 더욱이 다른 사람들을 바라볼 때도 믿음이 과거의 경험과 실적에 기초한다고 생각하기도 합니다. 과거에 어떤 선교단체에 속해 있었거나, 제자훈련을 받았거나, 신학 교육을 받은 사람이라면, 믿음이 좋을 것이라고 생각하는 것이지요.

그러나 그렇지 않습니다. 물론 과거의 경험은 우리에게 소중한 자양분이 될 수 있습니다. 하지만 믿음은 우리의 현재 상태를 다룹니다. '지금 무엇을 어떻게 믿고 있는가' 하는 것이 믿음의 핵심입니다.

예를 하나 들어 보겠습니다. 친구 집에 들렀는데 그 친구가 냉장고에서 고기를 한 덩이 꺼내며 말합니다. "우리 집에 굉장히 좋은 소고기가 있어. 오늘 불고기 해 먹자." 그런데 이상하게도 그 고기에서는 좋지 않은 냄새가 났습니다. 아마도 이미 상한 듯 보였습니다. 친구는 이상하다는 듯 말합니다. "무슨 소리니? 한 달 전에 무지하게 신선했어. 일등급 한우였어." 그러나 지금은 이미 상해버린 상태였습니다. 한 달 전에는 일등급 한우였을지 몰라도 지금은 먹을 수 없는 상한 고기일 뿐이었습니다.

믿음 역시 죽어 있는 무기물이 아니라 살아 있고 생명력이 있습니다. 옛날에 살아 있었어도 지금은 상해서 냄새가 날 수도 있는 것이 믿음입니다. 그러므로 과거에 어떤 경험을 했다고 해서 오늘 그 믿음이 살아 있다고 말할 수 없습니다. 어제 살아 있었다고 해서 오늘도 살아 있다는 것을 장담할 수 없는 것이 믿음입니다.

믿음의 핵심, 그리스도 예수

/

그렇다면 정말 '믿음이 좋다'는 것은 무엇을 뜻할까요? 성경에서는 어떻게 가르치고 있을까요? 성경 곳곳에서 믿음이 좋다는 것이 무엇인지를 보여 주지만, 저는 특별히 골로새서 2장 3-7절에서 그 답을 찾았습니다.

> ³그리스도 안에는 모든 지혜와 지식의 보화가 감추어져 있습니다. ⁴내가 이 말을 하는 것은, 아무도 교묘한 말로 여러분을 속이지 못하게 하기 위함입니다. ⁵나는 육체로는 비록 떠나 있으나 영으로는 여러분과 함께 있으며, 여러분이 질서 있게 살아가는 것과 그리스도를 믿는 여러분의 믿음이 굳건한 것을 보고 기뻐하고 있습니다. ⁶그러므로 여러분이 그리스도 예수를 주님으로 받아들였으니 그분 안에서 살아가십시오. ⁷여러분은 그분 안에 뿌리를 박고 세우심을 입어서, 가르침을 받은 대로 믿음을 굳게 하여 감사의 마음이 넘치게 하십시오.

바울은 골로새의 성도들이 "믿음이 굳건한 것"(5절), 즉, 믿음이 좋은 것을 보고 기뻐한다고 합니다. 이 '좋은 믿음'에 대한 설명은 6절 앞부분에 나옵니다. 바로 "그리스도 예수를 주님으로 받아들였다"는 말씀입니다. 이는 아주 짧지만, 성경이 가르치는 믿음의 성격을 잘 설명해 주고 있습니다. '그리스도이신 예수를 주님으로 받아들이는 것'은 믿음의 초보이기도 하지만, 또한 깊은 수준의 믿음이기도 합니다.

이 표현의 의미를 이해하기 위해서는 "그리스도 예수"라는 표현을 주의 깊게 볼 필요가 있습니다. '그리스도'는 우리가 잘 아는 것처럼 '메시아'라는 히브리어의 헬라어 번역입니다. 그러니 '그리스도 예수'라는 표현은 '메시아 예수'라는 말입니다. 또 여기서 '메시아'는 '예수'라는 분을 꾸며 주는 말입니다. 다시 말해, 이는 '메시아이신 예수'라는 뜻입니다.

이 표현은 우리에게 이미 익숙해서 그 깊은 의미를 잊어버리기가 쉽습니다. 그래서 그 뜻을 좀 더 깊이 이해하기 위해 유대교적 배경을 조금 살펴보려 합니다. 하나님은 세상을 지으시고 사람들과 인격적인 관계를 맺고자 하셨지만, 세상의 모든 사람이 하나님을 버리고 떠났습니다. 그중에서 유일하게 이스라엘 백성이 하나님의 부르심을 받았지만, 이스라엘 백성들 역시 하나님을 버리고 세상을 좇아갔습니다. 그래서 하나님도 이스라엘을 버리셨습니다. 세상에는 불의와 잔인함과 사랑 없음이 가득하게 되었습니다. 그 속에서 개인적, 사회적, 국가적으로 고통을 겪고 있다는 것이 그들이 당면한 문제였습니다. 그러나 이스라엘 백성들은 메시아가 오시면 이런 모든 불의와 고통의 문제들을 해결하시고, 이스라엘이라는 나라를 회복하실 뿐 아니라 우주 전체를 회복하실 것이라는 믿음을 가지고 있었습니다. 그 메시아가 오기를 간절히 기다렸다는 말입니다.

예수님은 자신이 바로 그 메시아라고 말씀하셨습니다. 하나님과의 관계가 깨어져 삶이 망가지고 하나님을 배역하고 있는 개인의 문제, 그 개인들이 속한 공동체 속에서 일어나는 갖가지 부정의와 고통의 문제, 또 국가와 민족 단위로 일어나는 수많은 갈등의 문제, 이러한 문제들을 해결하시는 분이 바로 메시아이신 예수님이라는 것입니다.

우리는 메시아이신 예수님이 세상에 오셔서 하신 일을 기억해야 합니다. 그분은 이 땅에 오셔서 하나님이 어떤 분이신지 보여 주셨습니다. 하나님의 뜻이 무엇인지 우리에게 알려 주셨습니다. 그중 가장 중요한 것이 바로 하나님과의 관계를 회복하는 것임을 가르쳐 주셨습니다. 우리 인간들은 하나님과의 관계가 회복되지 않았기 때문에, 그 상태에서 어떤 시도를 해도 완벽한 결과에 이를 수 없습니다. 본질적인 문제가 해결되지 않았기 때문입니다. 조금 진보가 있을지는 모르지만, 늘 진보의 그늘, 또 다른 문제들이 생겨나는 것이 인간 문명과 우리 사회의 특징입니다. 하나님은 우리와의 관계를 회복하시기 위해서 그 아들 예수를 보내셔서 메시아로서 우리의 죄를 대속하게 하셨습니다. 그 예수로 말미암아 우리는 하나님과의 관계를 회복할 수 있게 된 것입니다. '메시아 예수'라는 표현에는 이런 의미가 담겨 있습니다(메시아 예수에 대해서는 9장에서 더 자세히 이야기를 나누겠습니다).

6절은 이 메시아 예수를 '주님으로 받아들였다'고 표현합니다. 예수께서 하신 일, 곧 하나님을 보여 주시고, 하나님의 뜻을 알려 주시고, 죄를 사하시고, 세상을 회복하시는 그분이 하신 일을 받아들이고 그분을 우리 주님으로 모시는 것이 바로 믿음의 핵심입니다. 예수와 그분이 하신 일을 전인격적으로 받아들이는 것이 바로 믿음이라는 말입니다. '그분을 믿겠다'고 이야기하는 것은 '그분을 따라가겠다'고 결단하는 것입니다.

믿음은 성장해 나간다

/

그렇기 때문에 믿음은 반드시 성장하게 되어 있습니다. 믿음은 과거 어느 한순간에 이루어지는 것이 아니라 성장해 나가는 것입니다. 6절 하반절에서는 그것을 "그분 안에서 살아가십시오"라고 표현하고 있습니다. 이 '살아간다'는 단어는 '걷는다'와 같은 말입니다. 믿음은 우리로 하여금 움직이게 만듭니다. 믿음은 현재 진행되고 있는 것입니다.

바울은 3절에서 성장이 어떻게 가능한지를 알려 줍니다. 그는 "그리스도 안에는 모든 지혜와 지식의 보화가 감추어져 있습니다"라고 썼습니다. 실로 예수 그리스도 안에 모든 것이 다 있습니다. 예수 그리스도를 알아가면 알아갈수록, 그분 속에 우리에게 필요한 모든 지식과 지혜의 보화가 감춰져 있다는 것을 바울은 알고 있었습니다. 그래서 바울은 7절에서, 식물을 연상시키는 표현을 쓰면서 그분 안에 '뿌리'를 박으라고 명령합니다. 그분 안에 뿌리를 내려서, 그 진액을, 진리와 보화를 끌어올리는 그림을 그리고 있습니다.

또한 "세우심을 입어서"라고 말합니다. 이는 건축물을 세우는 그림입니다. 예수 그리스도 안에 기초를 든든하게 놓고, 그 위에 집을 지어 나가라고 표현하고 있는 것이죠. 또 7절 하반절에서는 "가르침을 받은 대로 믿음을 굳게 하여"라고 말하는데, 이는 신체가 튼튼해지는 것처럼 믿음이 든든해지는 것을 뜻합니다. 그분을 알아갈수록, 그분의 가르침을 받을수록 우리 믿음은 든든해집니다. 그분을 믿는 자답게, 그에 걸맞게 살아가게 됩니다.

좋은 믿음은 바로 이렇게 진리를 바라보고 진리에 반응하며 성장해 나갑니다. 그분을 알아가는 것이 커지고 깊어지면 믿음도 커지고 깊어집니다. 그러므로 믿음이 진행형이 되는 것이지요. 과거에 한번 믿은 것으로 끝나는 것이 아니라 지속적으로 믿어 가게 되는 것입니다.

처음부터 모든 것을 다 알고 믿는 것이 아닙니다. 저도 지금 모르는 것이 정말 많습니다. 알아갈수록 모르는 것투성이입니다. 그러나 안 만큼 반응할 수 있습니다.

이런 경험을 해보신 적 있으신가요? 제가 새벽에 교회 예배당에 갈 때 가끔 경험하는 일입니다. 그 시간이면 대부분 불이 완전히 꺼져 있어서 계단이 잘 보이지 않습니다. 아주 궂은 날은 정말 앞이 잘 보이지 않습니다. 그러면 계단을 오를 때 휴대폰을 꺼내어 빛을 비추며 걷습니다. 휴대폰을 비추면 겨우 계단 몇 개가 보입니다. 그렇게 보이는 계단을 하나씩 딛고 올라가기 시작합니다. 계단 전체를 보지 못하지만 눈앞에 보이는 계단만큼은 올라갈 수 있습니다. 이것이 믿음입니다. 보이는 계단 하나를 올라가면 하나가 더 보입니다. 또 올라가면 더 보입니다. 믿음은 이렇게 성장해 나가는 과정입니다.

예수님을 우리 인생의 주인으로 받아들였다면 그때부터 예수에 대해서 알아가는 진짜 여정이 시작됩니다. 예수님은 우리에게 끊임없이 새로운 모습을 보여 주실 것입니다. 우리가 알지 못하는 세계로 우리를 끌고 가실 것입니다. 새로운 모험이 지속적으로 펼쳐지는 것이지요.

그러나 이 일이 낭만적으로 되는 것은 아닙니다. 알아간 만큼 믿음으로 반응하지 않으면 성장하지 않기 때문입니다. 바울은 예수 그리스도 안에 모든 지혜와 지식의 보화가 숨겨져 있다고 이야기했습니다. 또 다른 곳에서는 그분을 아는 지식이 너무나 고상해서 나머지 모든 것은 다 배설물로 여긴다고 이야기합니다. 그 정도로 예수 그리스도에게서 놀라운 모습을 발견했습니다. 하지만 발견하는 데서 그치고 따라가지 않으면 성장하지 않습니다. 그러한 지식에 대해 고개를 끄덕이기는 하지만, 그러고 나서 세상이 보여 주는 장난감들과 얄팍한 쾌락, 가짜 즐거움을 좇아가면, 그 사람은 변하지 않습니다. 그가 따르는 것이 그의 인격과 삶의 모양을 바꾸기 때문입니다.

예수 그리스도가 모든 지식과 지혜의 보화라는 사실을 발견했다면, 어떻게 이 세상의 무가치하고 가벼운 것에 인생을 줘버리고 그것을 따라가면서 우리 인격과 인생이 바뀌리라 기대할 수 있습니까? 불가능한 일입니다. 예수 그리스도를 정말로 알아가고 따라가기 시작하면, 예수 그리스도가 우리를 바꾸십니다. 우리가 진리를 붙잡는 것이 아니라 진리가 우리를 변화시키는 것입니다. 그렇게 그 사람은 바뀌어 갑니다.

1976년에 시작된 이야기

/

저는 최근에 잠시 인생을 돌아보는 시간을 갖게 되었습니다. 어디 갔는지 찾기조차 힘든 앨범도 꺼내어 빛바랜 사진들도 들여다보았습니다. 저는 특히 1976년에 찍은 사진을 찾아보려 했습니다. 제가 예수님을 처음 만난 해이기 때문입니다. 그러나 1976년 사진은 찾지 못하고 1977년 사진만 몇 장 볼 수 있었습니다. 그때부터 지금까지 35년 정도의 시간이 흘렀네요. 저는 35년을 지나는 동안 제게 예수가 어떤 분이셨는지를 한번 돌아보았습니다.

사실 1976년 전에도 교회를 다녔습니다. 그러나 그때는 예수님이 제게 아무 의미도 없었습니다. 초등학교 때부터 교회를 다녔으니 7-8년 이상은 다녔죠. 예수님의 이름으로 기도도 했습니다. 그러나 그 예수님은 그저 위대한 성현 중의 하나 정도였습니다. 그러다 1976년 고등학생으로 아무 생각 없이 여름수련회에 따라갔다가 제가 하나님을 종이호랑이처럼 여긴다는 사실을 발견했습니다. 제가 하나님을 가지고 놀았다는 것을 알게 된 것이지요. 그제야 저는 제가 죄인이라는 것을 깨닫게 되었습니다.

그러고 나서 예수 그리스도가 제게 살아서 다가오기 시작하셨습니다. 저는 이때 처음으로 예수님을 만났습니다. 예수님은 저의 죄를 위해서 대신 돌아가신 분이셨습니다. 예수님을 만난 이후 저의 인생은 바뀌었습니다. 그리고 그때부터 예수님을 전해야 한다는 생각에 사로잡혔습니다. 제가 전한 예수님은 단순했습니다. "당신이 죄인입니다. 죄란 하나님을 종이호랑이 취급하는 것입니다. 그런 당신을 위해서 예수님이 돌아가셨습니다"가 전부였습니다. 이만큼 알았기 때문에 이만큼 전했습니다.

대학에 들어간 다음에는, 예수님과 사랑을 나누는 것이 무엇인지 배우기 시작했습니다. 참으로 놀라운 일이었습니다. 예수님이 제 노래를 들으신다는 사실을 알았습니다. 지금도 제 노래가 그렇게 마음에 들지 않지만, 과거에는 정말 들을 수 없는 정도였습니다. 그래도 혼자 기타를 치면서 열심히 찬양을 했습니다. 하나님이 제 노래를 들으신다고 정말 믿었기 때문입니다. 저는 하나님과 인격적인 관계를 맺는 것이 무엇인지 배우기 시작했습니다. 하나님의 사랑을 받고 하나님께 사랑한다고 고백하는 것의 아름다움을 배우게 되었습니다.

또한 특별히 이 시기에, 제가 가지고 있는 수많은 지적인 질문에 하나님이 답변해 주신다는 것을 알게 되었습니다. 하나님은 무조건 믿으라고 말씀하시는 분이 아니라 저의 솔직한 물음에 답변하는 분이심을 알게 되었습니다. 대학 시절에 제가 알게 된 예수님은, 저와 인격적인 관계를 맺으시는 분, 저의 지적인 질문에 정직하게 답변하시는 분이었습니다.

그리고 대학을 졸업한 후에는 조그만 선교단체의 간사가 되었습니다. 이 기간에는 특별히, 저만 변화시키시는 것이 아니라 다른 사람들을 변화시키는 하나님을 만나기 시작했습니다. 대학 시절 친구들의 미약한 변화를 보기는 했지만, 그런 변화가 아니라 더 놀라운 변화를 경험했습니다. 저는 이 일이 정말 소중하다고 생각했습니다.

뿐만 아니라 그때 저는 가난한 자에게 관심을 가지시는 예수님을 만나기 시작했습니다. 하나님은 사회 정의에 관심이 있으신 정도가 아니라 오히려 가난한 자의 편이라는 사실을 알게 되었습니다. 또한 하나님은 국제 역학을 포함해서 전 세계의 사회 정의에 광범위하게 관심을 쏟으시는 분이라는 사실을 알기 시작했습니다. 하나님은 개인의 하나님을 넘어선다는 사실을 발견하기 시작했습니다. 제 눈이 열리기 시작한 것이죠. 놀라운 경험이기도 했고 엄청난 위로가 되기도 했습니다. '하나님이 결국 이 악한 세상을 심판하시겠구나' 하는 생각도 했습니다. 이러한 하나님의 다스림에 대한 깨달음은 예수님의 중심사상이라고 할 수 있는 '하나님 나라'에 눈이 열리며 더욱 깊어졌습니다. '하나님나라'를 알아가게 되자 하나님께서 예수께서 다시 오실 때까지 우리를 통해 무엇을 이루기 원하시는지 깨닫기 시작했습니다.

그러고 나서 유학 시절에는, 개인적인 고통을 겪으면서, 하나님이 사람들의 마음을 만지신다는 것을 알기 시작했습니다. 내면을 치료하시는 하나님을 경험하기 시작했죠. 사실 저는 이때까지 인간 내면의 문제, 심리적인 문제에 대해서는 무관심했고, 사회나 역사, 하나님나라와 같이 큰 흐름에만 관심이 있었습니다. 그러나 저는 제가 겪었던 고통의 문제를 통해서 인간의 내면이 얼마나 중요한지, 또한 얼마나 복잡하고 취약한지 알게 되었습니다. 예수님은 역사와 사회를 이끄실 뿐 아니라, 이런 인간의 작은 내면도 만지시는 분임을 알아가기 시작했습니다.

뿐만 아니라 그 시절 제가 발견했던 가장 놀라운 사실은, 예수 그리스도는 교회를 세우시고 교회를 통해서 세상을 회복하고 치유하시는 분이라는 것이었습니다. 저는 청년 시절에 교회에 대해 지독히도 실망했고, 이 땅의 교회는 불완전할 수밖에 없다는 이야기를 귀에 못이 박이도록 들으며 자랐습니다. 그러나 예수님은 교회의 머리가 되셔서, 지금도 그 머리에 제대로 붙어 있는 몸인 교회를 통해 세상을 회복시키신다는 놀라운 비전을 갖기 시작했습니다.

제가 처음에 알았던 예수님은 단순하게 저의 죄를 대속해 주시는 분이었습니다. 물론 그것은 핵심 진리입니다. 하지만 얕은 지식이었습니다. 그런데 35년 동안 주님은 계속 저에게 새로운 모습을 보이시며 닫혀 있던 인식의 지평을 열어 주셨습니다. 저는 예수님 때문에, 이전에 보지 못했던 것을 보게 되었습니다. 살아 계신 예수님이 내게 새롭게 다가올 때 그것에 반응하는 것을 통해서 믿음이 점점 성장하는 것을 배웠습니다.

좋은 믿음의 비결

/

예수 그리스도 알아가기

그렇다면 좋은 믿음, 성장하는 믿음을 가지려면 어떻게 해야 할지 이야기해 보겠습니다. 첫 번째는, 당연히 먼저 예수 그리스도를 알아가야 합니다. 저는 한국 교회의 문제가 바로 이와 관련이 있다고 생각합니다. 사람들은 한국 교회에 여러 가지 문제가 있다고 이야기합니다. 교회가 민주적으로 운영되지 않는 것이 문제라고 말합니다. 너무 물질적이어서 문제라고 이야기합니다. 지나치게 외형주의, 숫자, 물량에 관심을 갖는 것도 문제라고 합니다. 개개인이 윤리 의식이 약하고, 사회적 의식이나 역사의식이 부재한 것도 문제라고 말합니다. 다 문제입니다. 그러나 만약 단 한 가지 문제만 찾으라고 한다면, 저는 한국의 그리스도인들이 더 이상 예수 그리스도를 알아가지 않는 것이 가장 큰 문제라고 이야기할 것입니다.

제 믿음이 교과서적이라고 할 수는 없지만, 지난 35년 동안 믿음이 성장해 오면서 제 시각이 계속해서 열렸던 이유는, 예수 그리스도에 대한 새로운 깨달음 때문이었습니다. 사도 바울처럼 그리스도를 아는 지식이 너무나 고상해서 모든 것을 다 배설물로 여긴다고까지는 감히 말하지 못하겠지만, 바울이 골로새서 2장 3절에서 말하는 것처럼 그분 안에 지식과 지혜의 모든 보화가 감추어져 있다고 말하는 것에는 동의하지 않을 수 없습니다.

그저 종교인으로 남아 있지 말아야겠습니다. 그저 교회에만 왔다 갔다 하며, 밥 먹을 때 "잘 먹겠습니다" 하고 세 번 기도하는 삶에만 머물러서는 안 되겠습니다. 거듭 말하지만, 사도 바울은 예수님 안에 모든 지식과 지혜의 보화가 숨겨져 있다고 말했습니다.

우리는 예배를 통해서 예수를 알아갈 수 있습니다. 신앙생활이라는 것을 일주일에 딱 한번 교회에 오는 것이라 생각하는 사람도 있을 수 있습니다. 그것으로 충분하다고 생각하지는 않지만, 그렇게 한번 교회에 와서 예배를 드린다면 그 시간을 잘 활용하시면 됩니다. 이 시간에 우리는 예수를 새롭게 발견할 수 있습니다. 새로운 깨달음을 얻을 수 있습니다. 그리고 이것이 우리에게 성장의 출발점이 될 것입니다. 설교 말씀을 다시 묵상해 보고, 관련된 성경 구절을 다시 찾아 읽을 수도 있습니다. 그리고 그 말씀이 우리에게 지시하는 방향을 향해 조금씩 움직여나가면 됩니다. 1년 52주를 그렇게 한다면 우리 인생이 바뀌기 시작할 것입니다.

하지만 거기에 만족하지 않고, 개인적으로 성경을 읽을 수 있습니다. 다양한번역서, 다른 언어로 성경을 읽으면 그 말씀이 새롭게 다가오기도 합니다. 성경을 읽으면 읽을수록 성령께서는 새로운 것들을 우리에게 보여 주십니다. 우리 눈이 열릴 수 있도록 계속해서 읽고, 거기서 예수를 발견하십시오. 이 놀라운 분을 말입니다.

또 좋은 서적들을 통해 예수를 알아갈 수도 있습니다. 그리고 일상과 자연 속에서 예수 그리스도를 발견해 보십시오. 예수 그리스도는 일상 어디에도 계십니다. 우리 눈이 열리기만 하면, 우리는 자연 속에서 그리스도를 발견합니다. 우리 일상에서 그리스도를 발견합니다. 그분을 알아가기 시작하면, 우리는 그분께 반응하는 것이 기쁘고 자랑스러워집니다.

예수가 우리의 주인이라고 하는 고백 차원에 머무르지 말고 예수를 지속적으로 알아가는 일이 필요합니다. 고백은 시작일 뿐입니다. 그 씨앗이 자라갈 수 있다는 것을 기억하고, 자라갈 수 있는 기회를 주십시오.

사랑한 만큼 살아가기

두 번째, 예수 그리스도를 알아가면 그분을 사랑하지 않을 수 없습니다. 이렇게 사랑한 만큼 살아가는 것을 통해 우리의 믿음은 자라나게 됩니다.

그리스도를 알아가면 그분을 존경하지 않을 수 없습니다. 그분을 존경하기 시작하면 그분을 흠모하지 않을 수 없습니다. 그렇게 흠모하기 시작하면 그분을 예배하지 않을 수 없습니다. 또 그분을 예배하기 시작할 때 그분을 사랑하지 않을 수 없습니다. 삶의 현장에서 그분을 예배한 만큼, 그분을 흠모한 만큼, 그분을 존경한 만큼, 그분을 알아간 것만큼 반응해야 합니다. 이러한 살아 있는 반응은 우리의 인격이 되고 우리의 인생을 변화시킵니다.

사랑하면 당연히 반응을 보이게 됩니다. 제가 결혼하고 난 다음, 아이를 낳고 나서 놀란 것이 있었습니다. 자다가 깨서 아이의 기저귀를 갈아 줘야 할 때, 제가 본능적으로 일어나서 그 일을 하는 모습을 보고 제 자신에 대해 놀랐습니다. 저는 그렇게 이타적이지 않거든요. 그런데 피곤한 몸을 일으켜 냄새나는 기저귀를 갈면서 제가 기뻐하고 있더군요. 저는 제 새로운 면을 발견했습니다. 사랑하기 때문에 가능한 일이었습니다. 이렇게 아이에게 사랑으로 반응을 하면, 아이를 향한 나의 사랑이 더욱더 자라갑니다. 사랑하면, 사랑은 더 깊어집니다.

신앙생활은 억지로 하는 것이 아닙니다. 예수 그리스도를 알게 되면, 그의 깊고도 인격적인 사랑을 더욱더 경험하게 됩니다. 이렇게 사랑을 받으면, 그분을 사랑하지 않을 수 없습니다. 사랑이 깊어지면 깊어질수록 우리는 그분을 위해서 살아가게 됩니다. 단지 예배 때의 고백에 머무는 것이 아니라, 바로 우리 삶의 현장에서 말입니다. 이렇게 될 때, 우리는 변화되지 않을 수 없습니다.

많은 사람들이 인격의 변화가 자신의 의지의 문제라고 생각합니다. 만약에 우리의 인격과 인생이 우리의 의지력으로 변화될 수 있다면 얼마나 좋겠습니까? 만약에 그런 강력한 의지가 있는 분들이 계시다면, 큰 축복을 받으신 것이겠지만, 대부분의 사람들은 자신의 의지력의 한계를 잘 알고 있습니다. 그래서 많은 사람들이 자신 인격의 어떤 부분을 매우 싫어합니다. 무엇이 이러한 한계를 넘어 모난 인격을 변화되게 할 수 있을까요? 바로 우리를 향한 예수님의 사랑이며, 예수님에 대한 우리의 사랑입니다.

믿음으로 오늘을 살기

마지막으로, 그렇기 때문에 믿음으로 오늘을 살아야 합니다. 거듭 이야기하지만 과거의 믿음은 믿음이 아닙니다. 믿음은 현재의 일입니다. '여기'에서의 믿음입니다. 예수님에 대한 믿음으로 오늘을 살아가야 합니다. 그 순간순간을 하나님에 대한 믿음으로 살아야 합니다.

목회를 하다 보면, 열등감과 무기력에 빠져 있는 사람들을 많이 만납니다. 참으로 안타까운 일입니다. 어릴 때부터 부정적인 말을 많이 들어서, 그 말들이 마음에 새겨져 부정적인 생각에 사로잡혀 있는 이들이 아주 많습니다. 자신은 무가치하다고 생각하는 것입니다. 이럴 때 믿음으로 반응하는 것이 필요합니다. 우리를 위해서 생명까지 주신 분이 우리가 무의미하게 인생을 살게 하시겠습니까? 그렇지 않습니다. 그분을 바라보고, 우리를 위해서 생명까지 바치신 분이 우리를 붙잡고 계신다는 사실을 믿고 거기에 반응해야 합니다. 어릴 때부터 들었던, 내면에서 들려오는 소리에 귀를 기울이지 마십시오. 물론 쉽지 않은 일이지만 믿음으로 자신을 바라보기 시작할 때 우리는 다른 삶을 살 수 있습니다.

경제적으로 어려움을 겪고 있지만, 아무리 힘들어도 최선을 다해 오늘을 살아간다면, 주께서 식구들을 먹이실 것이라는 믿음을 가지고 있는 사람들이 있습니다. 자신의 과거 학력과 경력과 배경 따지지 않고 가족을 위해 하루에 두세 가지 일을 하는 사람들도 있습니다. 힘겹지만 주님께서 도우실 것을 믿고 최선을 다해서 삽니다. 이것이 믿음입니다. '과거에 내가 어떤 사람이었는데, 이런 일은 못하지. 하나님께서 나를 먹여 주실 거야' 하고 가만히 있는 것은 믿음이 아닙니다. "주님, 오늘 이렇게 어려운 상황이지만, 나와 세상을 다스리시는 주님께서 저와 함께 계시는 것을 믿고 주님을 따라갑니다. 제가 최선을 다해서 일합니다. 주님, 저를 축복해 주십시오"라고 기도하고 오늘 하루를 최선을 다해 사는 것, 이것이 믿음입니다.

또 관계적인 면에서 어려움을 겪는 사람들이 있습니다. 가정이 깨지고 배우자로부터 배신당하는 고통 가운데 있는 사람들이 있습니다. 그런데 그런 상황 속에서 "나를 위해 자신의 생명까지 주신 주께서 나를 버리지 않습니다. 나를 붙드십니다. 그리고 이 어려움의 파도가 지나고 난 다음에 주님께서 또 다른 인생으로 나를 이끌어 가실 것입니다"라고 믿는 자는 절망의 나락에 완전히 떨어지지 않습니다. 놀랍게도, 보통 사람들이 이겨 낼 수 없을 것 같은 어려움과 절망의 시간들을 치고 나와서 살아나는 형제와 자매들이 있습니다.

상황이 좋을 때 믿음으로 사는 것은 누구나 할 수 있습니다. 그 것은 믿음으로 사는 것 같아 보이지도 않습니다. 그러나 우리 인생이 테스트를 받을 때가 있습니다. 어쩌면 그때가 정말 믿음이 필요할 때일 것입니다. 바로 심리적으로, 경제적으로, 관계적으로 어려울 때입니다.

믿음은 오늘을 살아 내는 것이고, 이것이 모여서 우리 삶이 됩니다. 믿음은 성장해 나가는 과정입니다. 기다리고, 견뎌 내십시오. 세월이 지나면서 우리 인격과 인생이 바뀌는 것을 보게 될 것입니다.

예수 그리스도를 알아가고, 알아간 만큼 사랑하고, 사랑하는 만큼 오늘의 삶의 현장에서 살아가는 것이 바로 좋은 믿음을 갖는 것입니다. 이 좋은 믿음은 반드시 우리를 예수를 닮은 사람으로 바꾸어 갑니다. 예수를 바로 알고 믿는데도 우리가 변화되지 않는 것은 불가능한 일입니다. 그분의 변치 않는 성실하신 사랑을 맛보아 알기 시작하면, 사람들의 생각이 변화됩니다. 변화된 생각은 우리의 삶에 새로운 실천을 가져오고, 그리하여 우리의 인격과 인생이 변화되어 갑니다.

출발점이 다른 우리

/

그러나 여기서 한 가지 짚고 넘어가야 할 것이 있습니다. 깨달은 것에 대해 믿음으로 반응하는 일은 즉각적으로 이루어지는 것은 아닙니다. 알게 된 만큼 그대로 다 반응할 수 있는 것도 아닙니다. 예수 그리스도를 알았다고 해서 삶이 금방 바뀌는 것은 아닙니다. 거기에는 약간의 간격이 있습니다. 삶이 바뀌기 시작하는 데는 일정 기간의 시간이 필요합니다. 아직은 예수 그리스도의 놀라운 모습을 따라갈 준비가 되지 않았기 때문입니다. 정리해야 할 부분이 생기기 때문입니다. 지금까지 따라가던 삶의 관성이 있기 때문에, 그것을 버리고 예수 그리스도께 믿음으로 반응하는 일은 때로는 혁명적인 결단도 필요로 하는 일이기 때문에 그렇습니다. 따라서 우리 자신에 대해서나 다른 사람들에 대해서, 기다려 주어야 합니다.

신앙을 갖는 사람들을 비교해 보면, 출발점이 아주 다양하다는 사실을 알 수 있습니다. 예를 들어, 제 친구 중에 젊을 때부터 정의감을 가지고 반듯하게 살려고 애를 썼던 친구가 있었습니다. 젊을 때, 그는 예수를 받아들이지 않았습니다. 그때는 젊어서 자신의 의지와 결단으로 인생을 살아 낼 수 있다고 생각했었나 봅니다. 그러나 나이가 들고 자신의 한계를 경험하고서, 예수를 영접하고 따르기 시작했습니다. 밖에서 볼 때, 이런 사람들은 예수를 믿는 순간 이미 사람들의 평균 이상의 수준에 있습니다. 내면도 정리되어 있고 자기 성찰을 할 줄도 알고, 나쁜 습관도 거의 없습니다. 그러니 예수를 믿는 순간부터 엄청난 성장을 하는 것을 볼 수 있었습니다.

반면, 전혀 다른 상태에서 예수님을 믿게 되는 사람들도 있습니다. 인생을 좀 험하게 살았다고 할까요? 제가 아는 사람 중에는, 마음에 들지 않는 사람을 만나면 꼭 때리고 마는 사람이 있습니다. "지나가다 보면 혼을 내 주어야 하는 사람을 보게 된다"고 말하면서 말입니다. 그런데 그런 사람이 예수를 믿게 되었습니다. 그러면 아마 이제 더 이상은 지나다가 사람들을 때리지는 않을 것 같습니다. 하지만, 말로 욕을 할 수는 있겠죠. 구타하는 데서 말로 욕하는 데로 조금 변한 것입니다. 이 사람이 많이 변해서 평균 근처에까지 성장했다 할지라도, 우리가 그 사람의 출발점을 모르고 볼 때는, 그저 보통 사람 정도의 수준으로 보일 것입니다. 하지만 이 사람은 바닥에서부터 엄청나게 성장한 것입니다.

우리가 사람을 외모로 판단하지 말아야 할 이유가 여기에 있습니다. 하나님은 사람들의 출발점을 아십니다. 그 사람이 어디서 시작해서 어디쯤 와 있는지를 아십니다. 그러나 우리는 겉으로 드러난 것밖에 볼 수 없습니다. 그러므로 나 자신에 대해서도 조금 더 기다려 주고 여유를 가져야 할 뿐만 아니라 우리 주변에 있는 사람들에 대해서도 그러해야 합니다.

또다시 알아가는 예수님

/

특히 저는 지난주에도 제 신앙이 조금 자란 것 같다는 생각이 들었습니다. 지난주에 마태복음을 보는데 지금까지 한번도 주의를 기울이지 않았던 본문이 새롭게 보였습니다.

막달라 마리아는 예수님이 십자가에 못 박혀 죽으실 때 현장에 있었습니다. 찢어지는 가슴으로, 자신이 사랑하는, 자기를 사람으로 만들어 준 그분이 찢겨 모욕당하고 죽는 것을 봐야 했습니다. 막달라 마리아에 대한 이야기는 놀랍게도 예수님이 장사될 때도 기록되어 있습니다. 성경은 무덤 앞에 맥없이 앉아 있는 마리아의 모습을 그리고 있습니다. 얼마나 억장이 무너지고 고통스러웠을까요?

마리아는 예수님의 장례라도 치러드리겠다고 안식일 후 새벽에 무덤을 찾아갑니다. 그리고 거기서 예수님이 부활하셨다는 소식을 듣고 놀라서 돌아가다가 예수님을 만납니다. 부활하신 예수님을 말입니다. 그런데 그 부활하신 예수님이 여인에게 어떻게 인사하셨습니까? "잘 있었니?" 하고 평범한 인사를 건네십니다. 저는 그 예수님의 모습에서 감격했습니다. 정말 일상적입니다. 아주 자연스러우신 모습이었습니다. 정말 편안하십니다. 여인은 놀랐습니다. 혼란스럽고 두렵고 무서운 마음으로 예수님을 바라보았습니다. 예수님은 "무서워 말라" 하고 말씀하셨습니다. 그러나 막달라 마리아가 예수님께 나아가서 무릎을 꿇고 절하며 그분의 발을 붙들었습니다. 저는 예수님의 발을 붙들었다는 표현을 한번도 본 적이 없었던 것 같습니다. 마리아가 무척 강조되어 나올 뿐만 아니라, 부활하신 예수님과 신체적인 접촉을 하고 있다는 사실이 굉장히 중요하게 느껴졌습니다.

그리고 묵상해 보았습니다. 그때 제가 알게 된 것이 있습니다. 마리아가 예수님의 발을 잡았을 때, 마리아는 못 자국이 선연한 발을 보았습니다. 자기를 위해서 고난당하신 예수님의 발을 잡은 것입니다. 저는 이것이 예배임을 깨달았습니다. 예수님 앞에 무릎 꿇고 그분의 사랑이 선연한 못 자국 난 발을 붙잡는 것이 예배임을 깨달았습니다.

그리고 저는 소망하게 되었습니다. '육체로 부활하신 예수님이 재림하실 것이고, 언젠가 그분을 만날 테지. 그렇다면 이 땅에서 그분을 사모하며 살다가, 그분이 오실 때 예수님의 발, 못 자국 선연한 그 발을 붙잡고 입 맞추리라.' 제가 드릴 수 있는 최고의 경배와 사랑을 그때 드려야겠다는 생각이 들면서, 그분을 만날 것에 대한 소망이 더 커졌습니다. 제 믿음이 조금 자란 것 같습니다. 예수님의 또 다른 측면을 보고 경험했기 때문입니다.

예수님에 대한 이러한 새로운 깨달음은 저로 하여금 단지 하나님을 깊이 예배하는 데 머물지 않고, 일상의 삶 속에서도 어려움을 겪을 때 인내심을 갖게 만들고, 마리아처럼 혼란스러울 때도 주님을 기다리게 할 것입니다. 그러면 저의 인격은 조금 더 다듬어지고 성숙해져 가는 것이지요.

"믿음은 좋은데, 왜 저래?"라는 말은 사실 성립할 수 없는 말입니다. 예수님에 대한 믿음이 좋아지면, 다시 말해 깊어지고 굳건해지면, 그의 사랑 때문에 우리의 인격이 그를 닮아갈 수밖에 없습니다. 물론 개개인의 출발점이 다르다는 점을 고려하여 절대적인 잣대를 들이대서는 안 되지만, 사람들은 예수님을 만나고 변화되지 않을 수 없습니다. 예수님은 우리에게 그저 생명을 얻게 하려고 오신 것이 아니라 풍성히 얻게 하려고 오셨다(요 10:10)고 말씀하십니다. 다시 말해, 주님은 우리가 인격은 모가 나고, 인생에는 아름다움이 전혀 없이, 그저 심판을 면하는 믿음을 갖기를 원하지 않으십니다. 처음에는 심판을 면하여 구원을 얻는 믿음을 갖고 출발하지만, 그를 따라가기 시작하면 우리의 믿음이 자라고 우리의 인격과 인생이 풍성하게 변화되어 갑니다.

오늘 여러분들은 예수님에 대해서 무엇을 새로 깨달았습니까? 그 깨달음은 여러분들의 인생에 어떤 변화를 가져올까요? 매일매일 그를 알아가는 것, 그를 사랑하는 것, 그를 닮아가는 것, 이것이 바로 좋은 믿음을 가진 사람들의 모습입니다.

제가 아직
덜 죽어서요

"제가 아직 덜 죽어서요."

"제가 아직도 육에 속해서 이러고 있습니다. 아이고….'

"제가 저를 죽여야 하는데 죽지가 않네요, 이놈이. 시퍼렇게 살아가지고는….'

그리스도인들 가운데서 흔히 듣는 이야기입니다. 특별히 성경 공부를 좀 하고, 교회를 오래 다닌 사람들은 이런 말을 많이 하고 또 듣기도 합니다.

많은 그리스도인들이 자신의 육적인 부분이 질기다는 것을 압니다. 이것들을 죽여야 하는데 죽지 못해서, '인간적'인 모습이 자꾸 나타나 절망스러워합니다. 그리고 언제 이런 육적인 모습을 죽여서 성숙한 사람이 될까 푸념하기도 합니다.

그러나 이런 말을 하고 듣고 푸념하는 것이 진짜 문제가 아닙니다. 이런 말들의 배후에는 그리스도인의 성숙에 대한 잘못된 생각이 자리 잡고 있습니다. 이는 불행히도 성경이 가르치는 예수님이 이루신 일에 근거하고 있지 않습니다. 오히려 인간의 성숙에 관한 일반적인 개념에 근거하고 있지요. 그러므로 먼저 사람들이 일반적으로 '성숙'에 대해 어떻게 생각하는지부터 살펴봅시다.

성숙에 대한 일반적인 이해

/

교육과 사회화로 가능하다: 로크와 루소의 사상

사상가 존 로크(1632-1704)는, 인간은 원래 하얀 돌판$^{tabula\ rasa}$ 같은 존재라고 보았습니다. 그러므로 그 돌판에 무엇을 그려 넣는가에 따라 사람이 달라진다고 말했습니다.

또 장 자크 루소(1712-1778)는 《에밀》이라는 책을 통해, 우리 본성은 매우 훌륭한 것들을 가지고 있기 때문이 그것이 잘 발현되도록 하면 된다고 이야기했습니다. '에밀'은 가상의 아이입니다. 루소는 책에서 이 가상의 아이가 어떻게 자연 속에서 건강하게 클 수 있는지를 다루면서, 아이 안에 있는 자연스러운 것이 잘 발현될 수 있도록 도와주는 것이 교육이라고 말했습니다. 이렇듯 로크와 루소 모두 인간이 성장하는 데는 교육과 사회화가 중요하다고 보았습니다. 이런 것만 잘 이루어지면 사람은 자연스럽게 성숙한다고 생각한 것입니다.

그러나 사실 우리는 이런 방법에 대해 약간의 회의가 생겨납니다. 한국에서만 해도 무서운 범죄를 저지르는 많은 사람들이 오히려 교육을 더 많이 받은 사람들이기 때문입니다. 제대로 사회화를 시키면 사람이 정말 변할까 하는 의문도 생기고, 인간에 대한 아주 낙천적인 시각에 대해 과연 그럴까 하는 마음이 드는 것이 사실입니다. 더욱이 루소는 《에밀》이라는 중요한 책을 썼음에도 불구하고, 정확하지는 않지만 열일곱 명의 사생아를 낳았다고 합니다. 루소의 고백에 의하면, 세탁을 해 주는 어느 하녀에게서 다섯 아이를 낳았습니다. 그런데 문제는 사생아가 열일곱 명이든 다섯 명이든, 그 아이들을 전부 고아원에 보냈다는 것입니다. 그 시대에 아이들을 고아원에 보내는 일이 아무리 많았다 하더라도, 《에밀》이라는 책을 쓴 사람이 그런 삶을 살았다는 사실은 우리에게 큰 혼란을 안겨 줍니다.

욕망을 제거함으로 가능하다: 불교의 이해

이와는 반대로 인간이 가진 욕망 또는 인간 속에 있는 집착을 제거함으로써 성장할 수 있다는 생각들이 있습니다. 이는 대부분의 종교가 취하는 방식으로서, 인간이 가진 욕망이 너무나 강해서 욕망대로 살면 성숙할 수 없다는 생각입니다. 그래서 우리 속에 있는 악한 마음이나 행동을 없애기 위해서 무언가를 해야 한다는 것입니다. 그러면 이를 통해 성숙하고, 결국은 깨달음에 이르게 된다고 합니다. 이런 입장에 있는 가장 대표적인 사상이 불교라 할 수 있습니다.

불교에 대해서 많이는 알지 못하지만, 제가 아는 수준에서 간단히 이야기해 보겠습니다. 불교에서 가르치는 네 가지 아주 귀한 진리가 있습니다. 그것은 바로 사성제四聖諦, 혹은 사제四諦라 불리는 것으로, 고제, 집제, 멸제, 도제를 말합니다.

첫 번째는 '고제苦諦'입니다. '고제'는, 인생에 여덟 가지 고통이 있음을 이야기합니다. 그중 네 가지는 '생로병사'로, 우리가 잘 알고 있는 고통입니다. 태어나는 고통, 늙는 고통, 병드는 고통, 죽는 고통을 말합니다. 그다음 네 가지는, 사랑하는 사람과 헤어지는 고통, 미워하는 사람과 만나야 하는 고통, 원하는 것을 취하지 못하는 고통, 인간의 다섯 가지 추구(눈, 귀, 코, 입, 몸)에 집착함으로써 비롯된 고통입니다. 인생의 고통에 대한 이러한 가르침은 기독교 정신과도 비슷한 듯합니다. 기독교에서도 인생에 고통이 가득함을 이야기하기 때문입니다.

두 번째는 이러한 '고'가 '집集', 즉 집착하는 데서 왔다고 하는 '집제集諦'입니다. 인간에게는 아주 간절한 욕망이 있는데, 이 욕망 때문에 어떤 대상에게 집착하게 되고 그 집착으로 인해 고통이 온다는 것입니다.

그래서 그다음 세 번째로 '멸제滅諦'가 나옵니다. 인간이 정말로 성숙하고 변화되기 위해서는 집착을 없애야 한다는 것입니다. 멸제는 고통의 원인인 인간의 욕망이 완전히 없어지는 경지를 말합니다. 이렇게 욕망이 사라지면 그때 열반에 이른다고 합니다. 즉, 모든 번뇌의 속박에서 해탈하고 생사를 초월하여 전혀 변하지 않는 진리를 체득하게 된다는 것이지요.

이 멸제에 이르기 위해서 마지막으로, 도제道諦가 필요합니다. 따라야 할 길이 있다는 말입니다. 고제와 집제를 멸하기 위해 따라야 할 그 길은 팔정도八正道로 요약됩니다. 팔정도란, 정견正見, 정사(유)正思(惟), 정어正語, 정업正業, 정명正命, 정정진正精進, 정념正念, 정정正定, 즉 올바르게 바라보고, 올바르게 생각하고, 올바르게 말하고, 올바르게 행동하고, 올바른 생활수단을 갖고, 올바르게 정진하고, 올바르게 기억하고 생각하고, 올바르게 집중하라는 것입니다.

요약하자면, 인간은 본질적으로 욕망덩어리이므로, 적절한 수양을 통해서 그 욕망들을 털어 내고 없애버린다면 점차 성숙해서 결국은 열반의 경지, 깨달음의 경지에 이르게 되리라는 생각입니다.

그리스도인들의 혼란

문제는 많은 그리스도인이 기독교가 불교와 비슷하다고 생각하며 혼란스러워한다는 것입니다. 거룩하고 성숙한 사람이 되기 위해서는 우리 역시 불교에서 말하는 바와 비슷한 방식으로 우리의 욕망을 제거해야 한다고 생각하곤 합니다. 바르게 행동하고,

올바른 도덕을 갖는 것은 물론, 기도도 하고, 성경도 읽고, 예배도 참석하는 등의 행동을 통해서, 우리 속에 있는 죄악 된 욕망을 줄여 가야 한다고 생각하는 것이지요.

그래서 그리스도인들이 "제가 아직 덜 죽어서요" 식의 말을 하는 것입니다. 이런 말 배후에는, 우리도 불교에서처럼 수양을 통해 욕망을 죽여 나감으로써 성숙해 가고 거룩해 가는 것이라는 생각이 놓여 있습니다. 물론 완전히 틀린 말은 아닙니다. 그러나 이 말은 매우 중요한 고리 하나를 놓치고 있습니다.

사실 기도하고, 말씀 보고, 예배드리고, 착한 행실을 아무리 해도 변하지 않는 모습을 발견하는 경우가 많습니다. 왜 그럴까요? 저는 그리스도인들이 믿음의 본질적인 내용, 즉 하나님이 예수 그리스도를 통해서 이루신 일을 피상적으로 이해하기 때문이라 생각합니다. 그러다 보니 그리스도인의 신앙생활도 일반 종교의 수행 방법과 거의 비슷해져버리는 것입니다. 그렇다면 하나님이 예수 그리스도를 통해서 하신 일, 그리고 그 내용을 믿음으로 받아들였을 때 우리에게 일어나는 일이 무엇인지 좀 더 깊이 살펴보도록 하겠습니다.

예수 그리스도와의 연합

/

성경은 놀랍게도 우리가 예수를 주로 고백할 때 그리스도와 연합하게 된다고 표현합니다. 로마서 6장 3절을 보십시오.

> 세례를 받아 그리스도 예수와 하나가 된 우리는 모두 세례를 받을 때에 그와 함께 죽었다는 것을 여러분은 알지 못합니까?

이 구절은 우리가 세례를 받을 때, 즉 예수 그리스도가 우리의 주인이심을 공개적으로 고백할 때, 그리스도 예수, 즉 메시아이신 예수와 하나가 된다고 말합니다. 이런 내용은 로마서만이 아니라 갈라디아서 3장 28-29절, 에베소서 2장 4-6절, 골로새서 2장 6-15절, 베드로전서 2장 9-12절 등에도 '그리스도와 연합한다', '그리스도와 하나 된다', '내가 그리스도 속에 들어간다', '그리스도가 내 속에 들어오신다', '그리스도를 옷 입는다', '그리스도로 말미암아 충만하게 된다' 등의 다양한 표현으로 나옵니다. 이는 초대 그리스도인들이 가지고 있던 신앙의 본령에 해당하는 아주 중요한 사상이었습니다. 그런데 정말 이해하기 어려운 표현입니다. 도대체 어떤 의미일까요?

저는 이에 대해 로마서 6장을 통해서 이야기해 보려 합니다. 먼저 방금 인용했던 로마서 6장 3절을 2절과 함께 살펴보겠습니다.

> 2…우리는 죄에는 죽은 사람인데, 어떻게 죄 가운데서 그대로 살 수 있겠습니까? 3세례를 받아 그리스도 예수와 하나가 된 우리는 모두 세례를 받을 때에 그와 함께 죽었다는 것을 여러

분은 알지 못합니까?

보통 그리스도인들이 알고 인정하는 사실은, 예수님이 우리를 위해 십자가에서 죽으셨을 때 우리 죄의 대가를 지불하셨다는 것입니다. 그래서 이제 우리는 죄인이 아니고 용서받은 자이기 때문에 하나님의 자녀가 되었다는 것입니다. 맞는 말입니다. 정확한 성경의 가르침이기도 하고요.

그런데 예수님이 죽으실 때 예수님을 믿는 우리에게 어떤 일이 벌어졌는지에 대해서는 잘 알지 못하는 그리스도인들이 많습니다. 성경에 따르면, 우리가 예수 그리스도를 받아들였다면 우리는 "예수가 죽으셨을 때 함께 죽었습니다." 참 이상한 표현입니다. 지금 우리는 살아 있으니 말입니다. 그런데 성경은 우리 그리스도인들이 죄에 대해 죽은 사람이라고 말합니다. 예수님이 죽으실 때 예수를 믿는 모든 사람이 그분과 함께 죽었다고 말합니다. 그리고 이 말씀의 논리에 따라, 죄에 대해서 죽은 사람이 어떻게 계속 죄를 지을 수 있겠느냐고 말하기까지 합니다.

이에 대해 조금 달리 표현하고 있는 로마서 6장 6-7절에서는 이렇게 말합니다.

6우리의 옛사람이 그리스도와 함께 십자가에 달려 죽은 것은, 죄의 몸을 멸하여서, 우리가 다시는 죄의 노예가 되지 않게 하려는 것임을 우리는 압니다. 7죽은 사람은 이미 죄의 세력에서 해방되었습니다.

이 구절은 우리가 원래는 '죄의 노예'였다고 말합니다. 죄의 노예였기 때문에 죄 된 마음과 육체가 원하는 대로 살았습니다. 우리는 여기서 '노예'라는 단어에 주의를 기울여야 합니다. 노예는 자기 마음대로 할 수 없는 존재입니다. '죄의 노예'라면, 죄에게 붙잡혀서 자신의 뜻대로 살 수 없는 존재라는 말입니다. 이것이 인간의 상태입니다. 죄인인 인간은 자신의 마음과 육체가 원하는 것을 하지, 그것을 거스를 수 있는 능력이 없다고 성경은 가르칩니다. 그러므로 세상이 요구하는 것을 그대로 따를 수밖에 없습니다. 인간은 죄에 굴복할 수밖에 없는 자들이라는 것이지요.

그런데 이 본문은, 그런 옛사람이 그리스도와 함께 십자가에 달려 죽었다고 말하고 있습니다. 예수님이 죽으실 때 우리가 그분과 하나 되어서 우리의 죄 된 성품도, 옛사람도 같이 죽었다고 말입니다. 우리에게는 그분과 하나 되어 함께 죽었다는 어떤 느낌도 없습니다. 성경은 그저 우리의 옛사람이 죽었다고 선언하고 있습니다. 우리가 느낄 수 없지만, 죄의 몸을 멸해서 더 이상 죄의 노예가 되지 않게 하셨다고 선언합니다.

한번 생각해 봅시다. 우리에게 노예가 있어서 마음대로 부렸는데, 어느 날 그 노예가 죽어버렸습니다. 그러면 그때부터는 그 노예를 부릴 수 없습니다. 이와 마찬가지로 인간은 죄의 노예가 되어 있었습니다. 죄가 우리를 지배하고 있었습니다. 그래서 착하고 선한 것인 줄 알면서도 그렇게 행하지 못했습니다. 옳은 것인지도 알지만 용기가 없거나 우리에게 손해가 되기 때문에 행하지 않았습니다. 마치 우리 자신이 주인이 되어 마음대로 사는 것처럼 보이지만, 성경은 그런 모습을 '죄의 노예'가 되어 있는 상태라고 말합니다. 이 노예 상태에서 해방되는 방법은 단 하나입니다. 죽어야 하는 것이지요. 그래서 불교를 비롯한 여러 종교들이 자신을 죽이려고 애를 씁니다. 또 그리스도인들도 그렇게 하려고 합니다. 그러나 성경은 분명히 말합니다. 우리가 예수 그리스도와 함께 이미 죽었다고 말입니다.

로마서 6장 5절과 8절에서는 우리가 이렇게 예수님과 함께 연합하였기 때문에 우리가 부활할 때 그와 연합한 모습으로 부활하게 될 것이라고 선언합니다. 에베소서 2장 6절에서는 이러한 연합이 너무나 확고해서 우리가 그리스도 안에서 그와 함께 일으킴을 받았다, 곧 부활하였다고까지 표현합니다. 예수 그리스도와의 연합이 너무나 확실한 영적 실체여서, 우리의 신분이 완전히 변화되었을 뿐 아니라, 부활의 능력이 우리 속에 이미 당도해 있다는 말씀입니다.

예수 그리스도는 이미 그분의 사역을 완성하셨습니다. 예수 그리스도가 죽으시고 부활하심을 통해서, 훗날 그분을 믿고 의지하는 자들은 그분과 함께 죽고 부활하게 만드셨습니다. 우리가 그분을 믿을 때 그분과 연합하게 된다는 말이 바로 이런 의미입니다. 더욱이 로마서 8장에 이르면, 우리 가운데 성령이 계셔서 이제 죄를 완전히 극복할 수 있도록 우리를 이끄신다고까지 말하고 있습니다.

하나님이 예수 그리스도를 통하여 우리 가운데 오셔서 우리를 구원하실 때 이루신 일은, 달리 표현하자면 우리 신분을 바꾸신 것입니다. 우리는 원래 원수였습니다. 하나님을 배반하고 멀리하고 무시했던 심판의 대상이었습니다. 그런데 어느 날 예수님이 우리를 위해 돌아가심으로 우리가 하나님의 자녀가 되었다는 소식을 듣게 되었습니다. 우리는 하나님의 자녀로 신분이 완전히 바뀌었습니다. 무엇 때문에요? 예수 그리스도의 조건 없는 사랑 때문입니다.

그렇다면 하나님의 자녀가 되었다는 것은 어떤 의미일까요? 이제 천국에 갈 수 있게 되었다는 정도에서 그치는 것이 아닙니다. 지금까지는 죄에 속해서 죄의 노예처럼 살았지만, 죄가 우리를 휘두르는 대로 살았지만, 그 죄에 대해서 예수 그리스도와 함께 죽고 이제는 새롭게 하나님을 향해서 살아났습니다. 그래서 하나님의 영이 그리스도인들 안에 들어와서 일하시기 시작했습니다. 그 일을 예수 그리스도께서 완성하셨습니다. 바로 우리를 향한 사랑 때문에요.

정상적인 그리스도인들은 이 소식을 들을 때 감격할 수밖에 없습니다. "저를요? 저를 그렇게 완전히 바꾸셨다고요? 하나님을 모르쇠하고, 하나님을 무시하며 살았던 저를 그렇게 하셨다고요?" 그리스도인의 삶은 하나님의 이 같은 사랑에 감격하는 것으로 시작되고, 신앙이 깊어지면 깊어질수록 감격도 더 깊어집니다. 주님께서 예전보다 지금 우리를 더 사랑하시기 때문이 아니라, 그분의 사랑이 이미 완성되었기 때문입니다. 하나님이 그렇게 하셨다고 선언하셨습니다.

그리스도인은 신분이 새로워진 사람

/

그러므로 로마서에서는 우리가 이제 변화된 신분을 인정하고 살아야 한다고 말합니다.

> 이와 같이 너희도 너희 자신을 죄에 대하여는 죽은 자요 그리스도 예수 안에서 하나님께 대하여는 살아 있는 자로 여길지어다(롬 6:11, 개역개정).

예수 그리스도를 믿은 사람들은 예수 그리스도가 하나님의 아들이라는 사실을 믿었습니다. 예수 그리스도가 우리 죄를 위해서 대신 돌아가셨다는 것도 믿었습니다. 그래서 우리가 하나님의 자녀가 되었다는 사실도 믿었습니다. 그런데 문제는 여기서 끝난다는 것입니다. 우리는 하나님의 자녀가 되었을 뿐 아니라, 죄에 대해서는 죽은 자요, 하나님에 대해서는 산 자가 되었습니다. 하나님이 그렇게 만드셨습니다. 우리는 이 사실 역시 믿어야 합니다.

교회 안의 거짓말

로마서 6장 11절에서는 분명히 말합니다. 죄에 대해서는 죽은 자요, 하나님께 대하여는 그리스도 안에서 살아 있는 자로 여기라고 말입니다. 이 '여긴다'는 단어는 '간주하다', '생각하다' 등의 의미로 영어 성경에서는 'count', 'account', 'consider' 등으로 번역되었습니다. 좀 더 자세히 설명하자면 이 단어는 '곰곰이 생각해서 결론을 짓다'라는 뜻입니다. 이것이 바로 '믿음'입니다. 하나님이 하신 일을 곰곰이 생각하고 "그런 일이 이루어졌군요. 제가 그것을 받아들이겠습니다"라고 고백하고 그렇게 여기는 것이 바로 믿음입니다.

다른 종교들과 기독교의 차이는 여기에 있습니다. 우리는 변화된 존재이기 때문에 변화된 존재답게 삽니다. 이미 변화되었기 때문에, 이미 하나님의 자녀가 되었기 때문에 자녀로 사는 것입니다. 그런데 그렇게 하기 위해서 가장 먼저 해야 할 일이, 우리가 스스로를 그렇게 여기는 것입니다.

그런데 그것이 참 쉽지가 않습니다. 하나님과 관계없이 살았던 과거의 모습이 그대로 남아 있기 때문입니다. 예수님을 믿은 지 한참 되었지만 결코 달라지지 않는 모습들이 있기 때문입니다. 20년, 30년, 40년, 50년 살면서 몸에 밴 습관들이 우리를 지배하고 있으니, 우리가 변화된 존재라는 사실을 받아들이기가 어렵습니다. 우리의 실존적인 경험은 지속적으로 우리를 하나님의 자녀가 아니라고 이야기합니다. "넌 아직도 죄에 굴복할 수밖에 없어. 세상 유혹이 오면 넌 꼼짝도 못해"라고 말입니다. 그러나 이런 순간에 우리가 그리스도 예수 안에서 어떤 존재가 되었는지 기억하고 그렇게 여기는 일이 필요합니다. 그것이 믿음의 첫 번째 발걸음입니다.

우리의 '자아상'을 예로 들어 봅시다. 우리는 지금까지 살면서 주변 사람들이 하는 말로 우리의 자아상을 만들어 왔습니다. 그러나 하나님을 알고 나면 하나님은 "너는 나의 어여쁜 자다. 너는 나의 사랑을 받는 귀한 자다"라고 말씀하십니다. 당연히 그런 말씀을 들을 때는 기쁩니다. 그래서 예배 시간, 깊은 찬양의 시간에 감사하며 감격합니다. 하지만 집에 가자마자 "넌 어떻게 동생만도 못하냐?"라는 엄마의 한마디에 모든 것이 와장창 무너집니다.

'여기는' 것은 주변 사람들이 무슨 소리를 하더라도 "저는 하나님이 하시는 말씀을 듣겠습니다. 하나님이 저를 자녀로 여기신다면, 저도 저를 하나님의 자녀로 여기겠습니다. 하나님이 저를 예쁘게 보시면, 저도 예쁘게 보겠습니다. 하나님이 저를 가치 있게 보신다면, 저도 이제 가치 있게 보겠습니다"라고 하는 것입니다. 인식이 변하고 생각이 변하는 것입니다. 이미 나의 신분을 완전히 바꾸어 주셨기 때문에 하나님의 시각으로 나를 인식하는 것입니다.

동화나 영화에 자주 등장하는 주제 중 하나가, 왕족으로 태어났는데 어찌어찌해서 그 신분을 모르고 평범하게 살다가, 자신이 공주 또는 왕자였다는 사실을 알게 되는 이야기입니다. 처음에는 너무 당황스러워하고, 과거의 자기 정체감과 삶의 방식에서 벗어나지 못하고 새로운 신분과 새로운 정체감을 받아들이지 못합니다. 그러나 점차 자신의 신분이 원래 공주 또는 왕자였다는 사실을 받아들이고, 다시 말해 그것이 사실이라고 여기기 시작하고, 그에 걸맞은 새로운 삶의 방식을 살아간다는 이야기이지요. 참 아름답고 꿈 같은 이야기입니다. 사람들에게는 이런 기대감이 있어서인지, 동서고금을 막론하고 이런 종류의 이야기들이 늘 있었습니다.

이런 꿈 같기도 하고 동화 같기도 한 이야기가 그리스도인들에게 일어났다면 어떻겠습니까? 우리는 원래 자격이 없는 자들이었는데, 하나님은 우리 자신을 완전히 변화된 존재로 받아주셨습니다. 이제는 죄에 대해서는 죽은 자요, 하나님에 대해서는 산 자로 만들어 주셨으니, 그렇게 '여기는 것'이 가장 먼저 우리가 할 일입니다. 이렇게 여기며 사는 것이 하나님의 사랑을 받은 자들의 공통된 특징인 것입니다.

이렇게 하나님이 그리스도 안에서 완성하신 일을 우리의 것으로 여기려면 끊임없이 성경으로 돌아가야 합니다. 끊임없이 아버지의 러브레터로 돌아가야 합니다. 우리는 그리스도 안에서 이루어진 일이 무엇인지 끊임없이 들어야 합니다. 매일매일, 우리의 생각이 바로잡힐 때까지, 중심이 우뚝 설 때까지, 아니 죽을 때까지 다시금 그 러브레터를 읽어야 합니다. 그래야 그리스도께서 완성하신 사역이 우리에게 상기되고, 그것을 묵상하는 가운데 그것이 내면화되고, 그리고 우리를 정말 그렇게 바라보기 시작하면서 변화가 일어날 것입니다.

새로운 신분에 걸맞은 생활

/

그리스도인은 그렇게 여기면서 새로운 신분에 걸맞은 생활을 하는 사람입니다. 로마서 6장 13절은 이렇게 말합니다.

> 그러므로 여러분은 여러분의 지체를 죄에 내맡겨서 불의의 연장이 되게 하지 마십시오. 오히려 여러분은 죽은 사람들 가운데서 살아난 사람답게, 여러분을 하나님께 바치고, 여러분의 지체를 의의 연장으로 하나님께 바치십시오.

여기 '내맡겨서', '바치고'라는 단어는 모두 '드리다^{present}'라는 의미입니다. 여기 우리 몸을 죄에 맡기느냐 하나님께 바치느냐 하는 두 가지 선택지가 있습니다. 그러나 그리스도인들이 예수 그리스도를 통해서 구원받았다는 사실을 알았다면, 이미 하나님의 자녀가 되었다는 사실을 알았다면, 이제 죄에 대해서 죽고, 의에 대해서 살았다는 사실을 알게 되었다면, 이제 우리는 죄가 끌어당기는 유혹에 우리 자신을 내주지 말고 하나님께 드려야 한다고 성경은 말합니다.

분명히 기억할 것은, 우리가 자신을 드림으로 하나님의 자녀가 되는 것이 아니라, 하나님의 자녀가 되었기 때문에 우리 자신을 드린다는 것입니다. 로마서는 "죽은 사람들 가운데서 살아난 사람답게"라고 정확하게 말합니다. '살아날' 사람이 아니라 '살아난 사람답게'입니다. 사도 바울은 자신이 예수 그리스도 안에서 죽었다가 살아났다는 사실을 정말로 믿고 있습니다. 그러니 우리 자신도 죽은 사람들 가운데서 살아난 사람답게, 우리 자신을 죄에게 주지 말고 의에 드려서 살아가야 한다는 것입니다. 19절 역시 그렇게 말합니다.

> 여러분이 전에는 자기 지체를 더러움과 불법의 종으로 내맡겨서 불법에 빠져 있었지만, 이제는 여러분의 지체를 의의 종으로 바쳐서 거룩함에 이르도록 하십시오.

그리스도인이 되기 전에는 우리 자신을 죄에 내맡기는 삶을 살았습니다. 그런데 불행한 사실은, 그리스도인이 되고 난 다음에도 우리가 아직 안 죽었다고 말하면서 자신을 그대로 죄에 내맡기며 살아간다는 것입니다. 오늘날 겉과 속이 다른 그리스도인들이 양산되는 이유가 여기에 있습니다. 자기 지체를 더러움과 불법의 종으로 내맡기는 것, 그냥 거기 던져버리는 것, 이것은 과거의 일입니다. 이제는 우리 자신을 하나님께 드리라고, 하나님이 원하시는 의, 하나님이 우리를 위해서 만들어 놓으신 삶의 방식을 따라감으로 우리 자신을 하나님께 드리라고 성경은 말합니다.

여기에서 어떤 분은 "목사님, 로마서 8장 13절을 보면, '여러분이 육신을 따라 살면, 죽을 것입니다. 그러나 여러분이 성령으로 몸의 행실을 죽이면, 살 것입니다'라고 되어 있지 않습니까? 여기서 바울은 우리에게 우리를 죽이라고 하지 않습니까?"라고 질문하실지 모릅니다. 이 본문을 언뜻 보면 그렇게 보이지만, 잘 보시면 우리말 성경도 '육신'과 '몸의 행실'을 구별하고 있습니다. 전자는 '사르크스sarx'라는 죄 된 성품을 가리키는 단어이고, 후자는 일반적인 우리의 몸을 가리키는 '소마soma'입니다. 특별히 '몸'이라고 하지 않고 '몸의 행실'이라고 했는데, 여기서 쓰인 단어는 행실, 행동, 실행 등을 뜻하는 '프락시스praxis'라는 단어입니다.

로마서 8장 13절을 풀어서 쓴다면 "우리가 우리의 죄 된 성품을 따라 살면(육신을 따라 살면) 구원을 받지 못할 것입니다(죽을 것입니다), 그러나 우리가 성령의 도우심을 받아 우리 몸에 익었던 행동들을 제어하면(성령으로 몸의 행실을 죽이면), 우리가 영원히 살 것입니다" 정도가 될 것입니다. 즉, 우리는 이미 예수 그리스도와 연합한 사람으로서 죄에 대해 죽었으니, 더 이상 죄 된 성품을 따라 살지 말고, 우리 자신을 성령의 도우심으로 변화된 존재로 여기고, 우리 몸에 익었던 행동들을 제거해 나가면 우리가 온전한 구원을 얻게 될 것이라는 뜻입니다. 그러므로 이 본문도 우리가 지금까지 이야기를 나누었던 것과 같은 맥락에 있습니다.

그리스도인이 되었다고 하면서도 삶이 달라지지 않는 이유는 '덜 죽어서'가 아닙니다. '아직도 안 죽어서'가 아닙니다. 그래서 우리가 우리의 죄 된 욕망을 죽여야 되는 것이 아닙니다. 정확하게 표현하면, '죽었는데도 그것을 제대로 받아들이지 않아서'입니다. '이미 그리스도 안에서 죽고 그와 함께 살아났는데도 이것을 받아들이는 믿음이 부족해서'입니다.

구원받은 자답게

/

"제가 아직 덜 죽어서요"라는 말은 심각한 위험성을 품고 있습니다. 기독교 진리의 매우 중요한 요소를 깨뜨리는 말이기 때문입니다. 이 말에는, 우리의 수양과 열심과 신앙생활을 통해서 거룩함에 이르고 구원을 받는다는 잘못된 사상이 포함되어 있습니다. 성경은 거꾸로 이야기합니다. 우리가 이미 하나님의 자녀가 되었고, 하나님이 우리를 이미 완전히 변화시키셨으니, 그러한 자'답게' 살아가라고 말입니다.

우리의 옛 습관과 삶의 방식, 사고방식들을 예수님이 완성하신 일의 관점으로 보는 것이 필요합니다. 버릴 것들은 그냥 버리면 됩니다. 지나간 것들은 보내버리면 됩니다. 물론 그것들이 우리를 잡고 있는 힘이 더 셀지도 모릅니다. 오랫동안 우리를 지배해 온 삶의 방식이고 가치니까요. 그러나 예수 그리스도는 그것들보다 훨씬 센 분이십니다. 예수 그리스도의 영, 성령이 우리 가운데 계시기 때문에, 우리 자신을 의에 드리려 하면, 죄 된 성품과 욕구를 가볍게 이길 수 있습니다. 그것이 성경에서 가르치는 바입니다.

그리스도인이 된다는 것은, 그렇기 때문에 이미 변화된 존재로 예수 그리스도를 닮아가는 것을 의미합니다. 그러므로 우리는 '구원받은 자답게 살자'라고 이야기할 수 있습니다. 예수님이 하나님이심을 우리가 믿는다면, 예수님이 우리 죄를 위해서 죽으신 것을 우리가 믿는다면, 우리가 의롭게 되었다는 것을 믿는다면, 우리는 죄에 대해서는 죽었고 하나님에 대해서는 살았다는 사실도 믿어야 합니다. 우리가 이미 구원받은 존재이며 온전한 구원이 기다리고 있다는 사실도 믿어야 합니다. 물론 예수님을 정말 주인으로 고백한 사람들만이 이 담대한 고백을 할 수 있습니다. 그러면 이제는 구원받은 자답게 살아가는 것입니다. 그래서 기도도 합니다. 그래서 말씀도 읽습니다. 그래서 성경도 봅니다. 그래서 예배도 드립니다. 그래서 자기희생도 합니다. 물론 이런 것들을 하지 않아도 하나님은 우리를 귀하게 여기십니다. 하나님의 사랑을 받기 위해서 이런 일을 하는 것이 아닙니다. 구원받았기 때문에, 이미 사랑을 받았기 때문에 우리는 그렇게 선을 도모하며 살아갑니다.

그러니 이제 "아직 제가 덜 죽어서요."라는 거짓말은 하지 마십시오. "제가 그리스도 예수 안에서 죽은 것을 믿음으로 받아들이겠습니다. 또한 그리스도 예수 안에서 살았습니다"라는 말이 우리의 고백이어야 합니다.

마음은 원이로되
육신이 약해서

"마음은 원하지만 육신이 약해서…."

"마음이 있기는 한데 몸이 따라주지 않아."

"나는 기본적으로 약해. 죄인이기 때문에 그런가 봐. 어쩔 수 없는 우리의 한계야."

인간은 정말 날 때부터 연약한 존재 같습니다. 인간을 동물의 범주에 넣는다면, 아마 인간은 어미 몸에서 태어나는 동물들 중에서 가장 약한 동물일 것입니다. 사슴이나 말, 기린, 코끼리조차도 태어나자마자 수 시간 내에 일어나서 걷기 시작합니다. 특히 기린은 태어난 지 30분 만에 두 발로 일어섭니다. 그러나 인간은 걷는 데까지 걸리는 시간이 1년 가까이 됩니다. 인간은 누군가 돌

봐 주지 않으면 생존할 수 없는 존재로 태어납니다. 이런 측면에서 봤을 때 인간은 참 약한 존재입니다.

그렇게 약하게 태어날 뿐 아니라 또한 약한 존재로 성장합니다. 실제로 우리 인간들은 환경에 어떻게 적응하는지 제대로 배우지 못하는 듯합니다. 건강하게 반응하는 법도 잘 배우지 못하고 크는 것 같습니다. 자라나면서 끊임없이 자신의 가치를 발견하고, 그 가치를 즐거워하며, 나름대로의 인생을 살도록 양육받는 것이 아니라, 놀랍게도 어릴 때부터 끊임없이 비교당하며 살아갑니다. 다른 사람들보다 못한 존재라고, 무가치한 존재라고, 힘없고 약한 존재라고 끊임없이 주입받으며 살아가는 것 같습니다. 외부의 어려운 환경에 어떻게 건강하게 대응할 것인가를 배워 본 적이 별로 없습니다. 우리 아이들을 참으로 강하게 키울 수 있는 길이 없지는 않지만, 불행하게도 많은 사람들이 연약한 존재로 자라납니다.

뿐만 아니라 교회 내에서는 이 문제가 조금 더 심각해집니다. 교회에서는 인간이 죄인이란 점을 강조합니다. 인간이 선한 것을 제대로 할 수 없는 이유는, 어떻게 살아야 하는지 알기만 하고 그렇게 살지 못하는 이유는, 인간이 원래 약하고 죄인인 탓이라고 말합니다. 그래서 우리가 흔히 하는 말이 있습니다. 예수님이 겟세마네에서 제자들에게 하신 말씀, 즉 "마음은 원하지만 육신이 약하도다"입니다.

우리는 교회에서 이렇게 말하곤 합니다. "마음은 원하는데 육신이 약해서 그게 안 돼. 내가 성장해야 하는 것도 알고, 봉사해야 하는 것도 알고, 희생해야 하는 것도 알지만, 몸이 따라 주지 않아." 다른 사람을 위로해 줄 때도 그렇습니다. "야, 인간이 원래 완전하지 않잖아. 한계가 있는 게 인간이야. 마음은 원하지만, 육신이 약하잖아."

그런데 꼭 그런가요? 인간은 원래 그렇게 약하게 태어났고, 약하게 자라났고, 또 신학적으로는 죄인이라, 결국 마음이 원하는 것을 육신이 따라가지 못합니까? 가끔 우리가 책이나 텔레비전에서 보는, 한계를 뛰어넘는 사람들, 약함을 뛰어넘는 강인함을 가진 사람들은 어떻게 된 것인가요? 그저 독종이어서 그런 것일까요?

성경에서는 어떻게 가르칠까요? "마음은 원이로되 육신이 약하다"는 표현은, 우리가 힘들 때, 한계에 부딪혔을 때 스스로를 합리화하는 데 쓸 수 있는 성경 구절일까요? 아니라면 성경에서 가르치는 바는 무엇일까요? 저는 여기서 로마서 말씀에서 그 답을 찾아보려 합니다. 기독교 교리의 가장 중요한 책이라 할 수 있는 로마서에서는 우리 인간이 어떤 존재라고 이야기할까요?

우리는 하나님의 사람이 되었다

/

첫 번째, 로마서는 '우리가 하나님의 사람이 되었다'고 가르칩니다. 기독교 가르침의 핵심은, 하나님 없이 스스로의 힘으로 살던 우리가 하나님의 사랑으로 하나님의 사람이 되었다는 것입니다. 우리가 한 것은 별로 없습니다. 우리에게는 그다지 예쁜 구석도, 성실한 점도, 귀한 부분도, 가치 있는 면도 별로 없어 보입니다. 그리고 스스로의 힘으로 인생을 살다 보니, 잘될 때도 있긴 하지만 많은 경우 깨지고 망가지고 혼란스러워졌습니다. 그런 우리를, 하나님을 찾지도 않는 우리를, 하나님을 존귀하게 여기지도 않는 우리를, 하나님의 자녀로 삼으셨다는 것입니다.

그것을 로마서에서는, 죄인이었던 우리를 의롭다 하셨다는 신학적인 표현으로 서술합니다. 로마서 전반부에서 그렇게 묘사한 다음 6장에서는 이렇게 말합니다(19, 22절).

> 19… 여러분이 전에는 자기 지체를 더러움과 불법의 종으로 내맡겨서 불법에 빠져 있었지만, 이제는 여러분의 지체를 의의 종으로 바쳐서 거룩함에 이르도록 하십시오. … 22이제 여러분은 죄에서 해방을 받고 하나님의 종이 되어서 거룩함에 이르는 삶의 열매를 맺고 있습니다. 그 마지막은 영원한 생명입니다.

이 구절은 우리의 신분이 바뀌었다고 말합니다. 바울은 '전에는'과 '이제는'이라는 표현을 대조해서 자주 사용합니다. '전에는 너희가 이랬지만, 이제는 너희가 이렇게 되었다'고 말입니다. '전에는', 즉 우리가 하나님을 알지 못할 때는, 우리 몸을 더러움과 불법의 종으로 내맡겼다고 바울은 말합니다. 약함과 악함과 더러움에 우리 자신을 그냥 방기했다는 말입니다. 그래서 불법에 **빠**져 있었습니다. 이것이 이전의 모습입니다.

그런데 '이제는' 우리가 우리 지체를 의의 종으로 드려서 '거룩함에 이르도록' 애써야 한다고 말합니다. 예전에는 어쩔 수 없이 약하고 악했지만, 이제는 하나님의 자녀, 하나님의 사람이 되었으니 우리 몸을 의의 종으로 드리라는 것입니다. 그러면 거룩함에 이르게 될 것이라고 바울은 말합니다. 이제 새로운 목표가 생겼습니다. '거룩함'이란 하나님을 닮은 성품을 말합니다. 약하고 악하던 우리가 이제 하나님의 사람으로 하나님을 닮아가는 새로운 목표가 생겼습니다. 그것이 그리스도인의 모습이라고 로마서에서 웅대하게 선포하고 있습니다.

그뿐만 아니라 사도 바울은 22절에서, 이미 이 일이 우리 속에서 일어나고 있다고 말합니다. 이제는 우리가 죄에서 해방을 받고 하나님의 종이 되어서, 즉 새로운 사람이 되어서 거룩함에 이르는 삶의 열매를 맺고 있다는 것입니다. 우리 속에서 이미 열매를 맺기 시작했습니다. 어떤 열매를 맺고 있는 것일까요?

가장 먼저 나타나는 열매는 하나님을 예배하기 시작하는 것입니다. 옛날에는 하나님을 안중에도 두지 않던 사람들이 하나님을 예배하기 시작합니다. 예배를 통해, 살아 계신 하나님과 인격적인 관계를 맺는 법을 배워가기 시작합니다. 이것은 가장 큰 열매입니다. 이렇게 하나님을 예배하기 시작하면서, 자신이 누군지를 발견하고 자신을 사랑하기 시작합니다. 자신을 사랑하니 옆의 사람들도 귀하게 보이기 시작합니다. 자신과 다른 사람에 대한 시각이 바뀌는 것도 얼마나 귀한 열매인지 모릅니다. 또 혼자 살던 사람들이 공동체의 의미를 깨닫게 되고, 하나님이 이 땅에 교회를 두신 이유를 알게 되고, 이 깨진 세상에서 우리가 해야 할 일들을 꿈꾸게 됩니다. 이런 삶의 열매가 사람들에게 점진적으로 맺힌다는 것입니다.

이는 예수 그리스도 안에서 우리에게 이미 주어진 일, 이미 시작되어 진행되고 있는 일입니다. 그리고 맨 마지막에 오는 열매가 바로 영원한 생명입니다. 이렇게 열매를 맺다가 결국 영원한 생명에까지 이르게 된다는 말입니다.

우리 속에 하나님의 능력이 있다

/

뿐만 아니라, 그런 '우리 속에 하나님의 능력이 있다'고 로마서는 말합니다. 로마서의 주제 중 하나가 바로 이것입니다. 즉, 우리 인간의 힘으로 선하게 사는 것은 불가능하다는 것입니다. 이를 로마서 식으로 표현한다면, 우리 힘으로는 율법의 요구를 만족시킬 수 없다는 것입니다. 다르게 표현한다면, 인간이 임의로 하나님 앞에서 의롭게 될 수 없다는 말입니다. 또 현대식으로 표현한다면, 우리는 우리 힘으로 선하게 살 수 있는 능력이 없다는 것입니다. 그렇다면 그 말이 맞는 것 아닐까요? 마음은 원하지만 육신이 약하다는 것 말입니다.

그런데 그것으로 끝나지 않았습니다. 하나님은 그런 우리를 그렇지 않도록 바꾸는 놀라운 일을 하셨다는 것이 로마서의 복음입니다. 우리의 신분을 바꾸어 하나님의 사람이 되게 하셨을 뿐 아니라, 하나님을 닮아가는 목표를 이룰 수 있도록 우리 속에 하나님의 능력을 주셨습니다. 성경은 우리 속에 하나님의 능력이 있다고 분명하게 가르칩니다. 로마서 8장은 그 내용을 장엄하게 표현하고 있습니다(3, 4, 9, 13, 14절).

> 3육신으로 말미암아 율법이 미약해져서 해낼 수 없던 그 일을 하나님께서 해결하셨습니다. 곧 하나님께서는 자기의 아들을 죄된 육신을 지닌 모습으로 보내셔서, 죄를 없애시려고 그 육신에다 죄의 선고를 내리셨습니다. 4그것은, 육신을 따라 살지 않고 성령을 따라 사는 우리가, 율법이 요구하는 바를 이루게 하시려는 것입니다. … 9그러나 하나님의 영이 여러분 안에 살아 계시면, 여러분은 육신 안에 있지 않고, 성령 안에 있습니다. 누구든지 그리스도의 영이 없으면, 그리스도의 사람이 아닙니다. … 13여러분이 육신을 따라 살면, 죽을 것입니다. 그러나 여러분이 성령으로 몸의 행실을 죽이면, 살 것입니다. 14하나님의 영으로 인도함을 받는 사람은, 누구나

다 하나님의 자녀입니다.

　　로마서 8장은 아주 중대한 선언을 하고 있습니다. 예수님이 죽으심으로 말미암아 우리 죄를 사하시고 우리를 구원하셨다는 사실은 그리스도인이 잘 압니다. 하지만 그 정도에서 그치는 것이 아닙니다. 하나님은 우리 죄를 사하신 정도가 아니라 우리 육신에 죄의 선고를 내리시고, 그다음 우리에게 성령을 보내셨다고 이 본문은 이야기합니다. 그렇게 성령이 우리 가운데 오셨기 때문에 우리가 성령을 따라 살게 되었다고 말합니다.

　　성령을 따라 살게 되면 놀라운 일이 일어납니다. 우리가 전에는 육신으로 말미암아, 즉 우리 육체적 욕망 때문에, 우리 몸이 약해서 율법이 요구하는 바를 행할 수 없었습니다. 그런데 그 일을 하나님이 해결하셨다고 합니다(3절). 그래서 우리가 만약 육신을 따라 살지 않고 우리 속에 있는 성령을 따라 살면, 율법이 요구하는 바를 이루게 된다고 합니다(4절).

　　인간은 스스로의 능력으로 율법을 지킬 수 없다는 것이 로마서의 가르침입니다. 인간은 선해질 수 없다는 것이 성경의 가르침입니다. 인간에게는 행위로 아름답고 멋지게 살 수 있는 능력이 잠재되어 있지 않다는 것이 로마서의 가르침입니다. 그런데 여기 로마서 8장은 놀라운 선언을 합니다. 하나님이 우리 죄를 사하시고 난 다음 성령을 보내셨으므로 우리가 성령을 따라 행하게 되면, 율법이 요구하는 바, 다시 말해 선한 것, 우리가 하고 싶은 것, 멋지게 제대로 잘 사는 일이 가능하게 되었다는 것입니다. 우리 속에 성령이 계시기 때문에 그것이 가능하다고 선언하고 있습니다. 육신으로 말미암아 해낼 수 없었던 그 일을, 하나님의 영으로 인도함을 받을 때 이룰 수 있다는 것입니다.

우리 속에 계신 성령님을 의존하는 삶은, 하나님의 능력을 경험하는 삶입니다. "마음은 원하지만 육신이 약해서"라고 말하는 이유는, 대부분 성령님에 대해 잘 모르거나 성령님을 의지하지 않기 때문입니다. 성령님을 개념으로만 알고 있기 때문입니다. 예수를 믿으면 성령이 우리 가운데 오신다는 사실을 알지만, 그 성령님이 우리 삶에 아무런 영향을 끼치지 못하는 개념에만 머무는 것입니다. 그러면 이 말씀이 우리에게 무엇을 의미하는지 전달되지 못합니다.

성경은 분명히 말합니다. 우리 속에 하나님의 능력이신 성령이와 계시다고 말입니다. 성령을 따라 행하기 시작하면 우리가 과거에는 살 수 없었던 그런 삶을 살 수 있다고 말입니다. 우리 힘으로는 도저히 살아낼 수 없는 삶을, 하나님이 성령을 통해 가능하게 하셨습니다.

우리 속에는 하나님의 사랑이 있다

/

그뿐만이 아닙니다. 우리 속에는 하나님의 사랑이 있습니다. 로마서 8장의 끝부분에 이르면, 하나님의 사랑에 대한 사도 바울의 감격이 화산이 터져 나오듯, 용암이 분출하듯 터져 나옵니다. 36-37절을 보십시오.

> 36성경에 기록한 바 "우리는 종일 주님을 위하여 죽임을 당합니다. 우리는 도살당할 양과 같이 여김을 받았습니다" 한 것과 같습니다. 37그러나 우리는 이 모든 일에서 우리를 사랑하여주신 그분을 힘입어서, 이기고도 남습니다.

사도 바울은 현재의 상태를, 도살당할 양처럼 여김을 받는 상황이라고 표현합니다. 이는 인간으로서의 한계 상황에 이르렀음을 보여 주고 있습니다. 모든 것을 다 포기하고 싶은 상황, 이제 죽음만이 남아 있는, 죽기 직전의 상태로 밀려간 듯 보입니다. 그런데 그런 상황에서 바울은 "그러나 우리는 이 모든 일에서 우리를 사랑하여 주신 그분을 힘입어서, 그분의 사랑 때문에 이기고도 남음이 있습니다"라고, 개역성경의 표현에 따르자면, "넉넉히 이기느니라"라고 말합니다. 사도 바울이 로마서 8장 끝부분에서 끊임없이 반복하는 메시지는, "그 무엇도 하나님의 사랑에서 우리를 끊을 수 없도다"입니다.

우리 속에는 우리를 향하신 하나님의 끊임없는 사랑이 있습니다. 예수님은 죽기까지 우리를 사랑하셨습니다. 우리를 구하기 위해서 육체적으로 온갖 고통을 겪으시면서 십자가를 지셨습니다.

온갖 모욕과 수치를 당하며 십자가에서 죽으셨습니다. 그때 그분 마음에 있던 것은 딱 하나였습니다. 바로 우리였습니다. 우리를 살리기 위해서 그분이 죽었습니다.

아들이 그렇게 비참하게 죽을 때 그의 아버지는 무엇을 하고 계셨습니까? 얼굴을 돌리셨습니다. 아들이 "엘리 엘리 라마 사박다니", 어찌하여 나를 버리시나이까 하고 외칠 때 아버지는 고개를 돌리고 듣지 않으셨습니다. 왜 그랬을까요? 아버지의 마음에 아들이 아니라 우리가 있었기 때문입니다. 이것이 성경의 메시지입니다.

하나님이 자기 아들을 희생시키면서까지 그 마음에 품었던 것은 놀랍게도 별 볼일 없는 우리들입니다. 별로 쓸 만하지도 충실하지도 않고, 순결하지도 않은 우리를 품으시려고, 아들에게 고개를 돌리셨던 분이 아버지 하나님이시며, 그렇게 온갖 고난을 당하신 분이 예수 그리스도이십니다. 그래서 사도 바울은 우리를 위해서 아들을 내어 주신 것을 통해서 그분의 사랑을 확증하셨다고 말했습니다(롬 5:8).

그 사랑이 우리 마음에 있습니다. 이 사랑 때문에, 그리스도인들은 이 땅을 살면서 겪게 되는 여러 가지 어려움에도 굴복하지 않습니다. 그 사랑 때문에 굴복할 수가 없습니다.

예수님을 따라가게 되면, 세상 나라와 하나님나라의 차이가 극명하게 보이기 시작합니다. 그러면 세상 나라에 속해 있으면서 하나님나라의 시민으로 어떻게 살 수 있을까를 심각하게 고민할 수밖에 없습니다. 실로, 이 싸움은 치열합니다.

가장 근본적으로, 먹고살기 위해 열심히 사는 것은 하나님의 창조 세계 속에서 자신과 자신의 가정을 부양하는 거룩한 하나님의 뜻입니다. 그러나 세상은 제대로 살지 못하도록 우리를 괴롭힙니다. 먹고살기 위해 열심히 사는 것 자체는 훌륭한 싸움입니다. 그러나 먹고사는 문제가 해결되어도, 우리는 더 나아가서, 우리 생업의 터전에서 하나님의 뜻을 실천하며 살 것인가 세상을 좇아 살 것인가 하는 문제에 부딪힙니다. 우리의 싸움은 지속됩니다. 예수님의 싸움이 끝까지 지속되었던 것처럼 우리도 그 싸움에서 벗어날 수 없습니다.

그리스도인이 되면 그 인생에 일정량의 어려움이 없을 수 없습니다. 그리스도인으로 사는 데 어려움이 없다면, 그 사람은 그리스도인이 아닐 가능성이 높습니다. 저는 단연코 이야기할 수 있습니다. "예수를 믿었기 때문에 피곤한 부분이 생겼다. 몸이 지친다. 내 에너지가 자꾸 빠져나가는 것 같고, 힘든 점이 있다. 난 손해를 보고 있다. 나는 박해를 받고 있다. 불이익을 받고 있다"라고 말할 수 없다면, 그리스도인이라 불릴 수가 없습니다. 어떻게 하나님나라의 가치를 가지고 세상 나라에 사는데, 어려움이 없겠습니까? 종류와 정도의 차이가 있을 뿐이지 어려움이 없을 수 없습니다.

그러므로 우리는 감히 그리스도인의 표지는 '어려움'이라고 말할 수 있습니다. 이 땅에서 살기가 어렵습니다. 그런데 사도 바울은 로마서 5장에서 "우리는 환난을 자랑합니다"라고 말합니다. 인생에서 겪게 되는 여러 가지 어려움들을 자랑한다는 말입니다. 그 이유는 이런 어려움을 인해서 인내가 생기고, 인내로 인해서 단단한 인격이 생기고, 그 인격을 통해서 소망이 생기기 때문입니다. 그 소망은 바로 하나님이 다시 오셔서 이 어그러진 세상을 회복시키실 것이라는 바람입니다.

그런데 '그 소망은 멀리 있는데, 지금 내가 겪고 있는 환난에 무슨 도움이 됩니까?' 하는 질문이 생깁니다. 이에 대해 바울은 말합니다. "이 희망은 우리를 실망시키지 않습니다. 하나님께서 우리에게 주신 성령을 통하여 그의 사랑을 우리 마음속에 부어 주셨기 때문입니다"(5:5). 소망이 멀리 있는 것 같지만 우리를 실망시키지 않는 이유는 하나님의 사랑이 오늘 우리 마음에 부어지고 있기 때문입니다. 지금 우리는 환난을 겪고 있고 어렵고 지치고 피곤하고 실패하는 것같이 보여도 그 희망을 번갈아 보면서 실망하지 않는다는 것이 바울의 고백입니다. 우리 속에 있는 하나님의 사랑 때문에요.

우리 속에는 하나님의 사랑이 있습니다. 그런데 혹 그 사랑이 마음속에 박제가 되어 있지는 않습니까? 그저 '사랑'이라는 글자로 박제된 채로 있지는 않습니까? 아니면 그 사랑이 살아 있어서 우리를 감격시키고 우리로 하여금 지친 무릎을 다시 일으키게 만듭니까? 그 사랑의 신비를 경험하고 있습니까? 성령님께서 오늘날 우리 가운데서 가장 강력하게 하시는 일 중 하나가 우리의 메

마르고 지친 마음에 그분의 사랑을 부어 주시는 것입니다. 성령님은 오늘도 하나님의 얼굴을 찾는 우리 가운데서 일하고 계십니다.

마음이 원하니 육신도 따라오는 삶의 비결

/

하나님의 사람이 된 우리에게 하나님의 능력과 사랑이 있다면 우리의 삶은 어떠해야 할까요? "마음은 원하지만 육신이 약해서…"라는 말은 부분적으로는 맞습니다. 인간이 연약하고, 여전히 죄의 영향을 받고 있으니까요. 그러나 우리가 앞서 로마서를 통해서 발견한 진리는, 그리스도인의 삶은 거꾸로 "마음이 원하니 육신도 따라오더라"라고 말할 수 있는 삶입니다. 어떻게 그런 삶이 가능할까요?

변명을 대체하는 비전을 가지라

첫 번째는, 변명을 대체하는 비전을 가져야 합니다. 우리가 하는 수많은 말들이 사실은 합리화와 변명이라는 것을 깨달아야 합니다. 다음의 말들이 그렇습니다.

"인간이 약하기 때문에 그래."

"우리 인간은 원래 그래."

"인간의 한계가 있어."

또 요즘은 심리학의 영향을 받아서 이렇게 말하기도 합니다.

"어릴 때의 경험 때문에 그래."

"나한테는 상처가 있어서 그래."

"나는 어릴 때 잘못 커서 그래."

"우리 엄마가 날 이렇게 키웠어."

또 자신의 기질과 성향을 언급하기도 합니다.

"나는 워낙 소심해."

"나는 원래 급해."

"나는 화는 확 내지만, 뒤끝은 없어."

그러나 이는 이전 하나님을 모를 때의 모습입니다. 이제 하나님을 정말 알게 되었다면, 복음을 믿었다면, 우리는 하나님의 사람이 되었습니다. 하나님의 자녀가 되었습니다. 하나님의 종, 의의 종이 되었습니다. 우리는 그리스도 안에서 감히 우리 신분이 변화되었음을 믿는 사람들입니다.

그러므로 그 신분에 걸맞게 살 수 있는 비전을 가지십시오. 그 비전은 바로 거룩함에 이르는 것입니다. 거룩함에 이른다는 것이 종교적이고 고루한 표현이라 여겨지십니까? 그렇다면 그것은 거룩함이라는 단어를 그렇게 만들어버린 교회의 책임입니다. 거룩함이란 하나님을 닮는 것, 다시 말해, 예수님을 닮는 것입니다. 성경에 나와 있는 예수님을 보십시오. 얼마나 매력적인 분이십니까? 그러한 예수님을 닮는 비전, 우리 삶에 이런 비전이 필요합니다. 그리스도인들에게는 이제 거룩함에 이르겠다는 목적이 생겼습니다. 사도 바울은 그것을 "예수 그리스도의 장성한 분량까지

자라가는 것"(엡 4:13)이라고 말합니다.

그러니 힘들 때마다, 자꾸 약해질 때마다, 한계를 느낄 때마다 자꾸 합리화하는 변명을 하지 말고 그것을 비전으로 대체하십시오. '비전'이란 "커서 대통령이 되고 싶어요" 같은 말과는 다릅니다. 성경이 말하는 비전은 무엇이 되느냐가 아니라 어떤 사람이 되느냐에 관한 것입니다. 하나님은 우리가 무엇을 하느냐에 특별한 관심을 두지 않습니다. 하나님은 우리가 어떤 사람이 되는가에 더 큰 관심을 가지십니다. 바로 예수를 닮은 사람이 되는 것에요. 집에서 일을 하든, 직장에서 일을 하든, 아이들을 가르치든, 공부하는 학생이든, 각자의 삶의 영역에서 예수를 닮은 사람이 되는 것입니다. 우리가 정말 추구해야 할 것은 그분을 닮아가는 것, 거룩함에 이르는 것입니다.

마음은 원하는데 육신이 약하다고요? 그렇지 않을 것입니다. 비전이 없는 것이 문제입니다. 마음에 진정한 원함이 없는 것이 문제입니다. 사람들이 왜 행동하지 않을까요? 비전이 없어서입니다. 마음속에 그렇게 되고자 하는 열망이 없어서입니다.

제 경우에 비전을 갖게 된 이유는, 성경을 보면서 예수님의 모습을 자꾸 보게 되어서입니다. 예수님을 들여다보면 들여다볼수록 '이분 보통 분이 아니시네. 너무 매력적이시네. 한 인간으로서 내가 이분을 닮을 수 있다면, 이분처럼 살 수 있다면 얼마나 좋을까! 약자들을 한없이 품으시고 강자들을 대할 때도 두려워하지 않으시고, 위기 상황마다 지혜롭게 풀어 가시는 모습, 정말 멋지다' 하는 생각이 듭니다. 예수님의 멋진 면이 저를 감동시킵니다. 저도 그렇게 되고 싶습니다.

우리는 어떤 소리를 들어야 할까요? 우리 마음속에서는 "너는 약해. 너는 안 돼. 그래봤자 안 돼. 넌 또 실패할 거야. 넌 한계가 있어. 인간은 원래 그런 거야"라고 말하는 소리가 있습니다. 그리스도인이 되었다면, "너는 하나님의 자녀다. 너는 하나님을 닮도록 지음을 받았다. 너는 거룩함에 이를 수 있다. 넌 예수님처럼 멋진 삶을 살 수 있다"라는 소리도 있습니다. 어디에 귀를 기울이시나요? 우리 가운데 성령님이 계십니까? 그렇다면 성령님의 말씀에 귀를 기울여야 합니다. 그리고 그 말씀을 기초로 해서 비전을 가지십시오. 변명은 버리십시오. 심리학적인 이유와 온갖 변명을 다 내려놓아야 합니다. 그것은 예전의 우리 모습입니다. 이제 그리스도 안에서 비전을 가지는 일이 필요합니다. 분명한 목적의식이 있을 때에는 하나님을 알지 못하는 사람들도 강인한 힘을 냅니다. 그러니 그리스도인들이 분명한 목적의식을 가질 때 얼마나 놀라운 일이 벌어지겠습니까?

우리 속에 있는 부활의 능력을 의지하라

두 번째로, 우리 속에 있는 부활의 능력을 의지해야 합니다. 그리스도인들에게는 하나님을 알지 못하는 사람들이 가질 수 없는 너무도 중요한 특권 한 가지가 있습니다. 그것은 바로 우리 속에 성령께서 오셔서 우리와 함께하신다는 것입니다. 그리스도인이 되고 난 다음 배워야 할 것은, 성령님을 의지하는 법입니다.

윈드서핑을 하려면 파도의 힘을 사용하는 법을 배워야 한다고 합니다. 어리석은 사람은 보드에 올라가서 앞으로 가기 위해 손을 저을 수도 있겠죠. 하지만 서핑은 그렇게 하는 것이 아닙니다. 서핑을 하는 사람들은 자기 힘으로 가는 법이 아니라 파도의 힘을 이용하는 법을 배웁니다.

그리스도인들도 동일합니다. 그리스도인들은 자신의 힘을 의지해서 사는 사람들이 아닙니다. 물론 그렇다고 자신의 힘을 전혀 쓰지 않는 것은 아닙니다. 서핑을 위해 보드에 올라가 있는 사람도 자신의 힘을 쓰기는 합니다. 그러나 주되고 기본적인 힘은 파도의 힘입니다. 우리도 우리의 힘을 사용하지만 주된 힘은 성령께로부터 옵니다. 그러므로 우리는 성령으로부터 오는 힘을 쓰는 법을 배워야 합니다.

훈련이 필요한 일이죠. 때때로 그 훈련들이 형식적일 때도 있습니다. 그래도 도움이 되긴 합니다. 매주 교회 와서 예배드리는 것이 집에서 뒹구는 것보다는 낫습니다. 일반적인 영적 유익이 있기 때문이죠. 그러나 경건의 시간을 가지면서 하나님의 성령에 민감해지지 않는다면, 예배드릴 때 성령께서 무슨 말씀을 하려 하시는가를 들으며 성령님을 의지하는 법을 배우지 않는다면 더 이상의 유익을 누릴 수는 없습니다. 그리스도인이 누릴 수 있는 유익은 단순한 종교적 활동이 주는 유익을 넘어섭니다. 그리스도인은 우리 속에 계신 성령님을 의지하며 살아갈 수 있기 때문입니다.

한계 상황을 넘어가게 하는 것이 바로 부활의 능력입니다. 아마 처음 교회에 나오는 사람들은 일요일에 교회 나오는 것 자체가 육체적 한계를 넘어서는 일이 될 수 있습니다. 유일하게 일주일에 하루 늦잠 잘 수 있는 날 일찍 일어나서 교회에 가는 것, 그것은 작은 육체적 한계를 넘어서는 일입니다. 작은 일이지만 어떤 사람들은 여기서부터 시작합니다.

또 교회에서 리더로 섬기게 되면 시간을 쪼개어 쓸 수밖에 없습니다. 저희 교회에서는 여덟에서 열 명이 모이는 가정교회를 인도하는 목자가 되면, 다른 사람들을 위해 최소한 일주일에 열다섯 시간을 써야 합니다. 목자들을 섬기는 리더인 마을지기가 되면 그 시간은 스무 시간 정도로 늘어납니다. 정말 쉬운 일이 아닙니다. 육체적 한계를 반드시 경험합니다. 그러나 그 육체적 한계를 넘어가는 법을 성령님을 통해서 배우는 것이, 목자를 하는 이들이 누리는 축복입니다. 주님을 바짝 따라갈 때 누리는 복입니다. "아, 이게 되는구나. 놀랍구나. 내가 이 정도밖에 안 드렸는데 이 일을 통해서 사람들을 변화시키시는구나!" 하며 기쁨을 누리는 것입니다.

또는 육체적 한계보다 더 어려운 심리적 한계를 넘어서야 하는 경우도 있습니다. 정말 보기 싫고 사랑할 수 없을 것 같은 사람을 품어야 할 때 우리는 심리적 에너지가 고갈되는 경험을 합니다. 보기도 싫은 사람을 어떻게 사랑할 수 있습니까? 그러나 사랑할 수 있습니다. 물론 쉬운 일은 아닙니다. 심리적 한계를 넘어서야 하는 일이니까요. 자신의 능력으로 사랑하려고 하면 할 수 없습니다. 그러나 우리가 "주님은 주님을 못 박고 채찍질한 사람들을 향해서 '하나님 저 사람들을 용서해 주십시오. 자신들이 하는 것을 모르기 때문입니다'라고 말씀하셨군요. 그러고 보니 저도 주님을 무시하고 모욕했던 적이 많은데 주님이 저를 용서하셨군요. 주님, 그렇다면 저도 저에게 약간의 해를 끼친 그 사람을 사랑하기 원합니다"라고 기도하기 시작할 때 성령께서는 우리에게 사랑할 수 있는 힘을 주십니다.

나아가서, 그리스도인들은 세상 속에서 살면서 사회적인 한계를 넘어설 때 고통을 겪기도 합니다. 세상은 세상의 원리가 있고 이 원리를 따르는 자를 사랑합니다. 그리스도인들이 세상 속에서 살지만, 세상의 원리를 따르지 않을 때, 우리는 다양한 불이익을 받게 됩니다. 이럴 때 이런 피곤한 삶을 접고 세상의 원리에 적절히 타협하고 싶은 마음이 들기도 합니다. 그러나 자신이 하나님 나라의 백성이며 사랑을 입은 자녀임을 기억하고, 세상과 타협하지 않고 하나님의 뜻을 따라 살려 하면, 불이익을 받으면서도 의연하게 극복할 수 있는 힘을 부활하신 주님께서 주십니다.

사실, 이렇게 손해를 보면서 주님을 따랐더니 주님께서 나중에 갚아 주셨다는 간증만 많지, 그냥 손해를 보고 끝난 것은 간증이 되지 못하는 한국 교회의 현실이 참 안타깝습니다. 성경에 나타난 초대교회의 사도들은 "어려움을 겪었지만 나중에는 다 잘되었더라" 식의 간증을 하지 않습니다. 오히려 끝까지 어려움을 겪었지만 믿음을 버리지 않았다는 간증이 대세를 이룹니다. 예수님 자신이 그러하셨고, 스데반, 야고보, 바울, 베드로 등 모두가 갖은 어려움을 주님의 능력을 의지해서 견뎌 내었습니다. 자신의 의지로 이렇게 살 수 있었던 것이 아니라, 성령님의 능력을 누렸던 것입니다.

우리가 다양한 한계 상황을 넘어서려 할 때 하나님은 그렇게 할 수 있는 놀라운 힘을 주십니다. 그때 우리는 부활의 능력을 경험합니다. 그렇게 살아가는 것이 그리스도인의 삶입니다.

우리에게 부어 주신 주님의 사랑을 기억하라

우리에게는 또한 주님의 사랑이 있습니다. 우리에게 부어 주시는 주님의 그 사랑을 기억하십시오. 사람들이 기독교를 사랑의 종교라고 하는 것은, 그리스도인들이 사랑을 따라 살며 이웃들에게 사랑을 베푸는 사람들이기 때문일 것입니다. 그러나 이는 부족한 표현입니다. 기독교가 사랑의 종교인 것은, 우리 인간이 하나님의 사랑을 받았기 때문입니다. 하나님의 사랑을 넘치게 받아서 이웃을 사랑하게 되었기 때문에 사랑의 종교입니다. 앞의 것이 빠지면 뒤의 것은 불가능하다는 것이 기독교의 가르침입니다. 주님이 우리를 넘치게 사랑하셨으니 우리도 옆에 있는 사람들을 사랑하는 것, 이기심을 버리고 한계를 넘어서서 사랑하는 것, 이것이 성경의 가르침이고 우리 그리스도인의 삶의 실제입니다. 우리가 옆에 있는 사람을 사랑하는 것은 하나님으로부터 받은 사랑의 열매이며 피할 수 없는 결과입니다. 우리에게 아들을 내어 주신 분의 사랑을 받은 우리가 그 사랑을 흉내 내는 것입니다. 그리고 이 일을 가능하게 하시는 분이 바로 성령님이십니다. 성령님은 우리 마음에 하나님의 사랑을 부어 주시고, 그 사랑을 느끼게 해 주십니다.

우리가 예배를 소중하게 여기는 이유는 여기에 있습니다. 예배를 드릴 때마다 하나님의 사랑이 우리에게 부어집니다. 주님을 향해 찬양을 드릴 때 주님의 사랑이 우리 마음속에 채워집니다. 저는 우리 모두가 예배를 통해서 하나님을 바라보기를 원합니다. 그 속에서 성령님이 그분의 사랑을 우리에게 부으시니까요. 그러면 살 힘이 납니다. 나가서 싸워 볼 용기가 납니다.

정말 좋은 예배란 무엇일까요? 말씀과 찬양과 기도를 통해서 우리를 극진히 사랑하셨던 하나님, 지금도 그렇게 사랑하고 계신 하나님과 눈을 맞추는 것입니다. 인생에 자신감도 없고 늘 의기소침한 사람이 그를 진정으로 믿어 주고 사랑하는 사람과 눈을 맞추고, 힘을 내어 자신의 삶을 살아내는 것처럼, 예배는 우리를 한없이 믿어 주시고, 우리를 사랑하시는 하나님을 만나는 것입니다. 말씀을 통해서 하나님을 알아 가고, 찬양을 통해 하나님을 노래하고, 기도를 통해 하나님께 나의 마음을 토해 놓는 것입니다. 우리는 이런 예배를 통해서, 우리 마음속에 성령으로 말미암아 하나님의 사랑이 부어지는 것을 경험하는 것입니다.

마음이 원하니 육신도 따라오는 삶은 불가능하지 않습니다. 그러나 이것은 자신의 의지나 독한 결단으로 되는 것이 아닙니다. 마음이 원하려 한다면, 그 마음에 하나님의 사랑이 가득 차야 합니다. 그렇게 되면 우리의 약한 육신도 더 이상 변명하거나 합리화하지 않고, 마음을 따라 움직일 것입니다.

보물을 간직한 질그릇

/

우리 그리스도인들에게는 사람들이 알지 못하는 다른 종류의 비밀이 있습니다. 인간은 약합니다. 마음은 원하지만 육신이 원하는 것을 하지 못합니다. 그러나 예수를 믿고 난 다음에는 달라집니다. 우리는 새로운 사람이 되었습니다. 새로운 능력이 생겼습니다. 새로운 사랑을 마음속에 품게 되었습니다. 우리는 하나님의 사람이 되었습니다. 하나님의 능력이 우리 가운데 있습니다. 하나님의 사랑이 우리를 채웁니다. 이론이 아니라 실제로 그렇습니다. 그것을 누리는 것이 그리스도인이기 때문에, 그리스도인들은 "마음이 원하지만 육신이 약해서"라고 말하는 대신 "내 마음이 그것을 원하니 부족한 육신조차도 따라오는구나"라고 고백하게 됩니다.

그렇다고 우리 자신이 강해졌다고 감히 말하지는 못합니다. 우리가 강한 이유는 우리의 힘이 아닌, 우리 가운데 계신 그분 때문입니다. 이것을 사도 바울은 고린도후서 4장 7절에서 웅변적으로 이야기합니다.

우리는 이 보물을 질그릇에 간직하고 있습니다. 이 엄청난 능력은 하나님에게서 나는 것이지, 우리에게서 나는 것이 아닙니다.

우리는 이 보물, 예수 그리스도를 질그릇에, 우리 몸과 같이 깨지기 쉽고 금가기 쉬운 질그릇에 간직하고 있습니다. 이 엄청난 능력은 하나님에게서 나는 것이지 질그릇인 우리에게서 나는 것이 아닙니다.

그러므로 그리스도인의 삶이란, "마음은 원하지만, 육신이 약해서"라는 말을 하다가, "내 속에 계신 그리스도로 인해서 나는 이제 더 이상 약한 존재가 아닙니다. 나는 약하지만, 내 약함 속에서 그리스도의 강함이 드러납니다"라는 고백을 하는 것을 배워 가는 것입니다.

사도 바울의 놀라운 고백을 쉽게 따라할 수 있다고 생각하지는 마십시오. 그것은 인생의 우여곡절을 겪으면서, 자신이 하나님의 사람이 되었다는 새로운 정체감이 깊어져 가고, 하나님의 능력이 자신 속에서 역사하여 한계 상황을 하나둘 넘어가는 귀한 사연들이 생기고, 무엇보다도 하나님의 사랑이 우리의 자신 없고 좌절된 마음에 부어져 다시 일어서고 또다시 일어서는 경험을 하고 나서야 드릴 수 있는 놀라운 고백입니다.

그러나 이것이 특별한 영적 거인으로 태어난 사람들만이 할 수 있는 고백은 아닙니다. 하나님은 우리 모두를 부르셔서 그를 닮아가기를 간절히 원하시고 그렇게 할 수 있도록 우리에게 당신의 사랑과 능력을 부어 주십니다. 그러므로 모든 그리스도인들은 조금씩 성장하여, "마음이 원하니 육체도 따른다"라는 고백을 조금씩 배워 가는 것입니다.

아! 이것은 참으로 놀랍고 복된 삶입니다. 하나님의 사랑과 하나님의 능력을 힘입어, 하나님의 사람으로 살아가는 것이기 때문입니다. 이런 놀라운 삶으로 초대하신 주님을 따라, 이 놀라운 축복을 평생 누리고 배워 가는 우리가 되어야겠습니다.

하나님께 영광을
돌립니다

"하나님께 영광을 돌립니다."

시상식에서나 어떤 경쟁에서 이겼을 때, 또는 커다란 성공을 했을 때나 좋은 일이 일어났을 때 많은 그리스도인들이 고백하는 말입니다. 자신이 많이 부족한데도 이런 놀라운 일이 이루어졌으니 "하나님, 참 감사합니다. 하나님께 영광을 돌립니다"라고 감사한 마음을 공개적으로 표현하는 것은 귀한 고백입니다. 좋은 일이 있을 때, "우리 부모님께 영광을 돌립니다"라고 말하듯이, 하나님께 이런 고백을 하며 살고 싶은 사람들의 마음도 충분히 이해가 갑니다. 그러나 이런 표현이 그리스도인이라면 상투적으로 늘 하는 말이거나, 성공하면 하나님께 영광을 돌릴 수 있다는 말이라면, 상당한 오해를 불러일으킬 수 있는 위험한 표현입니다.

우리는 질문해 보아야 합니다. 우리가 세상에서 성공할 때 하나님이 영광을 받으시는 것인가요? 수없이 반복되는 "하나님께 영광을 돌립니다"라는 말 뒤에는 늘 세상적인 성공이 있습니다. 주식 투자를 했다가 망했는데, "하나님께 영광을 돌립니다"라고 말하는 사람은 없습니다. "우리 아들이 대학에 떨어져서 하나님께 영광을 돌립니다"라는 말을 들어 본 적도 없습니다. "제가 기도를 열심히 했는데 우리 아버지가 돌아가셨어요. 이로 인해 하나님께 영광을 돌립니다"라는 말도 들어 본 적 없는 것 같습니다. 정말 성공해야만 하나님이 영광을 받으시는 걸까요?

또한 옳지 못한 수단으로 이룬 성공일 경우에도 하나님께 영광을 돌린다고 말할 수 있을까요? 하나님은 잘못된 방법으로 이루어진 좋은 결과를 보시고 영광을 받으실까요? 그리고 이 지독한 경쟁 사회에서 월등한 기량이나 능력으로 성공하지 못하면 하나님께 영광을 돌리지 못하는 것일까요? 그렇다면 대다수의 사람들은 과연 어떻게 하나님께 영광을 돌리며 살 수 있을까요? "하나님께 영광을 돌린다"라는 표현 자체는 잘못된 것이 아니지만, 잘못된 전제나 상황에서 사용될 위험이 늘 도사리고 있습니다.

그래서 저는 여기서 "하나님께 영광을 돌린다"라는 표현의 진정한 의미가 무엇인지 살펴보려 합니다. 그러려면 먼저 하나님의 영광이 무엇인지를 이야기해야 합니다. 그런데 이는 결코 가볍게 다룰 수 있는 주제가 아닙니다. '영광'이란, 하나님의 이름 또는 거룩, 하나님의 뜻 등과 연결된 개념이고, 여러 가지 표현으로 성경에 거의 천 번 넘게 나와 있습니다. 그러니 이 작은 지면에서 이 이야기를 나누는 데는 상당한 한계가 있습니다. 또 제 개인적으로도 벅찬 주제여서 한계가 있겠지만 개론적으로 '하나님의 영광'이 무엇인지 훑어보려 합니다.

여호와의 영광

/

먼저 구약에 나타난 여호와의 영광을 봅시다. 출애굽기 16장 10절에 따르면, 실제로 이스라엘 백성이 이집트에서 나올 때 하나님의 영광이 강력하게 드러났다고 말합니다.

> 아론이 이스라엘 자손의 온 회중에게 말할 때에, 그들이 광야를 바라보니 주님의 영광이 구름 속에 나타났다(참고. 15:6, 11; 16:7; 24:16, 17; 29:43; 33:18, 22; 40:34, 35).

하나님이 이집트에서 이스라엘 백성을 이끌어 내실 때, 또 그 백성이 이집트에서 나와 광야를 여행할 때 여호와의 영광은 주도적인 역할을 했습니다. 학자들은 "주님의 영광이 나타났다"는 표현이 무엇을 말하는지, 불인지 아니면 어떤 빛인지 여러 가지 상상을 해보지만 그것이 무엇인지 우리는 알 수 없습니다.

이렇게 이집트에서 나온 이스라엘 백성은 그 후 가나안 땅에 들어가서 정착하고 난 다음 성전을 짓습니다. 그때 다시 주님의 영광이 나타났다고 성경은 말합니다. 열왕기상 8장의 기록입니다.

> 주님의 영광이 주님의 성전을 가득 채워서, 구름이 자욱하였으므로, 제사장들은 서서 일을 볼 수가 없었다(11절).

언약궤를 성전으로 가지고 들어왔을 때, 하나님의 영광이 성전을 가득 채웠습니다. 그리고 그 모습은 구름과 연기 같은 것으로 묘사됩니다. 여기서도 하나님의 임재를 나타내는 '영광'이 나타났다고는 하는데, 정확히 그것이 무엇인지는 우리가 잘 모릅니다. 어떤 신비한 것이란 점은 사실인 듯합니다.

이사야서 42장 8절에서는 하나님께서 직접 이렇게 말씀하십니다.

> 나는 주다[나는 야웨다]. 이것이 나의 이름이다. 나는, 내가 받을 영광을 다른 사람에게 넘겨주지 않고 내가 받을 찬양을 우상들에게 양보하지 않는다(참고. 대상 29:11-12).

이 표현을 잘못 이해하면 매우 이기적이고 배타적으로 보이지만, 이 구절은 '영광'이라는 것은 하나님만 받으실 수 있는 그 무엇임을 분명히 합니다. 이 영광은 누구와도 공유할 수 없다는 것입니다. 하나님만이 가지시는, 우리가 상상할 수도 없고 그려 볼 수도 없는 하나님만의 신비한 특질이라는 것입니다.

그런데 슬프게도 하나님의 영광을 보고 경험했던 이스라엘 백성은 역사가 흘러가면서 그 영광을 훼손합니다. 이 모습이 예레미야 2장 11절에 담겨 있습니다.

비록 신이라 할 수 없는 그런 신을 섬겨도, 한번 섬긴 신을 다른 신으로 바꾸는 민족은 그리 흔하지 않다. 그런데도 내 백성은 그들의 영광을[나의 영광을] 전혀 쓸데없는 것들과 바꾸어버렸다.

하나님은 참 흥미롭게 표현하십니다. 신이라 할 수 없는 신, 신 같지도 않은 신, 그런 웃기는 신을 섬기는 사람도 신을 잘 바꾸지 않는데, 이스라엘 백성은 하나님의 영광을 전혀 쓸데없는 것들과 바꾸어버렸다는 것입니다. 이것이 구약의 슬픈 역사입니다. 구약을 읽으면 이스라엘 백성이 지루할 정도로 끊임없이 하나님의 영광을 헛된 것들과 바꾸는 모습이 보입니다.

그러나 사실 이는 지난 2천 년 동안 세속적 교회들이 지내 온 슬픈 역사이기도 합니다. 제가 여기서 '세속적' 교회라는 표현을 쓴 것은, 모든 교회가 아니라 하나님을 경외치 않았던 교회들이 지난 2천 년의 역사 동안 하나님을 돈과 권력과 편리와 쾌락으로 뒤바꾸었기 때문입니다. 그것은 구약의 역사만이 아니라 지난 2

천 년 교회 역사에서도 나타난 모습이었습니다.

하지만 하나님은 자신의 영광을 다시 회복할 계획을 세우십니다. 성경의 여러 구절에 그 내용이 나오지만 여기서는 이사야서 40장 3, 5절을 인용해 놓았습니다.

> ³한 소리가 외친다. "광야에 주님께서 오실 길을 닦아라. 사막에 우리의 하나님께서 오실 큰길을 곧게 내어라. … ⁵주님의 영광이 나타날 것이니, 모든 사람이 그것을 함께 볼 것이다. 이것은 주님께서 친히 약속하신 것이다."

3절은 우리에게 익숙한 표현입니다. 신약의 세례 요한의 외침에서 인용되었던 부분이지요. 이사야서는 주님의 영광이 나타날 것이며 그 영광을 모든 사람이 보게 될 것이라고 예언하고 있습니다. 그것을 꿈꾸고 있습니다. 하나님의 영광을 보았지만 끊임없이 하나님의 영광을 훼손하고 더럽힌 이스라엘 백성을 향해, 그 영광을 모든 사람에게 보여 줄 것이라고, 그날이 올 것이라고 말합니다. 이것이 주님의 약속이며, 우리의 소망입니다.

예수 그리스도의 영광
/

그 영광은 신약에 와서 예수 그리스도를 통해서 나타납니다. 훼손되었던 하나님의 영광이 예수님을 통해서 드러납니다. 요한복음 1장 14절을 보십시오.

> 그 말씀은 육신이 되어 우리 가운데 사셨다. 우리는 그의 영광을 보았다. 그것은 아버지께서 주신, 외아들의 영광이었다. 그는 은혜와 진리가 충만하였다(참고, 눅 2:9).

예수님 속에서 하나님의 영광이 드러났습니다. 누가복음에는, 예수님이 태어났을 때 천사들이 "하늘에서는 하나님께 영광, 땅에서는 평화"라고 고백하는 장면이 기록되어 있습니다. 예수님이 이 땅에 오심으로 하나님의 영광을 사람들에게 보여 주셨습니다.

그래서 사복음서를 보면, 예수님이 가시는 곳마다 사람들의 병이 고침을 받았고, 그때마다 그들은 하나님께 영광을 돌렸습니다. 예를 들어, 누가복음 5장 25절을 보십시오.

> 그러자 곧 그는 사람들 앞에서 일어나, 자기가 누웠던 침상을 거두어 들고, 하나님을 찬양하면서[하나님께 영광을 돌리며], 집으로 갔다(참고, 눅 7:16; 13:13; 17:15, 18; 18:43 등).

이는 사복음서에 수도 없이 반복되는 표현입니다. 사람들의 병을 고치는 기적을 통해 하나님이 자기 자신을 드러내셨기 때문입니다.

그뿐만 아니라 예수님이 변화산에서 변화되셨을 때, 또 부활하신 다음 영광스런 모습으로 나타나셨을 때, 예수님이 자신의 삶과 인격을 통해 하나님을 드러내셨을 때 사람들은 하나님의 영광을 보았다고 표현되어 있습니다. 하나님의 존재, 하나님의 특질, 하나님의 거룩한 특성이 예수님을 통해서 드러났다는 것이죠.

교회가 시작된 것은 바로 이 때문입니다. 사실 기독교 교회가 어떻게 시작되었는지에 대해서는 종교사회학자들도 설명하지 못하고 있습니다. 그러나 저는, 평범 이하의 비천한 사람들이 교회를 세울 수 있었던 단 한 가지 이유는 이들이 예수라는 인물 속에서 하나님의 영광을 보았기 때문이라 생각합니다. 이 땅에 오셨던 예수, 죽으시고 부활하신 예수를 통해서 평범한 사람들이 하나님의 영광, 그 비범한 영광을 본 것이죠. 그것이 그들의 인생을 바꿔 놓았던 것입니다. 교회는 이렇게 시작되었습니다. 그리고 지난 2천 년 동안 이 영광을 맛본 자들이 진정한 교회의 맥을 이어가고 있습니다. 예수 그리스도를 통해서 나타난 하나님의 신비한 영광을 맛본 사람을 우리는 그리스도인이라 부를 수 있습니다.

구원받은 자들이 소망하는 영광

/

그러므로 예수 그리스도를 통해서 구원을 받은 우리는 이제 이런 영광을 소망하게 됩니다. 로마서 3장 23절은 우리가 하나님을 몰랐을 때는 하나님의 영광에 이르지 못한다고 말합니다.

　　모든 사람이 죄를 범하였습니다. 그래서 사람은 하나님의 영
　　광에 못 미치는 처지에 놓여 있습니다.

　하나님을 모르는 사람들은 하나님께 가까이 갈 수 없습니다.
하나님의 그 특별한 성품을 잘 알 수 없고, 당연히 그분의 임재
가운데 들어갈 수도 없습니다. 그런데 예수 그리스도를 믿고 나
면 어떤 일이 벌어지나요? 로마서 5장 2절은 이렇게 말합니다.

　　우리는 또한, 그리스도로 말미암아 지금 서 있는 은혜의 자리
　　에 [믿음으로] 나아오게 되었으며 하나님의 영광에 이르게 될
　　소망을 품고 자랑을 합니다.

　그리스도인이 된 우리는 지금 은혜의 자리에 있습니다. 은혜의
자리란, 하나님과 특별한 관계에 와 있다는 말입니다. 하나님의
자녀로 부르심을 받는 관계에 있다는 말입니다. 그 자리에서 그
리스도인들은 바라는 것이 있습니다. 훼손되었지만 다시 회복되
는 하나님의 영광, 완전한 하나님의 영광에 참여할 소망을 품고
있습니다. 다르게 표현하자면, 이제 하나님을 만나게 된다는 것입
니다. 이제 하나님을 있는 그대로 뵐 것입니다. 하나님만이 갖고
계신 신비하고 특별한 아름다움을 보게 될 것입니다. 이 구절은

그 소망을 가지고 '자랑을 한다'라고 말합니다. 즐거워한다는 것입니다. 이것이 구원받은 그리스도인들의 특징입니다. 예전에는 하나님의 영광이 무엇인지도 몰랐지만, 이제 그 영광에 참여하게 될 미래가 있다는 사실에 기뻐하며 산다는 것이죠.

그렇기 때문에 하나님은 이 영광을 단순히 개인들이 아니라 그리스도인들의 공동체인 교회에 주셨습니다. 예수님이 부활하시고 남겨 놓으신 이 땅의 대안이자 소망인 교회에 하나님의 영광을 담길 원하십니다. 에베소서 5장 27절은 이렇게 말합니다.

자기 앞에 영광스러운 교회로 세우사 티나 주름 잡힌 것이나 이런 것들이 없이 거룩하고 흠이 없게 하려 하심이라(개역개정).

교회 앞에 붙은 형용사는 '영광스러운'입니다. 그래서 교회가 이 땅에서 하나님의 모습을 반영하지 않으면, 단순히 교회가 치욕스러워지는 것이 아니라 그 영광을 반영하려 하셨던 하나님이 치욕스러워지십니다. 이는 정말 슬픈 일이 아닐 수 없습니다.

우주적 회복 때에 나타날 영광

/

이렇게 구약에서부터 흘러와서 교회를 통해서 드러난 하나님의 영광은 이제 마지막을 향해 치달아 갑니다. 그 마지막에 나타나는 영광은 우주적인 회복이 일어날 때 나타날 영광입니다. 마태복음 24장 30절을 비롯하여 많은 구절이, 예수님이 다시 오시는 것과 관련하여 영광을 언급하고 있습니다.

그때에 인자가 올 징조가 하늘에서 나타날 터인데, 그때에는 땅에 있는 모든 민족이 가슴을 치며, 인자가 큰 권능과 영광에 싸여 하늘 구름을 타고 오는 것을 보게 될 것이다(참고. 마 16:27; 19:28; 25:31).

인자가 영광에 싸여 오신다고 할 때 그 영광이 무엇을 의미하는지 우리는 아직 잘 모릅니다만, 하나님은 분명 하나님의 영광을 가지고 다시 오신다고 하십니다. 예수께서 다시 오셔서 이 깨지고 상한 세상을 회복하실 그때, 하나님이 완전한 영광으로 드러나실 것입니다. 그때 하나님을 몰랐던 사람들은 가슴을 칠 것입니다. 깨진 세상, 엉망진창인 세상, 부조리한 세상, 이 고통 많고 슬픈 세상을 회복하시는 그분을 몰랐던 것에 대해 가슴을 치게 될 것입니다. 그분은 영광 가운데 오셔서 이 땅의 깨지고 상한 것을 치유하실 것입니다.

그래서 요한계시록은 하나님이 회복하실 새로운 세계인 새 예루살렘을 묘사하며 이렇게 말합니다.

그 도성은 하나님의 영광에 싸였고, 그 빛은 지극히 귀한 보석과 같고, 수정처럼 맑은 벽옥과 같았습니다(계 21:11).

그 도성이 하나님의 영광으로 싸여 있는 모습, 이것이 하나님이 마지막에 세상을 회복하실 때 일어날 일입니다.

저는 지금까지 영광이라는 주제로 구약부터 요한계시록까지를 간단하게 살펴보았습니다. 그러면서 감히 이 부족한 인간의 언어로 그 의미를 정리해 보았습니다. 하나님의 영광이란 '하나님이 하나님 자신으로 드러날 때 나타나는 하나님만의 특질'이라 할 수 있습니다.

사실, 성경 전체를 '하나님의 영광'이라는 테마를 중심으로 요약할 수 있습니다. 하나님은 하나님의 영광으로 세상을 창조하셨습니다. 그런데 사람들은 하나님의 영광을 버리고 자신의 영광을 취했습니다. 그러자 하나님은 남루한 이스라엘 백성을 택하셔서 그들에게 하나님의 영광을 보여 주시고 영광스러운 삶을 살게 하셨습니다. 하지만 그 이스라엘 백성조차 하나님의 영광을 훼손해 버립니다. 그래서 하나님은 다시 예수님을 통해서 자신의 영광을 모든 사람이 볼 수 있게 해 주시고, 그 영광을 맛본 사람들의 공동체를 통해서 세상을 회복시키십니다. 그러다 마지막 순간에 나타나셔서 그분의 영광을 온 세계에 가득 차게 하실 것입니다. 그래서 하박국서 2장 14절에서는 이렇게 선포합니다.

바다에 물이 가득하듯이, 주의 영광을 아는 지식이 땅 위에 가득할 것이다.

이것이 하나님의 영광을 기다리는 사람들의 고백입니다. 이들은 물이 가득 차 있는 바다처럼 여호와의 영광이 온 세계에 가득하게 회복될 날, 모든 사람이 그 영광을 볼 날을 고대합니다. 그렇다면 하나님의 영광은 언제, 어떤 상황에서 드러날까요? 하나님은 언제 영광을 받으실까요?

하나님이 하나님으로 여김을 받으실 때

/

첫 번째로, 하나님은 하나님으로 여김을 받으실 때 영광 받으십니다. 이는 시편 19편 1절을 비롯하여 시편 전체에 나타나는 사상입니다. 하나님이 만드신 천지만물 속에 하나님의 영광이 드러났다는 것이 이스라엘 백성들, 그리고 실제로 하나님을 만난 사람들의 고백이었습니다.

> 하늘은 하나님의 영광을 드러내고, 창공은 그의 솜씨를 알려
> 준다(시 19:1).

하늘이 하나님의 영광을 드러낸다고 합니다. 천지만물 속에 하나님의 흔적이 나타난다는 것입니다. 천지만물이 하나님의 작품이기 때문입니다. 그림을 비롯해 어떤 예술 작품을 보면 그것을 만든 사람들의 철학과 가치관, 그 사람의 인생이 투영되어 있습

니다. 작가의 창조력과 인격 등이 투영되어 있습니다. 마찬가지로 이 피조세계는 하나님의 작품이므로 그 속에 하나님의 영광이 숨겨져 있습니다. 그래서 우리가 입으로 "당신이 지으신 것이 참으로 아름답습니다" 하고 고백할 때 하나님은 영광 받으십니다. 하나님이 하나님 되셨기 때문입니다.

'영광'이라는 단어는 나오지는 않지만, 로마서 1장 20절을 보면, "하나님의 보이지 않는 속성, 곧 그분의 영원하신 능력과 신성이 만물 속에 드러나 있다"고 표현합니다. 그래서 우리는 하나님이 없다고 말할 수 없다는 것이 바울의 논증입니다. 그리스도인뿐만 아니라 하나님을 아직 모르는 사람들도 아름다운 자연을 보면서 또는 인간의 아름다움을 보면서 '아, 이런 존재를 누가 만들었을까? 이건 어떤 조물주가 만들지 않고서는 존재할 수 없겠다' 하는 경외감을 가질 때, 그 사람은 하나님께 영광을 돌리려는 마음은 아니었지만, 자신도 모르는 사이에 하나님께 영광을 돌리고 있는 것입니다.

그렇기 때문에 시편 29편 2절은 "그 이름에 어울리는 영광을 주님께 돌려드려라" 하고 말합니다. 이것이 바로 예배입니다. 예배는 어떤 형식이 중요한 것이 아닙니다. 하나님의 뜻에 감탄하는 것, 하나님이 하신 일에 대해 감격하는 것이 예배의 본질입니다. 하나님이 하나님이시라고 고백하는 곳이 바로 예배의 현장입니다. 우리가 예배를 그렇게 드리면 하나님이 영광 받으십니다.

또한 일상생활 속에서 하나님의 피조물들을 보고 기뻐하고 감탄하십시오. 하루에 최소한 열 번 정도는 하나님이 만드신 피조 세계를 보고 감탄하셔야 합니다. 우리는 자연 세계뿐 아니라, 특별히 어린아이들을 볼 때도 감탄하게 됩니다. 아이들에게는 사랑스러운 생명력과 아기자기함, 말로 표현할 수 없는 아름다움이 있습니다. 그럴 때마다 "하나님, 참 대단하십니다"라고 고백하십시오. 맑은 하늘을 바라보면서, 나무에 새순이 돋는 것을 보면서 "하나님 당신이 하셨습니다. 당신의 피조물입니다" 하는 감탄이 흘러나올 때 우리는 하나님께 영광 돌리고 있는 것입니다.

예수님이 하나님으로 고백될 때

두 번째는, 예수님이 하나님으로 고백될 때 하나님이 영광 받으십니다. 이는 정말 중요한 측면입니다. 하나님은 피조세계를 아름답게 만드심으로 자신을 나타내셨지만, 무엇보다 예수 그리스도를 통해서 자신을 드러내기로 결심하셨습니다. 그래서 예수님이 이 땅에 오셨고 그 예수님을 보고, "아, 저분이 하나님이신 것 같다"라고 고백할 때 하나님이 영광 받으십니다. 요한복음 17장 1절은 이렇게 말합니다.

예수께서 이 말씀을 마치시고, 눈을 들어 하늘을 우러러보시고 말씀하셨다. "아버지, 때가 왔습니다. 아버지의 아들을 영광 되게 하셔서, 아들이 아버지께 영광을 돌리게 하여 주십시오."

여기 "아버지의 아들을 영광 되게 하셔서"라는 말은, '내가 십자가에서 죽고 부활하게 하셔서'라는 의미입니다. 예수님께서 십자가에서 죽으시고 부활하시는 것을 통해서 아들이 아버지께 영광을 돌리게 해 달라는 것입니다. 아들이 그것을 통해서 아버지가 하나님이신 것을 드러내게 해 달라는 기도입니다. "하나님이 나를 보내신 것을 드러내게 해 주십시오. 내가 하나님의 아들인 것을, 이 땅에 드러난 하나님의 모습인 것을 사람들이 깨닫게 해 주십시오"라는 것이 예수님의 기도입니다.

따라서 사람들이 예수님을 보고 "오, 하나님이시구나. 하나님이 예수님을 통해 인간을 이렇게 사랑하셨구나"라고 고백할 때, 하나님이 아주 많이 영광을 받으신다는 말입니다. 빌립보서 2장 11절에는 그것이 아주 장엄하게 표현되어 있습니다.

모두가 예수 그리스도는 주님이시라고 고백하여, 하나님 아버지께 영광을 돌리게 하셨습니다.

예수님이 얼마나 낮아지셨고 그 이후에 높임을 받았는가에 대해 언급하는 빌립보서 2장 앞부분의 결론이 바로 이 구절입니다. 모두가 예수님을 주님이라고 고백할 때 하나님이 영광을 받으신다는 것입니다.

우리는 세례식 때마다 깊은 감동을 받습니다. 제가 섬기는 교회에서는 세례식 때마다 세례 받는 자들을 찾아오신 하나님에 대한 이야기를 다양하게 나눕니다. 이때 사람이 연출하지 않은 감동이 있습니다. 왜 그럴까요? 하나님이 공개적으로 영광 받으시기 때문입니다. 사람들이 예수님을 자신의 주인이시라고 공개적으로 고백할 때 우리도 알지 못하는 감격이 임합니다.

이뿐만이 아닙니다. 우리가 개인적으로 예배를 드리며, "하나님, 이 험한 세상에서 제가 당신을 주인으로 섬기고 살 수 있다는 것이 얼마나 행복한지 모릅니다. 제가 부족하지만 당신은 저의 주인이십니다"라고 고백할 때 하나님이 영광 받으십니다. 말할 수 없는 영광을 받으십니다. 그래서 주일예배 때 그저 몸만 와서 앉아 있는 사람과는 달리 하나님께 "당신이 저의 주인이십니다"라고 고백하는 사람들은 다른 것을 맛보게 됩니다. 그들은 하나님의 영광을 맛보는 사람들입니다. 예수님이 하나님으로 고백될 때 하나님은 지극한 영광을 받으십니다.

하나님의 백성이 삶으로 하나님을 드러낼 때

/

세 번째로, 하나님의 백성이 자신들의 삶으로 하나님을 드러낼 때 하나님은 세상 사람들로부터 영광을 받으십니다. 마태복음 5

장 16절을 보십시오.

> 이와 같이, 너희 빛을 사람에게 비추어서, 그들이 너희의 착한 행실을 보고, 하늘에 계신 너희 아버지께 영광을 돌리게 하여라.

세상 사람들이 그리스도인들의 착한 행실을 볼 때 그들이 하나님께 영광을 돌리게 된다는 것입니다. 착한 행실이란, 이웃을 사랑하고 약하고 가난한 자를 선대하며 자신보다 힘든 사람들을 돕고 섬기는 일들을 말합니다. 이를 통해서 사람들이 하늘에 계신 하나님께 영광을 돌린다고 예수님이 직접 말씀하셨습니다.

사도 바울은 빌립보서 1장 11절에서 이렇게 표현했습니다.

> 예수 그리스도께서 주시는 의의 열매로 가득 차서, 하나님께 영광과 찬양을 드리게 되기를, 나는 기도합니다.

'예수 그리스도께서 주시는 의의 열매'란, 예수 그리스도를 믿기 때문에 우리 속에 나타나는 의로운 열매를 말합니다. 우리 인생에 그런 의로운 열매가 가득 찰 때 하나님이 영광을 받으신다는 것입니다. 하나님은 우리가 말로 "하나님, 영광 받으십시오"라고 할 때가 아니라, 우리 삶의 아름다운 열매를 통해서, 가난하고 힘들고 어렵고 우리가 돌봐야 할 사람을 사랑하고 섬기는 것을 통해서 영광을 받으십니다.

우리 주변의 힘든 친구들에게 다가가서, 혹은 직장에서 따돌림 당하고 실적도 좋지 못해 힘들어하는 친구들을 찾아가서 위로하고 힘내라고 격려해 줄 때 하나님이 영광 받으십니다. 낙심해서 지쳐 있는 친구들에게 전화해서 "너무 힘들지? 힘내, 인생이 어렵지만 갈 길이 있잖아. 나도 너를 위해서 기도할게"라고 말해 줄 때 그 작은 말을 통해서 하나님이 영광 받으십니다. 노숙자 어른들께 밥을 담아 드리면서 어깨 한번 만져드리고 "추운 길 고생하셨죠?"라고 얘기할 때 하나님이 영광 받으십니다. 이 모든 행동이 하나님의 백성이 그들의 삶으로 하나님을 드러내는 것입니다.

더 나아가서 요한복음 17장 4절을 보면 예수님이 스스로 "나는 아버지께서 내게 하라고 맡기신 일을 완성하여, 땅에서 아버지께 영광을 돌렸습니다"라고 말씀하십니다. 이렇듯 우리가 우리에게 맡겨진 삶을 살 때 하나님이 영광 받으십니다.

예수님은 팔레스타인이라는 작은 지역에서 일하셨습니다. 그분의 영향력은 당대에는 별것 없었습니다. 그러나 예수님은 자신에게 맡겨진 삶을 살아내셨습니다. 혹시 자신의 인생이 너무 작다고 여겨지시나요? 어떤 사람은 작은 인생을 살도록 부름받았습니다. 모두 다 스티브 잡스처럼 되지는 않습니다. 그렇게 삶의 그릇이 큰 사람도 있지만 아무도 관심 없을 만큼 작은 삶을 살도록 부르셨을 수도 있습니다. 아무리 멋지고 큰 삶을 살아도 그것이 하나님이 맡겨 주신 삶인지 모르고 자기 기분대로 살아가는 사람이 있고, 아무리 작아도 그것이 자신에게 맡겨진 삶이라는 것을 알고 그 삶 속에서 의미를 찾고 최선을 다해 사는 사람이 있습니다. 이 둘은 결코 같은 종류의 사람이 아닙니다. 분명한 것은 후자가 하나님께 영광을 돌리는 삶을 살고 있다는 것입니다.

뿐만 아니라 특별히 하나님의 백성들이 하나님을 위해서 고난받을 때 하나님이 영광 받으십니다. 이것은 베드로서의 주제이기도 합니다. 베드로전서 4장 16절은 이렇게 말합니다.

> 그러나 그리스도인으로서 고난을 당하면 부끄러워하지 말고, 도리어 그 이름으로 하나님께 영광을 돌리십시오(참고. 4:13; 5:10; 롬 8:18-19).

본문은 우리가 이 땅에서 예수님을 위해 살다가 그저 불편해지는 정도가 아니라 고난을 받게 되는 일들이 있다 해도, 그분의 이름 때문에 불이익을 당하는 일들이 생긴다 해도, 낙심하지 말라고 말합니다. 베드로전서 4장 12절에서는 이상한 일로 여기지 말라고까지 말합니다. 그것이 당연한 일이니 그럴 때 하나님께 영광을 돌리라는 것이 베드로의 조언입니다. 주님을 위해서 수고하고 애쓸 때, 지치고 어려워졌을 때, 낙심했을 때, 이렇게 사는 게 맞나 하는 회의감이 들 때조차도 주님을 위해서 애쓴다면, 그 순간에 하나님이 영광을 받고 계십니다.

하나님이 만물을 회복하실 때

/

마지막으로, 하나님이 만물을 회복하실 때 그분의 영광이 온 땅에 가득하게 될 것입니다. 그런데 하나님이 온 땅을 회복하실 때 놀라운 일이 하나 일어날 것입니다. 골로새서 3장 4절은 그것에 대해 이렇게 말합니다.

여러분의 생명이신 그리스도께서 나타나실 때에, 여러분도 그분과 함께 영광에 싸여 나타날 것입니다.

하나님이 만물을 회복하실 때 우리가 하나님의 영광에 들어가게 될 것입니다. 하나님의 영광에 이르게 되리라는 우리의 소망(참고. 롬 5:2)이 이루어진다는 말입니다. 마지막 그때에 하나님만 영광스럽게 나타나시는 것이 아니라, 그분을 믿고 이 땅에서 살았던 우리도 그분의 영광에 참여하게 될 것이란 말입니다.

살인, 낙태, 학대, 환경 파괴 등이 일어나는 깨지고 상한 세상을 하나님께서 회복하겠다고 하십니다. 당신의 영광을 드러내겠다고 하십니다. 그래서 이 땅에 슬픔과 눈물과 고통스런 외침이 사라지는 날, 하나님이 스스로 영광을 취하실 것입니다. 그때 그분을 몰랐던 사람들은 가슴을 치며 후회할 것이고, 그분을 알았던 자들은 "역시 하나님이십니다. 하나님이 인류를 회복하십니다"라는 고백을 하게 될 것이라고 성경은 이야기하고 있습니다.

하나님께 영광 돌리는 삶

/

저는 성경 전체가 하나님의 영광이라는 주제로 가득 차 있다는 이야기를 했습니다. 그랬기 때문에 초대교회 그리스도인들은 다음 구절이 그들 인생의 좌우명이 되었습니다.

> 그러므로 여러분은 먹든지 마시든지, 무슨 일을 하든지, 모든 것을 하나님의 영광을 위해서 하십시오(고전 10:31).

왜 초대교회 교인들은 하나님의 영광을 위해서 사는 것을 그토록 중요하게 여겼을까요? 그것은 영원히 남는 것, 마지막에 남는 것은 하나님의 영광이기 때문에 그렇습니다. 하나님을 하나님 되게 나타내는 것, 예수를 주로 고백하는 것, 우리의 착한 행실을 통해서 사람들이 하나님께 영광을 돌리게 되는 것, 우리가 주를 위해 살아가면서 고난 받는 일조차도 즐거이 받아들이는 것을 통해서 하나님이 영광을 받으십니다. 바울은 그것을 위해서 살라고 권고합니다.

"하나님께 영광을 돌려드립니다"라는 표현은 틀린 것이 아닙니다. 분명 우리 그리스도인들이 해야 할 고백이지만, 세상적인 성공, 즉 세상적으로 우리가 원하던 바를 이루었을 때 '이것은 하나님 덕입니다'라는 의미 정도로 사용하기에는 하나님의 영광은 너무나도 무거운 주제입니다. 우리가 원했던 것을 이루었다고 그분이 영광 받으신다고 생각하고 싶을지 모르지만, 우리가 원했던 것이 아니라 하나님의 뜻이 이루어질 때 하나님이 영광을 받으시는 것입니다. 결코 세상 사람들이 갈채를 보내는 곳에 이르렀거나, 큰일을 성취했다고 해서 하나님께서 영광을 받으시는 것은 아닙니다. 이런 것들은 하나님의 영광과는 거리가 있는 일, 그분의 영광의 무게에 비해서는 너무나 가벼운 일입니다.

오히려 아무도 알아주지 않는다 할지라도 하나님을 하나님 되게 했을 때, 예수님이 하나님이신 것으로 고백할 때, 우리의 작은 섬김을 통해서 누군가가 위로를 받고 힘을 얻게 되었을 때, 주를 위해서 고난 받고 있을 때, 그때 하나님은 우리가 말하지 않아도 영광 받고 계십니다.

고린도전서 10장 31절 말씀처럼, 우리가 하고 있는 모든 일이 하나님의 영광을 드러내는 것이 성숙한 그리스도인의 열망입니다. 자신의 삶을 통해서 하나님이 하나님이심을 드러내고, 예수님이 하나님으로 고백되게 하고, 하나님의 백성을 통해서 하나님을 세상 속에 드러나게 하는 것이 바로 하나님께 영광을 돌리는 것입니다. 더 나아가 주님이 다시 오셔서 그분의 온전한 영광을 온 피조세계에 드러내실 것을 기다리면서 살아간다면, 그것이야말로 하나님께 영광을 돌리는 삶이 될 것입니다.

우리 모두가 "하나님께 영광 돌립니다"라는 말을 할 수 있기를 기대합니다. 그리고 이 고백이 진정으로 하나님을 하나님으로 드러내고, 내 뜻이 아니라 하나님의 뜻을 이루어서 드려지는 고백이길 원합니다. 하나님의 영광을 위해서 사는 삶이 우리 그리스도인들이 궁극적으로 추구하는 삶이기 때문입니다.

교회는 깨어지고 아픈 세상을 향한 하나님의 대안입니다. 하나님나라를 이 땅에 드러내기 위한 하나님의 놀라운 동역자입니다. 그런데 교회에 대한 오해가 너무 많아, 참된 교회의 모습을 보지 못하는 것이 우리의 현실입니다. 진정한 교회의 본질은 무엇이며 이 땅에서 그 모습은 어떠해야 할까요? 건강함을 넘어 부흥하는 교회의 표지는 무엇인가요? 이를 위해 하나님나라 백성인 성도들은 어떻게 살아가야 할까요? 이러한 주제들과 관련된 거짓말을 걷어 내고, 함께 질문해 봅시다.

교회에 대한 거짓말

◆   ◆   ◆

지상의 교회는
어차피 완전하지 않아

신앙생활을 막 시작하고 나서, 교회의 여러 문제가 눈에 들어오기 시작할 때, 교회의 믿음 있는 선배들에게 물었습니다. "우리 교회는 왜 이래요? 성경에서는 그렇게 가르치지 않잖아요?" 제 질문에 선배들은 곤혹스런 표정으로 "지상의 교회는 어차피 완전하지 않아"라고 말했습니다. 어린 나이에 속으로 생각했습니다. '세상에 완전한 게 어디 있담? 그런 완전함을 물어봤나? 성경에서 가르치는 것과 너무 다르니까 그렇지….'

세월이 지나가면서, 교회에 가까이 가면 갈수록, 개신교회에 대해서 관심을 가지면 가질수록, 교회가 가지고 있는 문제들이 눈에 보였습니다. 아니 정확히 말하면, 교회의 지도자들과 조직에서 많은 문제가 드러났습니다. 그래서 그런 교회를 다니는 사람

교회 안의 거짓말

들에게 물었습니다. "일반 사회에서도 있기 힘든 일이 일어나고 있는데, 어떻게 그냥 교회를 다녀요?" 제게 돌아온 대부분의 대답은 이러했습니다. "아이고 이 사람아, 사람이 다 부족하지. 완전한 사람이 어디 있나? 우리가 사랑으로 감싸야지. 이 땅의 교회는 어차피 불완전한 것 아니겠나?" 저는 사랑이 허다한 허물을 덮는다는 것은 알지만, 온갖 문제를 합리화하는 것같이 들려서 마뜩지 않았습니다. 또한 "너도 불완전한 사람이잖아. 누굴 정죄하겠나?"라는 소리를 듣는 것 같아서, 슬쩍 꼬리를 내리기도 했습니다.

나이 마흔에 교회를 세우면서 교회에 대한 꿈과 청사진을 동료 목회자들에게 이야기하면, "김 목사는 너무 이상적이야. 너무 이상적인 교회를 세우려 하면 오히려 시험 들 걸세"라는 식의 조언이 되돌아왔습니다. 교회를 개척하기 위해서 준비 세미나를 하고, 또 개척 초기에 "우리는 이런 교회로 자라갈 것입니다"라는 설교를 할 때, 나이 지긋하신 몇몇 성도들은 "목사님, 이 땅의 교회가 완전할 수 없는데, 그렇게 가르치고 설교하시면 나중에 뒷감당을 어떻게 하려고 그러십니까?"라고 조심스럽게 염려를 표현했습니다.

정말이지 신앙생활을 막 시작한 시기부터 교회를 개척한 이후에 이르기까지 저는 수없이 "지상 교회, 이 땅의 교회는 불완전할 수밖에 없다"라는 이야기를 들어 왔습니다. 여러분들도 이런 말을 들어 보신 적이 있으십니까? 그렇게 말씀한 적이 있으십니까? 이렇게 자주 말하고, 자주 듣는 말을 우리는 어떻게 보아야 할까요?

교회는 정말로 불완전하다!

/

우리 주변에는 교회를 어느 정도 다니다가 떠나간 수많은 사람들이 있습니다. 이야기를 들어 보면, 그들이 경험한 교회 내부의 아프고 슬프고 부끄러운 이야기가 많습니다. 교인들이 서로 사랑하지 않고 끊임없는 싸움을 하고, 오해와 소문이 교회에서 돌아다니고, 지도자들끼리 다투는 모습을 보면서, 결국은 교회를 떠나다시 돌아가지 않는 사람이 적지 않습니다. 최근 통계를 보면, 우리나라의 3대 종교인 불교, 천주교, 개신교 중에서 개신교의 '종교 이탈률'이 가장 높습니다. 종교 이탈률이란 자신이 가지고 있던 종교를 버리는 사람의 숫자를 비율로 나타낸 것인데, 이 수치가 높을수록 그 집단 내부자들의 불만이 크다고 볼 수 있습니다. 더 이상 견뎌 내지 못하고 떠나게 되는 것이지요.

뿐만 아니라, 언제부터인지 한국에서 기독교와 목사는 '개독교', '먹사'라고 불리게 되었습니다. 일반인들에게 지탄 받을 만한 일들이 교회에서 연일 터져 나오고, 사람들은 교회를 한국 사회의 진보를 가로막는 집단이라고까지 여깁니다. 그도 그럴 것이 교회를 대표할 수 있는 목사나 장로들이 권력다툼을 벌여 분쟁과 갈등이 있는 교회가 하나둘이 아닌 데다, 또 이런 문제를 해결하는 방식은 시정잡배들과 다름없기 때문입니다. 거기에 유명한 교회 목사님들은 자신의 학력을 부풀리고, 설교는 물론 학위 논문까지 표절합니다. 더 나아가 자신의 종교 권력을 이용해 성도들과 부적절한 관계를 갖기까지 합니다. 이뿐만이 아닙니다. 이런 문제가 생기면, 하나님 앞에서 회개하는 모습을 보여 주기는커녕 자신들을 합리화하고, 자숙은커녕 얼마 지나지 않아 버젓이 사역을 재개합니다. 이 같은 모습을 보면서 우리는 이 땅의 교회가 정말 불완전하다는 사실에 깊은 실망과 좌절을 느낍니다.

교회에 대한 애정과 그 위험성

/

위와 같은 모습들을 보면서 많은 사람들이 교회를 떠납니다. 하나님을 믿는 신앙을 아예 버리는 사람도 있고, 신앙을 버리지는 못하지만, 더 이상 교회에 남아 있지 않고 교회를 '안 나가'는 '가나안' 성도가 되기도 합니다. 그러나 적지 않은 사람들은 그런 부족한 교회를 지킵니다. 용기가 없거나 정의감이 없어서만은 아닙니다. 그래도 예수님께서 자신의 피 값으로 사신 교회를 사랑하기 때문입니다. 집안에 문제가 있다고 모두 가출하면 도대체 어떻게 세상에 가정이 존재하겠느냐는 생각으로, 교회에 문제가 있지만 그렇다고 어떻게 교회를 떠나느냐는 마음입니다. 교회와 주님을 사랑하는 마음이 느껴집니다.

교회를 향한 이러한 애정은 너무도 귀한 것입니다. "교회의 머리이신 주님이 교회를 버리지 않으셨다면, 내가 어떻게 교회를 버리리요?" 하는 마음입니다. 사실, 이러한 사랑 깊은 성도들이 있었기 때문에 많은 교회들이 위기의 기간을 버텨 내고 그중 일부는 결국 그 어려움들을 극복하고 살아남았는지도 모릅니다.

이러한 교회 사랑이라면 우리 모두가 환영하고 격려해야 할 것입니다. 하지만 "지상의 교회는 완전하지 않아"라는 말이 만약 우리의 부족함을 합리화하는 말이라면, 이것은 심각한 위험을 초래할 수 있습니다. 만약에 조화롭고 사랑 깊은 가정생활이 가능한데, "가정에는 문제가 있을 수밖에 없어. 완전한 가정이 어디 있느냐?"고 하면서 부부 사이나, 자녀와의 관계의 여러 가지 문제를 합리화해버린다면, 그 가정은 어떤 모습이 될까요? 더 나아가서, 부모로서 자신이 책임져야 할 문제를 "부모도 완전하지 못해"라는 핑계를 대면서, 어쩔 수 없다며 책임을 방기해버린다면 그 가정에서 자라나는 아이들에게는 어떤 일이 벌어질까요?

얼마 전, 무릎 수술을 했습니다. 일 년도 넘게 무릎이 아팠지만, 워낙 축구를 많이 하는 터라 다리에 통증이 있는 것을 예삿일로 여기고 시간이 지나면 좋아질 것이라고 생각했습니다. 실제로 시간이 지나면 삐었던 관절이든, 근육통이든 다 나았습니다. 하지만 일 년이 지나도 통증이 낫기는커녕 점점 더 심해져 견디기가 어려워졌습니다. 결국 병원을 찾아가 정밀 검사를 해보았습니다. 무릎 연골이 파열되어서 통증이 생겼다는 것입니다. 지금 파열된 부분을 제거하지 않으면 통증이 지속될 뿐 아니라, 관절의 다른 연골을 갉아먹어, 그대로 놔두면 퇴행성 관절염으로 발전하게 된다는 진단을 받았습니다.

문제가 있을 때, 어떤 것은 어쩔 수 없어 그대로 두거나 자연스럽게 치유되기를 기다려야 하기도 하지만, 어떤 경우에는 문제를 정확히 진단하고 해결해야 하기도 합니다. 자연적으로 치유될 것이 아니라면, 외과적인 수술을 하고 회복되기를 기다려야 합니다. 만약 오늘날 교회의 불완전함이 교회가 지녀야 할 모습을 정확히 파악하지 못한 데서 빚어진 것이라면, 그리고 우리가 어떻게 해서든지 바로잡을 수 있는 문제라면, '지상 교회' 운운하는 것은 교회의 변명이며 합리화입니다. 뿐만 아니라, 이러한 문제를 그대로 방치하면 점점 더 증상은 심각해져서 나중에는 다른 합병증까지 일으킬 수 있습니다. 그렇다면 우리가 교회로서 꼭 붙들어야 할 본질적인 부분은 무엇일까요?

교회에 대한 오해

/

무엇보다도 먼저 교회에 대한 오해를 풀어야 합니다. 많은 사람들이 "교회를 간다", "교회에 다닌다", "너희 교회는 어디에 있니?" 하고 말할 때, 그 '교회'는 건물을 의미할 때가 많습니다. 더군다나 교회 예배당을 건축하면서, '성전 건축'이니 '성전 봉헌'이라는 말을 쓰면, 교회는 당연히 건물을 중심으로 모이는 종교 조직이라 생각합니다. 오늘날 교회 건물을 '성전'이라고 부르는 것은 교회 안의 또 다른 거짓말로, 그 심각한 문제점을 여기서 다

지적할 수는 없지만, 이는 성전을 무너뜨리고(마 24:1-2) 새로운 성전이 되신 예수님, 건물이 아닌 교회를 세우신 예수님의 가르침(엡 2:22; 벧전 2:4-8)을 무시하는 시대착오적 자세입니다.

실제로 신약 성경에서는 교회를 이야기하며 '에클레시아'라는 단어가 114회 사용되었는데, 건물을 지칭하는 경우는 단 1회도 없었습니다. 오히려 이 단어는 사람들의 모임(행 19:29)이나 집회(행 19:39)를 뜻하는 것으로 사용되기도 하여, 사도행전 19장에서는 이 단어를 '교회'라고 번역할 수 없었고, '모임' 또는 '회합'을 뜻하는 말로 번역했습니다. 초대교회 성도들은 당시에 이미 사용되는 단어였던 '에클레시아'를 그들의 모임을 지칭하기 위해서 사용했습니다.

교회는 건물이 아니라는 것을 아는 사람들은 교회를 주일에 예배드리는 사람들이라고 생각하기도 합니다. 일주일에 한번 교회에 간다고 할 때 겨우 생각해 낼 수 있는 이미지는 이렇게 함께 예배드리는 사람들입니다. 그런데 주일에 함께 모여 예배를 드리는 것은 참으로 귀한 일이지만, 그 모임 자체를 교회라고 부르는 것도 문제가 있습니다. 기독교 역사는 박해의 시절을 지나가곤 했는데, 이때 교회는 주일에 함께 모일 수 없는 경우도 있어 주일 예배로 모이지 못했지만, 많은 교회가 교회로 살아남았습니다. 그러므로 이렇게 주일에 모여 예배드리는 사람들은 주일 예배 모임, 또는 주일 예배 집단이라고 부르는 것이 정확할 것입니다.

또한 교회를 소개할 때 많은 사람들은 '○○○ 목사님이 시무하는 교회'라고 말합니다. 교회를 목회자를 중심으로 모여서 설교를 듣는 집단, 선교나 여러 가지 사회 활동을 하는 종교 조직으로 생각하기도 합니다. 지나치게 목회자 중심이 되어 있는 것은 또 다른 심각한 문제이고(이 책 12장에서 이것을 더 자세히 다룰 것입니다), 교회가 어떤 목회자의 것인 양 여겨지는 것은 개신교가 구교로 퇴행하는 모습이라고 할 수 있습니다. 또한 교회의 다양한 프로그램과 사역은 교회의 본질이라기보다는 교회가 가지고 있는 여러 가지 속성과 역할, 기능을 보여 주는 것입니다. 그렇다면 교회는 무엇입니까?

교회의 탄생

/

교회가 무엇인지 알려면 교회가 어떻게 탄생했는지를 살펴보아야 합니다. 교회는 예수님의 부활 이후, 예수님의 제자들이 모여서 시작되었습니다. 그들은, 예수님이 살아 계실 때는 오합지졸과 같은 사람들이었고, 예수님이 십자가에서 죽으실 때는, 치사하게 다 도망가버렸던 사람들이었습니다. 그런데 예수께서 부활하시고 난 다음에 이들이 돌변해서, 순교를 불사하는 광신적(?) 집단이 되어서는 세계 곳곳을 누비고 다니며 예수에 대한 소식을 전했습니다. 그러면 그곳에서 예수님을 받아들인 제자들의 공동체가 생겨났고, 그것을 "고린도에 있는 하나님의 교회"(고전 1:2), "갈라디아에 있는 여러 교회"(갈 1:3)와 같이 어느 어느 지역에 있는 교회라고 부르게 되었습니다.

교회가 탄생한 것은 예수님의 가르침과 그분의 죽음, 그리고 부활과 직접적인 관련이 있습니다. 예수께서는 무엇을 가르치셨습니까? 이미 3장에서 다루기도 하였고, 사실 이 책의 뼈대가 되는 것이지만, 예수께서 가르치신 것은 '하나님나라'였습니다. '하나님나라'라는 단어는 예수께서 처음 쓰신 단어 같은데, 단어는 새롭지만 그 뜻은 구약으로부터 면면히 흘러오는 하나님이 주인이라는 사상, 하나님이 다스리신다는 사상이 그 핵심입니다.

세상을 창조하신 하나님은, 작고 부족한 한 민족을 택하셔서 그들의 하나님이 되시고 그들을 하나님의 백성으로 삼으시고, 그들을 통해서 자신을 드러내기로 언약하십니다. 그러나 구약의 역사는 이 선택받은 백성이 그 부르심을 망각하고 세상을 탐하여 하나님을 떠나는 슬픈 역사를 보여 줍니다. 하나님은 이스라엘을 심판하실 뿐 아니라 나라들을 심판하시고 새로운 세상, 하나님의 백성을 다시 회복하시는 세상을 약속하십니다. 메시아가 오시는 주의 날이 이르면, 이러한 회복이 일어날 것을 가르치셨습니다. 이 메시아가 오셔서 다스리는 나라가 바로 하나님나라입니다.

예수께서는 구약에서 그토록 기다리던 메시아가 바로 자신이라고 가르치셨습니다. 제자들은 예수님을, 초기에는 위대한 랍비(선생)로, 다음에는 예언자로, 그리고 그리스도, 곧 메시아로 고백하게 됩니다(마 16:15-16). '그리스도'를 예수님의 성姓이라고 말하는 미국 사람들이 있다는 농담을 하곤 합니다. 에이브러햄 링컨이라는 이름에서 '링컨'이 성인 것처럼, 뒤에 나오는 단어가 성이니까 말이지요. 혹 그리스도를 구세주로 생각하는 사람들은 그 이름의 의미를 기껏해야 구세주이신 예수 정도로 해석합니다. 그러나 그리스도라는 단어는 구약에서 이스라엘의 남은 백성들이 그토록 기다렸던 '메시아'라는 단어의 그리스어 번역입니다.

다시 말해서 예수는 하나님께서 약속하셨고 이스라엘의 신실한 백성들이 기다리고 있었던 메시아였습니다. 악인과 열방을 심판하고, 하나님의 다스림을 온전히 나타나게 하실, 새로운 세상을 여시고 하나님의 영광을 회복하실 그 메시아이셨습니다. 제자들은 하나님나라에 관한 예수님의 가르침과 이에 따르는 여러 기적들을 보면서 예수께서 하나님이 약속하신 메시아라는 사실을 깨달았고, 이제 예수께서 예루살렘에 입성하여 정치적인 승리를 가져오실 것이라고 굳게 믿었습니다.

예수님이 끊임없이 말씀하셨던, 자신의 죽음과 부활에 대한 직접적, 간접적 가르침은 아마도 제자들에게는 모두 상징과 비유로만 들렸던 것 같습니다. 제자들뿐 아니라 모든 민중의 예상을 깨고, 예수께서는 무기력하게 체포되고 고문받고 결국은 십자가에서 맥없이 죽으셨습니다. 제자들은 모두 혼비백산해 도망갔습니다. 예수께서 예언하셨던 대로 말입니다. 이렇게 배반했던 제자들이 예수께서 부활하셨다는 소식을 듣고 부활하신 예수님을 만나면서, 예수님에 대한 이해가 선명해졌습니다. 예수님은 그들이 겪우 고백하였던 정치적 메시아가 아니라, 죽음의 권세를 이기신, 만물의 주인이신 메시아임을 부활을 목도하고 나서야 깨닫게 된 것입니다.

그러고 나서야, 그들은 예수께서 가르치셨던 말씀을 이해하기 시작했습니다. 예수께서 하나님나라가 임했다고 선언하시고, 구약의 예언들이 자신에게서 이루어졌다고 하셨던 말씀이 이해가 된 것입니다. 그들은 깨달았습니다. 예수 메시아의 오심과 죽으심과 부활을 통해서 하나님나라가 임했다는 사실을 말입니다. 이제 새로운 시대가 시작된 것입니다. 그들이 예수님의 명령대로 약속하신 것을 기다릴 때, 성령께서 그들이 모인 가운데 오시고, 그래서 예수를 메시아로 고백하게 된 사람들이 모이게 되었습니다. 이들이 바로 역사상 처음으로 세워진 교회인 예루살렘 교회입니다.

지속적으로 세워지는 하나님나라 백성의 공동체

/

첫 번째로 탄생한 교회는 예수가 메시아라는 사실을 믿고, 그가 약속하신 보혜사 성령이 그들 가운데 오시는 것을 통해서, 예수께서 선포하셨던 하나님나라가 진정으로 임했다는 사실을 믿었습니다(행 2장). 그들은 예수께서, 약속하신 대로 다시 오셔서 하나님나라를 완성하실 것을 소망했습니다. 그래서 그들은 이미 임한 하나님나라 백성으로서 예수께서 재림하여 하나님나라가 완성될 때까지 소망의 인내를 가지고 살아갔습니다.

참고로 신약 성경에 나오는 '소망'이라는 단어는 대부분 앞으로 좋은 일이 있기를 희망하는 것이 아니라, 바로 이 예수가 다시 오시기를 기다리는 것을 뜻합니다. 이러한 소망을 가지니, 그들은 이 소망을 공유한 사람들과의 깊은 연대감을 가지고, 어떻게 이 세상 속에서 하나님나라 백성으로 살지를 고민하고 격려하며 새로운 인생을 살아가기 시작한 것입니다.

당연히 이 놀라운 소식은 예수께서 명하셨기(행 1:8; 마 28:18-20) 때문만이 아니라, 그들에게 복음이었기에 그들의 친구들에게 알려야 했을 것입니다. 어찌 이 놀라운 소식을 자신만 알고 지닐 수 있겠습니까? 그러나 그들은 이 소식이 자신들과 같은 유대인들만을 위한 것이라고 또다시 착각했습니다. 하나님께서는 예루살렘을 떠나지 않는 그들을 스데반의 순교(행 7장)를 통하여 흩으셨습니다. 하지만 그들은 흩어져서도, 각지에 흩어져 사는 유대인들에게만 하나님나라의 복음을 알렸습니다. 그러던 중, 베드로를 통해 고넬료 집안이 예수를 믿게 되는 사건으로 이방인이 구원받는 것이 하나님의 뜻이라는 것이 드러났고(행 10장), 같은 시간에 몇몇 무명의 성도들이 안디옥에 이르러 처음으로 이방인들에게 복음을 전합니다(행 11:20 이하).

이때 하나님은 기다리셨다는 듯이, "주의 손이 함께하여" 허다한 사람들이 주께 돌아오는 역사를 일으키십니다. 세계 역사의 두 번째 교회라고 불릴 수 있는 안디옥 교회는 이렇게 세워졌습니다. 예루살렘 교회에서 특별히 파견된 바나바는 다소에 있던 바울을 불러옵니다. 이때의 이야기를 사도행전의 저자인 누가는 이렇게 기록합니다.

두 사람은 일 년 동안 줄곧 거기에 머물면서, 교회에서 모임을 가지고, 많은 사람을 가르쳤다. 제자들은 안디옥에서 처음으로 '그리스도인'이라고 불리었다(행 11:26).

두 사도가 가르치고, 그들이 공동체적으로 살아갈 때, 그들은 오늘날 그리스도인을 뜻하는 명예로운 이름, '크리스티아노스'라는 이름을 얻게 됩니다. 크리스티아노스는 '그리스도께 속한 사람', '그리스도의 것'이라는 뜻입니다. 이 뜻은 그리스도가 메시아의 헬라어 번역어임을 생각할 때, '메시아 족속' 또는 '메시아주의자' 정도로 이해할 수 있습니다. 이 이름이 그들 스스로 지어 부른 것이 아니라, "불리었다"라고 표현한 것에 주의를 기울여야 합니다. 메시아가 왕이신 하나님나라의 백성으로 살아가는 그들의 삶의 모습이 이방 사람들의 눈에도 특이해 보였고, 그래서 이방인들이 그들을 그리스도인이라고, 메시아를 따르는 족속이라고 불러 주기 시작한 것입니다.

첫 번째로 세워진 예루살렘 교회도 그저 예수를 믿었기 때문에 세워진 것이 아니었습니다. 제자들은 예수님의 부활 전에도 예수님을 믿기는 믿었습니다. 자신들이 원하는 방식으로, 또한 부분적으로 말입니다. 그러나 예수께서 가르치셨던 하나님나라의 가르침이 예수님의 죽으심과 부활을 통해서 선명해졌고, 구약에서 그토록 기다려왔던 메시아가 오셔서 새롭게 시작된 시대 속에서 그들을 하나님나라의 백성 삼으셨다는 의식이 생겼을 때, 그들은 교회가 되었습니다. 그들은 변화된 삶을 살았고(행 2:42~47), 이를 본 이스라엘 백성들도 점차적으로 예수를 메시아로 받아들여 교회에 속하게 되는 부흥이 일어납니다(행 6:1, 7).

구약에 대한 배경 지식이 없던 안디옥의 이방인들도 이 메시아를 따르는 사람들의 살아가는 모습이 그 당시 세상 사람들과는 다르다는 점을 보고, 도전을 받아 메시아를 소개받고, 교회에 속하게 되었고, 안디옥 교회를 중심으로 이방 지역에도 이 놀라운 소식이 전해집니다. 이 소식이 전해지는 곳곳에서 성령께서 역사하셨고, 그래서 또다시 교회들이 세워집니다. 메시아를 기다리고 있었던 사람들이 아닌 이방인들조차, 깨어지고 고통스런 세상을 회복하시기 위해 이 땅에 오신 예수님의 가르침을 듣고, 이 가르침을 진정으로 믿고 살아가는 사람들을 보고서, 기꺼이 하나님나라의 백성으로 편입된 것입니다. 이렇게 여러 사도들과 제자들의 사역을 통해 교회들이 세워집니다. 특히 사도 바울은 이방인들 가운데 하나님나라를 선포하는 특별한 사명을 받아 로마에까지 가서 하나님나라의 복음을 전파합니다(행 28:30). 하나님나라에 대한 소식이 가는 곳마다, 하나님의 교회가 세워진 것입니다.

진정한 교회가 되려면

/

예루살렘 교회도, 안디옥 교회도, 신약 성경에 나오는 고린도, 데살로니가, 에베소, 빌립보, 골로새 등 어디에 세워진 교회도 완전하지 않았습니다. 그들의 관심은 완전해지는 것에 있지 않았습니다. 그들의 관심사는 이 땅에 임한 하나님나라의 소식, 그 복음을 어떻게 자신들이 먼저 누릴 것인가, 그리고 이 놀라운 소식을 사랑하는 사람들에게 나눌 것인가였습니다. 세상에 완전한 교회는 없습니다. 모든 교회는 하나의 유기체와 같아서, 태어나고 성장하고, 때로 병들고, 다시 회복되고, 어떤 때는 사라지기도 합니다. 완전함이란 있을 수 없습니다. 그러나 진정한authentic 교회는 있습니다. 가짜가 아닌, 병들어 거의 가짜처럼 되어버린 교회가 아닌 진정한 교회, 살아 있는 교회는 있을 수 있습니다. 어떻게 하면 이렇게 진정한 교회가 될 수 있을까요?

예수님이 세워 가시게 하라

'교회'라는 단어가 신약 성경에서 가장 먼저 사용된 마태복음 16장 18절에는, 베드로가 예수님은 메시아라는 고백(마 16:16)을 하자, 예수께서 이를 기뻐하시면서 하신 말씀이 나옵니다.

나도 너에게 말한다. 너는 베드로다. 나는 이 반석 위에다가 내 교회를 세우겠다. 죽음의 문들이 그것을 이기지 못할 것이

다(마 16:18).

여기서 '반석'이란 마태복음 16장 16절의 베드로의 신앙 고백이기도 하고, 이러한 고백을 하는 제자들 공동체 또는 그들의 고백일 수도 있는데, 예수께서는 이 반석 위에 자신의 교회를 세우겠다고 말씀하십니다. 그리고 이 교회를 어떠한 세력, 설령 죽음일지라도 이기지 못하리라고 말씀하십니다. 참으로 확고하고 자신감이 넘치는 선언이 아닐 수 없습니다.

영어 성경에는 "I will build my church on this rock"이라고 되어 있습니다. 저는 이 본문을 읽으며 도전을 받았던 때를 잊지 못합니다. 미국 유학 시절, 이민 2세 청년들 대여섯 명이 교회를 함께 세웠으면 좋겠다고 제게 찾아왔습니다. 그 당시 저는 삼십 대 중반이었고, 이들은 이십 대 중반이었습니다. 아직 어리고, 생활 기반도 잡지 못한, 거기에 영어로 사역을 해야 하는 상황에서 이들 몇 명을 데리고 교회를 세운다는 것은 말도 되지 않는 일이었습니다. 이들을 점잖게 타일러, 감히 교회를 세우자는 그들의 천진무구한 요청을 거절하는 것이 필요했습니다. 함께 모여 교회에 대해서 성경공부를 하자고 제안했고, 저는 교회라는 단어가 나온 성경 구절을 모두 찾아 복사해 갔습니다. 한 구절 한 구절 읽으면서 교회가 얼마나 대단한 것인지를 보여 주고, 그들을 철들게 하고 싶었던 것입니다.

그런데 첫 구절을 읽으면서 하나님께서 이 교회를 세우라고 하실지도 모른다는 불길한 깨달음(!)을 갖게 되었습니다. 저는 제가 이 청년들과 교회를 세운다고 생각했었는데, '교회'라는 단어가 담긴 성경의 첫 번째 구절은 "내가 내 교회를 세운다"는 말씀이었습니다. 이 말씀이 도전이 되어서 저는 이 청년들과 제 생애의 첫 교회 개척에 참여하였습니다. 예수님이 이끄시는 교회 개척의 경험은 정말 놀라운 일이었습니다. 그렇습니다. 교회는 예수님의 것이며, 예수님이 세우시는 것입니다. 이 깨달음은 그 당시 제게는 너무나 강력한 것이어서, 교회의 주인이 누구이며 교회를 누가 다스려야 하는지 평생 제 마음속에 각인이 되었습니다.

교회는 예수님이 다스리시도록 해야 합니다. 하나님나라의 중심 사상은 하나님의 다스림입니다. 하나님나라 백성이 되었다는 것은 하나님의 다스림 아래에서 살아간다는 것입니다. 그분의 다스림을 따라 교회를 개척하기도 하고, 건강하게 세워 가기도 하고, 건강하지 못한 부분을 고쳐 나가기도 하며, 하나님의 다스림을 받는 백성들의 삶이 어떠해야 하는지 그들의 공동체를 통해서 드러내는 것이 바로 교회입니다. 하나님나라 공동체가 바로 교회인 것이지요. 그러니 지상의 교회가 불완전하다는 말은 맞는 말이지만, 결코 핑계나 합리화 수단이 될 수 없습니다. 우리는 어떻게 해서든지 우리 주인이시며, 새로운 시대를 도래시키고 계시는 예수님의 다스림을 교회를 통해서 온전히 드러내야 합니다.

이를 위해서 가장 중요한 것은 하나님의 기뻐하시는 뜻이 무엇인지 공동체적으로 분별하는 것입니다. 하나님은 우리에게 특별하게 환상이나 계시로 말씀하시기도 하지만, 우리가 알아야 할 일반적인 가르침과 원리를 충분히 숙지했을 때 우리에게 특별한 말씀을 하십니다. "어떻게 진정한 교회를 세울까요?" 하고 주님 앞에 물으며 엎드려 있는다고 해서 주님이 가르쳐 주시지는 않는다는 말씀입니다. 이미 성경을 통해서 진정한 교회가 어떠한 교회인지 알려 주셨습니다. 성경을 읽어 보면 어떻게 예수님의 다스림이 나타나는 공동체를 세울 수 있는지, 수없는 가르침을 발견할 수 있습니다.

안타까운 것은 많은 이들이 성경을 통해서 교회에 대해서, 하나님나라 백성의 공동체의 삶에 대해서 배우지 않는다는 것입니다. 자신들에게 익숙한 관습, 전통, 문화를 따르지, 이를 성경의 가르침으로 뒤집으려고 하지 않습니다. 우리는 늘 질문해야 합니다. '나는, 그리고 우리는 예수님의 뜻을 따르는가? 그의 다스림을 받는 자인가?' 만약에 그리스도가 머리가 되는 공동체가 아니라, 어떤 사람이나 집단이 머리가 되는 무리라면, 그것은 교회가 아니라 그들이 주인인 모임입니다. 결코 메시아의 교회, 하나님의 교회는 될 수 없습니다.

어떤 분들은 이렇게 말합니다. "목사님은 너무 이상적이십니다. 오늘날 교회가 얼마나 굳어 있는데, 그러한 상황 속에서 이런 이상적인 원칙을 실천할 수 있다는 말입니까? 목회 현장에서 성경이 가르치는 대로 했다가는 쫓겨납니다." 그러면 저는 반문합니다. "예수님이 정말 형제의, 자매의 메시아이십니까? 그에게 순종하는 것과 교회 전통과 현장의 관습을 따르는 것 중 양자택일을 해야 할 때, 무엇을 택하실 것입니까?" 이 문제는 결코 쉬운 것이 아니지만, 우리는 끊임없이 질문해야 합니다.

앞에서 이야기했듯이 기다려야 하는 일이라면 기다리며 사랑으로 섬기는 것이 옳지만, 기다려도 달라지지 않을 것이고 외과적 수술이 필요한데도 자신의 자리나 명예, 생계 때문에 '지상의 교회' 운운하는 것은 스스로 메시아이신 예수를 따르지 않고 세상의 길을 따르는 것일 수 있습니다. 우리는 질문해야 합니다. '나는 진정으로 메시아를 따르는 하나님나라 백성인가? 또한 우리는 예수께서 가르치셨고 바울이 꿈꾸었던 교회를 세우기 위해서 주께 순종하고 있는가?'

이렇게 예수께서 디자인하셨고, 초대교회 교인들이 따라서 살았던 교회를 충분히 배우고 나면, 성경에서 가르치는 근본적인 가르침에 따라 교회를 세워 나가야 합니다. 모든 교회는 교회가 갖는 공통되는 특질도 있고, 그 시대 문화적 맥락 속에서 그 공동체만이 갖고 있는 부르심이 있습니다. 모든 교회의 보편적인 특질을 먼저 튼튼히 세워 나가면, 그다음으로 당연히 그 교회의 특별한 부르심을 알고 싶어질 것입니다. 그러면 구체적으로 우리 각각의 공동체를 향하신 하나님의 뜻을 물어야 합니다. 이는 지도자들이 기도하는 가운데 해야 할 일입니다. 회의를 통해서 다수결의 원칙을 따라 하는 것이 아니라, 기도와 예배 가운데 하나님의 뜻을 물어야 합니다. 예루살렘 교회, 안디옥 교회 등 초대

교회를 살펴보면, 지도자들이 기도와 예배 가운데 하나님의 뜻을 찾습니다(행 6:1-4, 13:1-2; 더 자세한 이야기는 《교회를 꿈꾼다》에서 설명했습니다).

예수님의 사랑을 드러내는 교회가 되라

신약 성경은 교회에 대해서 정말로 자세히 설명하고 있기 때문에, 신약 성경을 통해서 교회에 대해서 배워 나가는 것은 흥미진진한 일입니다. 신약의 저자들은 교회를 유기체나 건물에 비유해 설명합니다. 인간의 몸을 비유로 자주 사용하는데, 여러분들도 아시다시피 우리 몸이 얼마나 신비하게 연결되어 있고 통합되어 있습니까? 얼마나 다양한 역할이 있고, 그러면서도 일사분란하게 움직입니까? 얼마나 복잡하면서도 기가 막힌 내부 조직을 가지고 있습니까? 건물도 마찬가지입니다. 강아지가 사는 집은 단순하겠지만, 대통령이 사는 집은 매우 복잡하고 아름다울 것입니다. 그렇다면 성령께서 거하시는 집은 얼마나 더욱 그렇겠습니까?

진정한 교회를 모두 이해하고 그다음에 그런 교회를 세운다는 것은 결코 쉬운 일이 아닙니다. 교회의 온전한 해부도나 설계도가 있다고, 인간의 능력으로 감히 그런 교회를 세울 수 있는 것이 아닙니다. 그렇다면 어떻게 해야 합니까? 예수께서 우리에게 부탁하신 가장 기본적인 것을 하다 보면, 교회 공동체는 세워집니다. 이것이 예수께서 자신의 교회를 세우시는 방식입니다. 많은 경우, 이 기초를 가볍게 여겨서 교회가 제대로 세워지지 않습니다. 슬프게도 이 본질을 놓치는 바람에, 껍데기는 화려하나 속은 빈 교회가 세워지기도 합니다. 이러한 기본, 기초, 본질은 무엇이겠습니까?

그것은 바로 하나님의 다스림을 받는 사람들에게 나타나는 가장 중요한 표지인, 사랑입니다. 예수께서는 사복음서에서 성경의 가르침을 아래와 같이 요약하셨습니다.

> 37예수께서 그에게 말씀하셨다. "'네 마음을 다하고, 네 목숨을 다하고, 네 뜻을 다하여, 주 너의 하나님을 사랑하여라' 하였으니, 38이것이 가장 중요하고 으뜸가는 계명이다. 39둘째 계명도 이것과 같은데, '네 이웃을 네 몸과 같이 사랑하여라' 한 것이다. 40이 두 계명에 온 율법과 예언서의 본뜻이 달려 있다"(마 22:37-40).

또한 요한복음에서는 이를 '새 계명'이라는 표현을 써서 다음과 같이 말씀하셨습니다.

> 이제 나는 너희에게 새 계명을 준다. 서로 사랑하여라. 내가 너희를 사랑한 것같이, 너희도 서로 사랑하여라(요 13:34).

기독교가 사랑의 종교라는 말을 들을 정도로 이 구절은 삼척동자도 아는 말씀입니다. 교회에서는 사랑하라는 설교가 끊임없이 전파되고, 그리스도인들은 사랑해야 한다는 강박관념까지 가지고 있습니다. 그러나 서로 사랑하는 것이 정말 무엇인지 모릅니다. 자선냄비에 얼마를 집어넣는 것은 쉽지만, 평생 원수라 부르는 집안 식구를 어떻게 사랑해야 하는지는 잘 모르고, 배우지도 않아 힘들기 그지없습니다.

우리는 사랑하는 법을 제대로 배워야 합니다. 예수께서 "내가 너희를 사랑한 것같이"라고 말씀하신 것에서 예수님의 사랑을 배워야 합니다. 사실, 성경을 읽고 묵상하면, 예수님의 사랑을 피할 수 없습니다. 사복음서를 넘어서서 구약에 가보면 여호와 하나님이 이스라엘 백성을 어떻게 변함없는 사랑으로 사랑하시는지 볼 수 있습니다. 성경은 하나님의 구체적이고 실제적인 사랑으로 가득 차 있습니다. 외로운 자에게 친구가 되어 주시고, 연약한 자를 위로하시고 보호해 주시고, 절망과 고통에 빠진 자들에게 소망이 되시며, 어리석은 자를 깨닫게 하시며, 강퍅한 자들의 마음을 깨뜨리시고, 거역한 자들은 심판하시면서도 회복을 약속하시는 하나님을 우리는 성경 전체를 통해서 만납니다.

특별히 예수님을 통해서 드러난 하나님의 놀라운 사랑을 가지고, 우리를 힘들게 하는 사람들을 어떻게 사랑해야 할지 배워야 합니다. 인생이 힘들어서 가시가 돋친 사람, 자기가 무엇을 잘못하는지도 모르는 사람, 끊임없이 부정적인 말을 쏟아내며 자기합리화에만 능한 사람, 죄에 거하며 회개를 거부하는 사람, 뿐만 아니라 우리와 성향이 다른 사람들, 우리에게는 당연해 보이는 것이 그들에게는 결코 자연스럽지 않은 사람들, 즉 틀린 것이 아니라, 우리와 다른 사람을 어떻게 용납하고 서로 사랑할 것인가를 배워야 합니다. 한 걸음 더 나아가서, 우리 자신을 괴롭게 하고 심각한 고통을 안겨 준 사람을 어떻게 용서하며 살 것인가 배워야 합니다.

이 모두를 예수님께 배워야 합니다. 그렇습니다. 교회는 예수님으로부터 사랑을 배우고 훈련하는 훈련장입니다. 세상 어디에도 사랑을 제대로 가르쳐 주는 곳이 없습니다. 그러나 교회는 이 사랑을 배우는 곳입니다. 때로 서툴기도 하고, 때로 잘못된 방식으로 사랑하기도 하지만, 우리는 이 사랑을 배우고, 누리고, 결국은 드러나게 해야 합니다. 우리가 교회로 모여서 해야 할 가장 중요한 일은 공동체 속에 있는 사람들, 우리에게 주신 사람들을 최선을 다해서 사랑하는 것입니다.

말로만이 아니라 마음으로, 마음으로만이 아니라 재정적으로 사랑하는 것입니다. 한국 사회는 자살률이 다른 어느 나라보다 높습니다. 고통과 고민 끝에, 생명을 끊고 싶다고 생각하는 사람들이 우리 교회 공동체 속에 있지 않을까요? 주일에 예배만 드리고 사라져 서로에게 어떤 일이 있는지 알 턱이 없다면, 그런 사람들을 교회라고 부르기는 어렵습니다. 하나님은 메시아를 주님으로 받아들인 사람들이 먼저 서로 사랑하기를, 말과 혀로만이 아니라 행함과 진실함으로, 더 나아가 자신의 생명을 바쳐 사랑하기를 원하십니다(요일 3:16-18). 물론 세상의 모든 사람을 사랑할 수는 없지만, 우리 각자에게 주신 몇 십 명, 또는 좀 더 넓게 몇 백 명은 사랑할 수 있습니다.

또한 교회에 이런저런 분쟁과 갈등이 찾아올 때, 사람들은 무조건 이런 것을 피해야 한다고 생각합니다. 교회에서 큰소리가 났다고 절망하는 사람들도 있습니다. 아닙니다. 교회가 살아 있다면 당연히 분쟁과 갈등이 있고, 큰소리도 납니다. 미성숙할수록 이런 것들이 더 많겠지만, 살아 있는 유기체라면 이러한 일을 경험하게 됩니다. 진정한 교회는 이런 일들이 있을 때, 예수님의 다스림 아래서, 예수님의 사랑을 따라서 문제를 해결해 보려고 애쓰는 교회입니다. 이렇게 노력하다 보면, 우리 공동체는 어느덧 갈등을 조절하고 평화를 이루고, 할 수 있으면 모든 사람과 화목하는 법을 배우게 됩니다. 이럴 때 우리의 교회는 예수님의 사랑을 드러내는 공동체가 되는 것입니다.

교회 공동체 안에서 이렇게 사랑을 훈련하고 성숙해 나갈 때, 우리의 사랑의 지경이 넓어집니다. 받으려고만 하는 사랑으로 가득 차 있던 우리의 가정이, 교회 공동체에서 배운, 섬기고 희생하는 사랑으로 바뀌어 갑니다. 우리가 대부분의 시간을 보내는 사회 속에서도 나 혼자 살아남겠다는 적자생존, 약육강식의 논리를 깨고, 더불어 살아가는 사랑을 실천할 수 있습니다. 사실 이런 사랑은 말이 쉽지, 교회라는 공동체 안에서 근육이 단단해지도록 훈련이 쌓이지 않은 사람은 결코 세속 사회 속에서 살아 내기 어려운 사랑입니다. 더 나아가서 사회적 약자, 세상 사람들이 모두

손가락질하는 21세기 '세리와 창녀'들에게 예수님처럼 다가가 사랑하는 일에까지 우리의 사랑의 지경은 넓어질 것입니다.

예수님의 '하나님나라 복음'을 전수하는 교회가 되라

진정한 교회의 기본, 기초, 본질이 서로 사랑하는 것이라는 이야기를 나누었습니다. 기독교의 메시지는 어쩌면 아주 단순하고 쉽습니다. "너희가 사랑을 받았으니, 받은 만큼 나누라"는 것입니다. 이 사랑은 하나님에게서 배운 것으로, 정의에 기초한 사랑입니다. 예수님이 우리를 사랑하신 방법은 그냥 무조건 사랑하는 것이 아니라, 정의로운 하나님의 심판을 친히 받아 정의를 만족시키고, 우리를 위해 조건 없이 자신을 내주시는 것이었습니다. 바로 이 정의와 사랑은 예수님이 선포하신 하나님나라의 주인이신 하나님의 변치 않는 성품입니다. 사실 우리는 "사랑으로 진리를 말하라"(엡 4:15)는 말씀을 결코 살아 낼 수 없는 사람들이었습니다. 그러나 예수님을 통해서 나타난 하나님의 사랑을 배워 가면서, 우리는 사랑과 진리, 인자와 정의를 함께 붙잡는 자들이 됩니다.

이렇게 균형 잡힌 사랑을 할 수 있게 된 이유는 우리가 하나님 나라의 복음을 들었기 때문입니다. 하나님을 향한 반역과 무지로 하나님의 저주 아래에 있었던 자들에게 임한 하나님나라가 그들에게 심판이 되지 않고 복음이 되게 하신 분이 바로 메시아이신 예수님입니다. 그분이 우리를 구원하기 위해 자신의 목숨을 몸값으로 바치셨기 때문입니다(막 10:45). 그분이 우리를 위해 죗값을 지불하지 않으셨다면, 우리는 하나님나라가 임했다는 소식에 놀라 도망을 가야 했을 것입니다. 그러나 그분의 죽으심 덕에 우리는 하나님나라를 두 팔 벌려 환영할 수 있게 되었습니다. 이렇게 우리는 예수님의 가르침과 십자가와 부활을 통해, 정의의 기초 위에 세워진 사랑을 경험합니다. 사랑으로 세례 받은 정의를 배웁니다.

저는 아이들을 키우면서 이것을 많이 경험했습니다. 아이들이 어릴 때, 저는 선과 악을 가르치기 위해서 사랑이 뒷받침된 체벌을 해야 한다고 생각합니다. 체벌에 대해서는 논란이 있지만, 분노를 걸러 낸 사랑에서 비롯된 체벌은 있어야 합니다. 하나님께서 우리를 체벌하시는 것은 우리를 사랑하시기 때문입니다. 이런 사랑이 뒷받침된, 그러면서도 선과 악을 알게 하는 체벌은 아이들을 건강하게 자라게 합니다.

한번은 제 아이가 어릴 때 거짓말을 하는 것을 알았습니다. 거짓말하는 것은 어릴 때 결코 배우지 말아야 하는 일인데, 제 아이가 그렇게 하고 눈치를 살피는 것을 보면서 마음이 아팠습니다. 체벌을 해야 하는데, 아이를 너무 사랑하니 체벌하기가 싫습니다. 그러나 이럴 때 아이에게 거짓과 악은 아픈 결과를 가져 온다는 것을 잘 가르쳐야 합니다. 그래서 아이에게 말했습니다. "애야, 네가 거짓말하는 것은 정말 나쁜 거란다. 그래서 오늘 손바닥을 다섯 대 맞아야겠다." 아이는 겁을 잔뜩 먹은 눈으로 저를 쳐다보니다. "그런데 아빠는 네가 그렇게 맞는 것이 마음이 너무나 아프다. 그렇다고 그냥 용서해 줄 수는 없단다. 잘못한 것은 꼭 대가를 지불해야 한단다. 그러니 오늘은 아빠가 너 대신 매를 맞을게." 그리고 제 손바닥을 다섯 대 회초리로 내리쳤습니다. 맞는 순간 후회했지만, 다섯 대를 다 맞고 나니, 아이의 눈에 눈물이 고였습니다. 아이가 제 가슴으로 달려들며 웁니다. "아빠, 잘못했어요." 저는 아이에게 말해 주었습니다. "하나님도 우리를 이렇게 사랑하셔서, 우리가 잘못한 일에 대신 매를 맞아 주셨단다." 어느 책에서 배운 것이 아니지만, 정의와 사랑의 하나님을 아버지로 삼은 저도 참 아버지 흉내를 낸 것입니다. 이와 같이 사랑과 진리, 인애와 공의를 함께 붙드는 연습은 하나님나라의 복음을 온전히 깨달았을 때 가능합니다.

이뿐이 아닙니다. 이제 우리는 이 놀라운 사랑을 입히신 메시아를 따라 새로운 시대에 새로운 나라에서 사는 사람들이 되었습니다. 비록 우리가 아직 세상 속에서 살고 있지만, 우리의 시민권은 하나님나라에 속합니다(빌 3:20; 엡 2:19). 지금은 이 놀라운 축복이 눈에 보이도록 완전하게 드러나지 않지만, 머지않아 우리의 주인이신 예수께서 다시 오실 때, 우리의 영적 신분뿐 아니라, 새로운 시대와 나라가 완전하게 드러나게 될 것입니다.

그래서 우리는 이 세대를 본받지 않고 하나님의 뜻을 따라 살아가려 합니다(롬 12:2). 우리는 주기도문으로 기도할 때마다, "주님의 나라가 오게 하시고"를 빠뜨리지 못합니다. 이 세상에서 치열하고 창조적으로 살지만, 이 세상에 속하여 살면서 온전히 임할 나라를 기다리게 하신 것이 바로 예수 그리스도 자신이며, 그가 전하신 '하나님나라 복음'입니다.

그렇다면 진정한 교회가 목숨을 걸고 누리고 살아 내고 전하는 것은 다름 아닌 '하나님나라 복음'입니다. 무엇보다도 하나님나라의 복음을 선명하게 배우는 것이 필요합니다. 예수께서 그의 생애 처음부터 끝까지 가르치신 하나님나라에 대해서 우리는 주의를 기울이고 공부해야 합니다. 사복음서가 이를 증거하고 있고, 사도행전 이후의 글들은 이를 살아 낸 이야기입니다. 우리가 성경을 제대로 읽는다면, 이 놀라운 가르침에서 비껴가는 것은 불가능합니다.

저는 오늘날 한국 교회에서 하나님나라 복음을 공부하는 열풍이 일어나길 기도하고 있습니다. 하나님나라 복음에 대해서는 여러 신학 서적들이 이야기하고 있지만, 제가 쓴 《청년아 때가 찼다》를 참고하여 예수님의 가르침의 뼈대를 확인하셔도 좋겠습니다.

이렇게 하나님나라 복음으로 변화된 사람들은 하나님나라 복음을 누립니다. 하나님나라 복음은 우리 모두에게 "풍성한 생명"(요 10:10)을 주시는 복음입니다. 정말이지 기쁜 소식입니다. 이 놀라운 소식으로 자신의 정체감이 새로워지고 삶의 목적이 선명해져서, 매일의 삶 자체가 변화되기 시작하면, 사람들은 이 복음을 자기 안에 숨겨 놓을 수 없습니다. 초대교회가 그랬던 것처럼, 우리에게도 우리가 만들어 놓은 장벽이 있을 수 있지만, 이를 넘어서 "헬라인에게도 복음을 전할 때 주의 손이 함께하더라" 하는 놀라운 축복을 누릴 수 있습니다.

생각해 보십시오. 하나님께서 오늘날 세상을 바라보실 때 무엇이 초미의 관심사이겠습니까? 미국의 대통령이 누가 되는가, 월드컵 우승국이 어디일까가 그분의 관심일까요? 아니면 제3세계의 가난 속에서 굶어 죽어 가고 있는 어린이일까요? 기아로 죽어가고, 정치적 폭력으로 고난 당하고 있는 사람들에게 하나님이 깊은 관심을 갖고 계신 것이 사실이지만, 하나님의 진정한 관심은 자신의 아들을 희생시키면서 이루신 일을 세상 사람들이 알게되는 것입니다. 이보다 아버지 하나님에게 더욱 중요한 일이 있겠습니까?

가난한 자들을 섬기는 일, 정치적 폭력에 항거하는 일 모두 귀하지만, 이러한 일은 하나님나라의 복음을 통해 하나님나라 백성이 된 사람들이 일어날 때 제대로 열매 맺을 수 있는 일입니다. 곳곳에 진정한 교회가 세워질 때, 이 복음으로 진정으로 변화된 예수 메시아를 따르는 메시아 족속(크리스티아노스)을 통해서, 하나님은 깨어진 세상을 치유하고 회복하시려고 계획하셨습니다. 그러므로 세상에서 가장 소중한 일은 이 '하나님나라의 복음'을 사람들에게 알리고, 이것을 우리처럼 그들도 누리게 하고, 하나님나라 복음의 기초 위에 하나님의 공동체, 곧 교회를 세워 나가는 것입니다.

그러므로 진정한 교회란 하나님나라 복음을 끊임없이 자신의 친구, 가족, 동료, 그리고 이웃들에게 말과 삶을 통해서, 개인과 공동체를 통해서 전하는 교회입니다. 우리는 감히 만물의 비밀을 안 사람들로서 이 비밀이신 메시아 예수를 세상 사람들에게 선포하지 않을 수 없습니다. 이를 위해 우리는 우리의 메시지를 들을 사람들에 대해서 연구하고 그들의 문화로, 그들에게 익숙한 방법으로 하나님나라의 복음을 전할 수 있도록 고민해야 합니다. 진정한 교회는 시대와 문화에 따라 지속적으로 일어나는 다양한 사조를 이해하고, 그 시대와 문화의 아픔을 이해하고, 그들의 고민과 아픔에 답이 되어 주는 하나님나라의 복음을 가지고 소통하려합니다. 이들의 눈물과 땀을 통해 하나님나라의 백성과 공동체, 진정한 교회는 하나둘, 이곳저곳에서 일어나고 있습니다.

소방서에 불이 났다?

/

"지상의 교회는 어차피 완전하지 않아." 맞는 말입니다. 그러나 우리는 이 말 뒤에 숨을 수 없습니다. 이 말 뒤에 숨을 때, 그것은 거짓말이 되는 것입니다. 예수께서 전하신 하나님나라가 고난 받은 메시아의 부활을 통하여 이미 시작되었는데, 이 놀라운 소식, 복음을 받아들인 우리가 그에 걸맞은 삶을 어찌 추구하지 않을 수 있겠습니까? '어차피 완전하지 않다'는 핑계와 합리화 뒤에 어찌 숨을 수 있겠습니까? 우리는 우리의 부족함을 찾아내고, 그 부족함을 온전함, 건강함, 진정함으로 바꾸어 나가야 합니다. 이를 가능하게 하는 것은 우리 자신에게서 나오는 지혜와 능력이 아니라 예수 메시아, 그리고 그의 가르침의 핵심인 '하나님나라 복음'입니다.

조금 오래된 이야기지만, 2001년 12월 25일에 작은 화재가 있었습니다. 크리스마스에 화재가 나서 화제가 된 일은 아닙니다. 화재가 발생한 곳은 강원도 인제군, 홍천 소방서의 한 출장소였습니다. 차고에서 불이 나서 소방차 1대와 구급차 등을 태워서 당시 2천여만 원의 피해를 보았습니다. 한 관계자는 "연말을 맞아 사람들에게 불조심을 당부하고 있는데 소방서에서 불이 나 참 난감하다"라고 말했습니다. 불조심을 시키고 불을 꺼야 할 소방서에서 불이 나다니요.

오늘날 한국 교회는 '불이 난 소방서'입니다. 세상의 삶의 방식에 대해 경고하고, 세상의 깨어짐을 치유하고 회복해야 할 교회가 세상의 삶의 방식을 따르고, 세상보다 더 깨어지고 창피한 모습을 드러내고 있습니다. 불이 난 소방서가 난감한 것보다, 교회의 교회다움을 잃어버린 한국 교회는 난감하다 못해 비통합니다.

오늘도 얼마나 많은 목회자들이 "지상 교회는…" 운운하며, 성경의 가르침과 관계없거나 그 가르침에 반하는 전통과 관습에 매여 있는지, 더 나아가 자신의 욕심과 성공을 추구하는지 모릅니다. 얼마나 많은 성도들이 "어차피…"를 말하며, 세상에서 험담하고 갈등을 일으키고 풀어 가는 방식과 똑같은 방식으로 교회 생활을 하는지 모릅니다. 그게 싫어서 주일 예배 드리는 것이 전부이고, 너무 멀리도 너무 가까이도 하지 않는 교회 생활을 하거나, 아예 '가나안' 성도가 되어버리는 경우도 적지 않습니다. 교회는 더 이상 세상의 불을 끄는 소방서가 아니라, 세상보다 더 심한 불이 난 소방서가 되어버리고 말았습니다.

소망이 없어 보입니다. 그러나 기억하십시오. 예수께서 "내가 이 반석 위에 내 교회를 세우겠다"라고 말씀하셨을 때, 유대인들은 그들의 역사 속에서 가장 지리멸렬한 시기를 보내고 있었으며, 예수님이 거느리셨던 제자들은 그 시대의 평범 이하의 사람들이었습니다. 최악의 상황, 최악의 구성원들이었지만, 하나님나라의 복음을 제대로 들었을 때, 그들은 결코 "어차피 완전하지 않아"라는 말 뒤에 숨을 수 없었습니다. 이 놀라운 사랑을 누리며, 이 놀라운 소식을 전하며, 살아가며, 진정한 그리스도인, 진정한 교회로 한 걸음씩 성장해 갔습니다. 우리도 이제 "지상의 교회는 어차피 완전하지 않아"라는 말을 폐기처분합시다. 그리고 메시아 족속으로서, 그가 오실 때까지 메시아 공동체를 함께 세우며 살아갑시다.

10

사람을 왜 봐?
하나님 보고 다녀야지

어느 날 일요일 아침, 아들과 어머니가 실랑이를 벌이고 있습니다. 아들은 교회 가기가 싫다고 하고 어머니는 아들을 설득 중입니다. 어머니가 아들에게 물어 봅니다.

"교회 가기 싫은 이유가 뭐니? 교회 가지 않으려는 이유 세 가지만 말해 봐라."

아들은 이렇게 답합니다.

"첫 번째는 피곤해서고요. 두 번째는 거들먹거리는 장로님들 보기 싫어서고요. 세 번째는 일요일에만 친절한 척하는 교인들도 보기 싫어서예요."

그러자 어머니가 심각한 표정을 짓다가 말씀하십니다.

"네가 오늘 교회에 가야 하는 이유 세 가지를 알려 주마. 첫 번째, 주일은 꼭 지켜야 한다. 두 번째, 교회는 사람 보고 다니는 게 아니고 하나님 보고 다니는 거다. 세 번째, 네가 담임 목사니까 가야 한다."

목사님들도 교회 가기 싫은 이유가 있나 보지요? 이 이야기는 재미있게 꾸며 낸 것이긴 하지만, 어머니가 말씀하시는 두 번째 이유는 우리가 참 많이 들어 왔던 말입니다. 그리스도인들의 부족한 모습을 보거나 교회의 비합리적인 행태와 도덕적인 문제들을 보고 비판을 할라치면, 주변에 있는 사람들이, "교회는 사람 보고 다니는 거 아니야, 하나님 보고 다니는 거지", "사람을 왜 봐? 하나님 보고 다녀야지"라고들 이야기합니다. 물론 우리 모두는 흠이 있는 사람이므로 어느 정도의 결점은 받아들일 수 있습니다. 하지만 교회를 다니는 사람들의 치부와 위선, 도를 넘는 여러 가지 일들을 보면서, 이런 이야기를 들을 때마다 제 마음은 참 불편했습니다.

더욱이 저를 정말 당혹하게 한 성경 구절이 있었습니다. 고린도전서를 읽다 보니 사도 바울은 4장 16절에서 참으로 무지막지하다 싶은 말을 하고 있었습니다.

그러므로 나는 여러분에게 권합니다. 여러분은 나를 본받는 사람이 되십시오.

이 구절을 읽으며 이런 생각이 들었습니다. '사도 바울은 아주 교만한 사람이었구나. 아니 어떻게 감히 인간이 다른 사람에게 자기를 본받으라고 말할 수 있지? 원래 교회는 사람을 보고 다니는 것이 아니지 않은가? 사람이란 원래 흠 있고 문제가 있어서 어차피 모범으로 삼을 수 없으니 하나님을 보고 다니는 게 교회인데, 자기를 본받으라고 얘기하다니…. 아니, 아마 사도 바울이 특별해서 그런가 봐. 사도 바울은 특별히 헌신되고 성숙한 사람이었기 때문에 이런 말을 할 수 있는 거겠지. 이것은 아마 예외적인 경우일 거야.'

정말 이런 예외적인 경우를 제외하면, 교회는 사람이 아닌 하나님 보고 다니는 곳인가요? 이 땅의 교회들의 불완전한 모습을 볼 때 이렇게 말할 수밖에 없는 현실이 한편으로 이해가 되긴 합니다. 모든 인간은 흠이 있으니 그 같은 인간이 모여 세운 교회도 흠이 있을 것입니다. 또 이렇게 말하면 한편으로는 흠 많은 우리 신앙을 방어할 수 있으니 우리가 이런 말을 자주 쓰는지도 모르겠습니다. 혹은 자신이 앞으로 저지를 위선과 현재의 함량 미달 모습에 대해 보험을 드는 마음이 있는 것은 아닌지 모르겠습니다.

그렇지만 뭔가 찜찜합니다. 때때로 우리는 의구심에 빠지기도 합니다. '내가 믿는 이 종교가 과연 맞는 것일까? 기독교는 사랑과 거룩을 이야기하고, 다른 종류의 대안적 삶은 물론 세상을 변화시키는 비전을 이야기하는데, 우리나라와 사회만 변화시키는 것이 아니라 바다 건너에 있는 다른 문화의 사람들에게까지 영향을 끼쳐야 한다고 하는데, 어떻게 자신들은 변화되지 않는 걸까?'

저는 누군가가 "교회는 하나님 보고 다니는 거지, 사람 보고 다니는 것이 아니야"라고 하면 간혹 그 사람에게 물어봅니다. "그렇다면 당신은 하나님이 보이십니까?" 사람 보고 다니는 것은 아니라는 사실을 인정하더라도, 그렇다면 하나님은 보이나요? 자신에게도 보이지 않는 하나님을 어떻게 다른 사람에게 보고 다니라고 말할 수 있을까요? 이 장에서는 성경이 이 주제에 대해 어떻게 가르치고 있는지 살펴보려 합니다.

눈에 보이지 않는 하나님의 뜻

/

실제로 성경에 나오는 하나님은 우리가 상상할 수 없는 분, 눈에 보이지 않는 분이십니다. '하나님의 영광'이란, 감히 우리 인간의 언어로 표현할 수 없는 것입니다. 그런데 눈에 보이지 않는 하나님, 인간의 인식 한계를 넘어서는 하나님이 갖고 계신 뜻이 성경에 나와 있습니다. 하나님은 이스라엘을 선택하셨을 때의 마음을 이렇게 드러내셨습니다.

> 5이제 너희가 정말로 나의 말을 듣고, 내가 세워 준 언약을 지키면, 너희는 모든 민족 가운데서 나의 보물이 될 것이다. 온 세상이 다 나의 것이다. 그러므로 너희는 내가 선택한 백성이 되고, 6너희의 나라는 나를 섬기는 제사장 나라가 되고, 너희

는 거룩한 민족이 될 것이다. 너는 이 말을 이스라엘 자손에게 일러 주어라(출 19:5-6).

하나님은 평범 이하의 하찮은 민족 이스라엘을 택하셔서 그들에게 율법을 주시고 특별한 언약 관계를 맺으십니다. 그 율법은 하나님을 반영하는 것으로, 하나님을 믿는 백성이 어떻게 살아야 하는지를 보여 주었습니다. 하나님은 그들에게 언약을 잘 지키라고 말씀하시면서 하나님이 직접 이 백성을 택하셨다고 하십니다. 그리고 그들이 바로 그분의 제사장 나라가 된다고 말씀하십니다. 제사장이란, 사람들에게 하나님을 알려 주고 그들을 하나님께로 이끄는 역할을 하는 사람입니다. 그러므로 이스라엘을 제사장 나라로 삼는다는 것은, 하나님을 모르는 세상에 하나님을 보여 주는 사명을 부여하신다는 의미입니다.

뿐만 아니라 그 이스라엘이 거룩한 민족이 될 것이라고 말씀하십니다. 거룩한 민족이 되라는 것은 하나님의 성품을 보여 주라는 말입니다. 보이지 않는 하나님이 이스라엘을 택하신 이유는, 사람들이 그들을 통해서 하나님께로 나아오도록 하기 위함이었습니다. 눈에 보이는 그들이 눈에 보이지 않는 하나님을 드러내는, 즉 하나님의 거룩함을 나타내는 역할을 하도록 하기 위함이었습니다.

그런데 이스라엘 백성들은 이 일을 제대로 감당하지 못했습니다. 구약의 긴 역사는 이 뼈아픈 실패의 이야기입니다. 결국 하나님은 친히 이 땅에 오셔서 자신을 보여 주십니다. 그분이 바로 예수 그리스도이십니다. 요한복음 14장을 보면, 예수님의 제자 중 하나인 빌립이 예수님께 요청합니다. "주님, 우리에게 아버지를 보여 주십시오." 그러자 예수님이 아주 유명한 말씀을 하십니다.

> ⁹예수께서 대답하셨다. "빌립아, 내가 이렇게 오랫동안 너희와 함께 지냈는데도, 너는 나를 알지 못하느냐? 나를 본 사람은 아버지를 보았다. 그런데 네가 어찌하여 '우리에게 아버지를 보여 주십시오' 하고 말하느냐? ¹⁰내가 아버지 안에 있고 아버지께서 내 안에 계시다는 것을, 네가 믿지 않느냐? 내가 너희에게 하는 말은 내 마음대로 하는 것이 아니다. 아버지께서 내 안에 계시면서 자기의 일을 하신다"(요 14:9-10).

이는 예수님이 자신의 정체를 폭로하시는 여러 선언 중 매우 선명한 선언입니다. 예수님은 이렇게 말씀하셨습니다. "하나님을 보여 달라고? 나와 계속 같이 있었으면서도 하나님을 보여 달라고 하니? 하나님이 내 안에, 내가 하나님 안에 있는 것을 네가 모른단 말이냐? 하나님은 내 안에서 일하고 계신다. 하나님은 내 안에 계시면서 지금 당신의 일을 하고 계신다. 네가 그것을 보지 않았느냐?" 예수님은 보이지 않는 하나님을 보여 주신, 인간으로 이 땅에 오신 하나님이셨습니다.

이것이 기독교의 놀라운 선언입니다. 현재 가장 신빙성 있는 과학 이론인 빅뱅 이론을 빌려서 말한다면, 약 140억 년 전에 이 우주를 창조하신 그 신이 인간이 되어, 지구라는 조그마한 행성, 티끌만도 못한 땅 덩어리에 오셔서 우리 인간들에게 하나님이 어떤 분인지를 보여 주셨다는 것입니다. 너무나 크고 심오하고 거룩해서 알 수 없는 하나님이 우리가 매우 구체적이고 실제적으로 이해할 수 있도록 우리에게 오셨다는 것입니다. 너무나 크고 높으신 하나님이 우리가 알아챌 수 있도록 작아지고 낮아지셔서 우리를 찾아오셨다는 것입니다.

그리스도인과 교회를 향한 하나님의 기대

/

그런데 중요한 것은 눈에 보이지 않는 하나님을 우리에게 보여 주신 예수님이 우리에게 무엇을 원하시느냐 하는 것입니다. 그리스도인과 교회를 향한 하나님의 기대는 무엇일까요? 사실 저에게는, 앞에서 언급했던 고린도전서 4장 16절만큼이나 당황스러운 성경 구절이 마태복음 5장 48절이었습니다.

> 그러므로 하늘에 계신 너희 아버지께서 완전하신 것같이, 너희도 완전하여라.

그저 '완전한 사람이 되라', '좋은 사람이 되라' 정도가 아니라,

'하늘에 계신 하나님이 완전하신 것처럼 완전하게 되라'라고 예수님이 말씀하십니다. 예수님의 설교에서 정수를 뽑아 모았다고 하는 산상수훈(마 5-7장)의 첫 번째 부분의 결론이 이 구절입니다. 예수님이 우리에게 요구하시는 것이 바로 '하늘에 계신 아버지가 완전하신 것처럼 너희도 완전하라'라는 것입니다.

사도 바울 역시 에베소서 5장 1절에서 이렇게 말합니다.

> 그러므로 여러분은 사랑을 받는 자녀답게, 하나님을 본받는 사람이 되십시오.

신약 성경의 가르침은 이것입니다. 보이지 않는 하나님이 우리가 이해할 수 있고 볼 수 있도록 예수 그리스도로 오셔서 우리를 지독히도 사랑하셨다는 것입니다. 예수님은 우리의 죄를 속하기 위해서 십자가에서 우리를 대신하여 죽으시며 우리에 대한 자신의 사랑을 완전히 드러내셨습니다. 이러한 놀라운 사랑을 통해서 하나님의 자녀가 되었다면 이제는 그 사랑을 받은 자녀답게 하나님을 본받는 사람이 되라는 것입니다. 다시 말해, 우리 삶을 통해서 하나님을 드러내라는 것입니다. 보이지 않는 하나님이 평범 이하의 민족을 통해서 자신을 보여 주려 하셨던 것처럼, 이제 예수를 통해서 하나님을 본 사람들, 하나님과 관계를 맺기 시작한 사람들은, 자신의 삶을 통해서 예수 그리스도를 드러내라고 하는 것입니다. 그래서 사도 베드로는 이렇게 말합니다.

바로 이것을 위하여 여러분은 부르심을 받았습니다. 그리스
도께서는 여러분을 위하여 고난을 당하심으로써 여러분이 자
기의 발자취를 따르게 하시려고 여러분에게 본을 남겨 놓으
셨습니다(벧전 2:21).

이 구절은 특히 고난과 관련된 말을 하고 있지만, 지난 수천 년
동안 많은 그리스도인들이 영성을 추구하도록 자극하는 말씀이
되었습니다. 예수님은 우리가 자신의 발자취를 따라오기를 원하
십니다. 우리가 그분을 닮아가기를 원하십니다. 고난의 상황 속
에서도 예수님처럼 가기를 원하셔서 본을 남겨 놓으셨으므로 이
제 그 발자취를 따라오라는 것이 기독교의 메시지입니다. 하나
님의 사랑을 받았으니 부족하더라도 그 사랑을 받은 힘으로 본
이 되신 예수의 발자취를 따라가는 것이 그리스도인의 삶이라는
것입니다.

이렇게 보고 나니 고린도전서 4장 16절에서 사도 바울이 한
말이 조금 이해가 됩니다. 바울은 11장 1절에서 그 내용을 조금
보완해서 다시 한번 이렇게 말합니다.

내가 그리스도를 본받는 사람인 것같이, 여러분은 나를 본받
는 사람이 되십시오.

풀어서 이야기하자면, "내가 그리스도를 본받는 자가 되었고

내 삶을 통해서 그리스도를 드러냈으니, 내 속에 나타난 그리스도를 너희들도 본받아라" 하는 말입니다.

이것이 하나님의 기대입니다. 이스라엘을 통해서 자신을 보여 주기를 원하셨던 하나님은 이제 그리스도인들과 교회를 통해서 자신을 보여 주고 싶어 하십니다. 그래서 우리는 그를 본받는 자가 되어야 합니다.

그런데 이 일이 이론만이 아니라 실제로 가능한 일일까요? 예수님은 워낙 이상적으로 말씀하신 것이고, 바울 같은 특별한 사람이나 할 수 있는 말이 아닐까요? 그렇다면 다른 예로 데살로니가 교회를 한번 들여다보도록 하겠습니다.

데살로니가 교회

/

데살로니가 교회는 안디옥 교회에서 파송받은 사도 바울과 바나바가 선교 여행을 하는 도중에 세운 교회입니다. 주후 45년경 안디옥 교회가 세워졌고, 이 안디옥 교회의 도움으로 주후 49년경에 데살로니가 교회가 설립되었습니다. 그리고 이렇게 교회가 세워지고 1년 반쯤 후인 주후 50년대 후반에 바울은 데살로니가전서를 썼고, 우리는 이 서신을 통해 이들의 믿음이 과연 어떠했는지를 알 수 있습니다. 먼저 데살로니가전서 1장 6절을 보십시오.

여러분은 많은 환난을 당하면서도 성령께서 주시는 기쁨으로 말씀을 받아들여서, 우리와 주님을 본받는 사람이 되었습니다.

바울은 그들의 신앙에 대해, "우리와 주님을 본받는 사람이 되었습니다"라고 표현합니다. 이들이 하나님을 믿은 지는 1년 반밖에 되지 않았습니다. 그러나 그렇게 어린 그리스도인들이 모여 있는 공동체였지만 주님을 본받기 시작했다는 것입니다. 더 나아가 바울은 7절에서 이렇게 말합니다.

그리하여 여러분은 마케도니아와 아가야에 있는 모든 신도들에게 모범이 되었습니다.

마케도니아와 아가야는 남한 면적 정도의 꽤 큰 지역입니다. 이 데살로니가 교인들이 그 정도로 큰 지역의 신자들에게 모범이 되었다고 합니다. 이들이 하나님을 믿고 따라가기 시작하니, 주변에서 이들을 통해서 하나님을 믿고 따라가는 마케도니아, 아가야 지역 사람들에게 본이 되었다는 것입니다. 본받기의 대물림이 일어나고 있는 것입니다.

특별한 배경이나 조직이 없었는데도 초대교회가 왜 그렇게 빠른 속도로 성장했는가에 대해 많은 이들이 종교사회학적으로 이해하려고 애를 쓰고 있지만, 그 비밀은 여기에 있습니다. 초대교회가 무서운 속도로 뻗어나갈 수 있었던 이유 중의 하나는, 예수를 본받는 대물림이 일어나고 있었기 때문입니다. 사도 바울 스스로 예수를 본받으면서 자신이 가르쳤던 이들에게 자신을 본받으라고 이야기했고, 그렇게 가르침을 받은 사람들은 또다시 예수를 본받으며 다른 이들에게 본이 되는 대물림이 일어났습니다.

뿐만 아니라, 데살로니가전서 2장 14절에서는 이렇게 말합니다.

> 형제자매 여러분, 여러분은 그리스도 예수 안에서 유대에 있는 하나님의 교회들을 본받는 사람이 되었습니다. 그들이 유대 사람에게서, 고난을 받은 것과 같이, 여러분도 여러분의 동족에게서 똑같은 고난을 받았습니다.

그들은 단지 개인적으로 바울과 예수님을 본받은 것이 아니라 그들보다 앞서 세워진 공동체인 예루살렘 공동체를 본받고 있었습니다. 즉, 유대에 있는 하나님의 교회들을 본받는 사람이 되었습니다. 이 본받음은 개인적 차원을 넘어서서 교회 공동체에 이르고 있습니다. 개인이 개인을 본받는 것을 넘어서서 공동체가 공동체를 본받는 것에 대해서 성경은 이야기하고 있습니다.

특별히 이 본문에서는 유대에 있는 하나님의 교회가 고난을 받은 것을 본받아서, 데살로니가 교회도 똑같은 고난을 받고 있다는 말을 언급합니다. 우리가 다른 공동체로부터 본받아야 하는 것 중 하나는 여러 어려움과 박해 가운데서도 주님에 대한 충성심을 놓치지 않고, 공동체로서 함께 이러한 어려움을 이겨 나가는 것입니다.

사람들이 개인이나 어떤 공동체에 감동을 받는 것은 그들이 쉽지 않은 상황 속에서 자신들이 살아내야 할 삶의 몫을 묵묵히 살아낼 때입니다. 이렇게 하나님의 공동체는 지난 2천 년 동안 고난과 유혹을 이기고 주님께 충성하며, 보이지 않는 하나님을 따르며 하나님을 세상 속에서 드러내며 살았습니다.

성경을 잘 보십시오. 성경은 "사람을 왜 봐? 하나님 보고 다니는 거야"라고 가르치지 않습니다. 놀랍게도 거꾸로 가르치고 있습니다. "하나님은 안 보이니 사람을 보고 교회 다녀라"라고 말입니다. 하나님은 보이지 않으니 하나님을 보여 주는 사람들, 그들의 공동체를 보고 교회를 다니라는 것입니다. 이것이 피할 수 없는 성경의 가르침입니다. 그래서 주님은 "너희 아버지께서 완전하신 것같이 너희도 완전하여라"라고 하셨고, 사도 바울 역시 "내가 그리스도를 본받는 사람인 것과 같이 여러분은 나를 본받는 사람이 되십시오"라고 가르쳤습니다. 그리고 그런 가르침을 받았던 데살로니가 교회는 주님을 본받았을 뿐만 아니라 마케도니아와 아가야 사람들에게도 본이 되었던 것입니다.

그렇다면 이러한 본받기의 대물림이 일어나려면 우리는 구체적으로 어떻게 살아야 할까요?

그리스도를 닮아가는 개인

첫 번째로, 그리스도인 각자가 그리스도를 닮아가는 삶을 살아야 합니다. 구원받았다는 것은 예수 그리스도를 따라가는 삶을 산다는 의미입니다. 구원받는 것은, 죽고 난 다음 영생을 얻게 되는 나중의 일이 아니라, 지금 예수 그리스도를 따라가는 것입니다. 이제부터 예수를 따라가며 하나님나라 백성으로 살다가, 우리 인생이 끝나면 부활하신 예수께서 계신 그분의 영원한 나라로 들어가는 것입니다. 구원이란 우리 속에서 이루어져 가는 진행형입니다. 따라서 예수를 따라가는 것 역시 진행형입니다. 우리에게는 예수를 따라가며 그리스도를 닮아가는 일이 필요합니다.

그리스도인에게 가장 중요한 것은 무언가를 행하는 것이 아니라 예수님을 닮아가는 일입니다. 교회 활동을 하고 봉사를 하고 선교 활동을 하는 것보다 더 중요한 것은 우리 존재, 성품, 성격, 가치관, 내면이 예수님을 닮아가는 것입니다. 이렇게 예수님을 닮아가면서, 예수님이 원하시는 것을 행하는 것입니다. 우리의 존재와 행함 모두 예수님을 중심으로 움직이게 되는 것이죠.

우리에게 구원이 정말로 주어졌다면, 그 구원은 우리 속에서 가만히 있지 못합니다. 거짓된 구원은 우리 속에 들어와서 '이제 구원받았으니 됐어' 하고 가만 놔둘지 모르지만, 진정한 구원이 들어오면 우리 속에서 꿈틀댑니다. 구원은 생명입니다. 그리고 생명은 살아서 꿈틀거립니다. 그래서 우리를 변화시킵니다. 그분을 닮아가게 하는 것입니다.

그러나 이 일은 우리가 가만히 있는데도 되는 일은 아닙니다. 예수를 잘 알지 못하는데 어찌 닮고 싶은 마음이 생기고, 또 어떻게 닮아갈 수 있겠습니까? 오늘날 우리 그리스도인들에게 닥친 재앙 중 하나는 바로 예수를 잘 모른다는 것입니다. 예수님을 닮아간다는 것은 그저 착한 사람이 되는 것이 아닙니다. 우리는 예수를 닮아가기 위해 예수에 대해 배워야 합니다. 그렇게 하기 위해 성경에서 가르치는 바에 집중하는 것입니다. 성경에 나타난 예수님이 어떤 분인지를 보는 것입니다.

사실, 지난 2천 년 동안 예수님을 따라왔던 사람들의 가장 중요한 화두, 진정한 그리스도인들의 마음속에서 영원히 지워지지 않는 한 가지 화두는, '어떻게 예수를 닮아갈 것인가'였습니다. 오늘날 우리 그리스도인들이 회복해야 할 새로운 영적 감각이 있습니다. 그것은 바로 예수를 닮아가는 것의 그 미묘하고도 아름답고도 신비한 맛입니다. 오늘날 많은 사람들이 잊어버린, 그 미각입니다.

하지만 이는 쉬운 일이 아닙니다. 예수를 닮아가는 것을 막기 위해 다른 영적인 세력들이 움직이고 있기 때문입니다. 우리는 아주 많은 유혹을 받습니다. 또 박해를 받습니다. 사실, 많은 교회 지도자들이 도덕적인 죄를 짓거나 스캔들에 빠지는 이유가 여기에 있습니다.

우리 시대에 존경받았던 고 옥한흠 목사님의 아들이 쓴《아버지, 옥한흠》이라는 책에는 이런 이야기가 나옵니다.

아들이 병석에 계신 아버지께 물었습니다.

"아버지, 아버지는 교회 목회하면서 여자 문제 없으셨나요?"

아버지는 이렇게 대답했습니다.

"왜 없었겠니? 아빠도 정말 이대로 쓰러지는구나 하는 생각이 들 정도로 휘청거린 적이 한번 있었단다. 하지만 하나님의 은혜로 다행히 그 위기에서 쓰러지지 않았단다. 하나님께서 거의 쓰러질 뻔한 이 아빠를 붙잡고 일으켜 다시 세워 주셨지."

옥한흠 목사님 같은 영적 거인도 거의 쓰러질 뻔한 위험한 순간이 있었다고 고백합니다. 사람들은 모두 약합니다. 그러므로 예수를 본받기 위해서 정말 치열하게 따라가는 사람들조차도 자신의 약점 때문에 쓰러질 수 있는 위험성이 언제나 있습니다. 예수를 본받는 것이 그렇게 쉬운 일이 아니기 때문에 그렇습니다. 그러나 하나님 앞에서 무릎을 꿇고 기도하는 자들은 하나님이 붙잡아 주십니다.

그런 면에서 그리스도인들에게 필요한 것이 회개입니다. 회개는 그저 잘못했다고 이야기하는 것이 아닙니다. 회개란, 자신의 잘못된 방향을 인정하고 하나님의 은혜에 의존하는 그리스도인들의 삶의 방식입니다. 만약 그리스도인들이 더 이상 회개하지 않는다면, 그것은 아마 자신들이 잘못된 방향으로 가고 있다는 감각을 잃어버렸거나 아니면 하나님의 은혜에 더 이상 의존하지 않는 상태에 빠져버렸기 때문일 것입니다. 그저 후회에서 그치지 않고 하나님의 은혜를 구하는 것이 진정한 회개입니다. 만약 그렇게 하지 않는다면 예수를 닮아가다가, 어느 순간 치명적인 공격을 당하고 돌이킬 수 없는 실수를 하게 될 것입니다.

우리 그리스도인들이 꿈꿔야 할 것은 이것입니다. '나이 들어 죽을 때쯤 되면 내 속에서 예수님의 모습이 한 자락이라도 좀 스쳐 나타났으면 좋겠다. 내 인격에서, 내 삶에서 예수 그리스도가 조금이라도 드러났으면 좋겠다.' 이 소망이 지난 2천 년 동안 그리스도인들이 가지고 있던 화두였다는 사실을 잊지 마십시오.

머리이신 그리스도께 충성하는 교회 공동체

/

두 번째는 교회 공동체가 해야 할 일로서, 머리이신 그리스도께 충성하는 것입니다. 성경은 교회를 그리스도의 몸이라고 이야기합니다. 그리고 예수님은 그 몸의 머리라고 말하며, 몸은 머리이신 그리스도께 충성해야 한다고 명령합니다. 머리의 지시를 받지 않고 손발이 마음대로 움직이면 어떻게 되겠습니까? 광란의 상태가 되겠죠. 이는 실제로 그리스도인들이 범할 수 있는 실수입니다. 우리는 예수님을 닮아갈 뿐만 아니라 머리이신 그분께 충성해야 합니다.

그렇게 충성할 때 그분이 우리에게 가장 먼저 요구하시는 것은 어떤 일을 하라는 것이 아니라 '서로 사랑하라'는 것입니다. 교회 안에서 서로 사랑하는 것입니다. 하지만 좋아서 사랑하는 것이 아니라, 서로 다르고 흠이 있고 문제가 있음에도 불구하고 사랑하는 것입니다.

특별히, 교회에서 문제가 있는 사람들을 볼 때 그들을 사랑할 줄 알아야 합니다. 교회는, 사람들에게 흠이 보여도 그 흠을 품는 법을 배운 사람들이 함께 이룬 공동체입니다. 교회는 원래 부족한 사람들이 모여서 함께 자라가는 곳입니다. 예수님이 그러지 않으셨나요? 그분은 흠 많은 자들을 품고 사랑해 주지 않으셨나요? 그러므로 우리도 교회에서 그것을 배우고, 사랑의 훈련장으로서의 교회를 회복해야 합니다.

한 걸음 더 나아가서, 교회 내의 어떤 그리스도인들에게 문제가 있을 때 무조건 그것을 덮어 주는 것이 사랑은 아닙니다. 사랑의 공동체는 덮어 주는 공동체가 아니라 건강하게 세워 주는 공동체입니다. 서로 정말 사랑한다면 잘못된 길로 가는데도 내버려 둘 수는 없지 않습니까? 공동체라면 우리 속에 문제가 있을 때 이야기하고 고칠 수 있도록 도와주어야 합니다. 교회는 서로를 세워 주고 보호하고 지켜 주는 공동체입니다. 그것이 교회 공동체로서 머리이신 그리스도께 충성하는 모습입니다.

이렇게 교회 공동체는 서로 지체된 자들을 사랑할 뿐 아니라, 머리이신 그리스도께서 가지고 계신 뜻이 무엇인지 끊임없이 묻고 순종합니다. 이런 면에서 교회가 보이지 않는 하나님을 드러내고 싶다면, 지도자들이 끊임없이 하나님의 뜻을 묻고, 또한 그 뜻을 어떻게 구체적으로 교회 공동체 속에 드러낼 것인지 고민해야 합니다.

교회가 의사 결정을 할 때 어떻게 하나님의 뜻을 분별하는 과정을 가질 것인가는 머리이신 그리스도를 드러내는 일에 매우 중요합니다. 교회 공동체에서 몇몇 사람들 또는 한 개인이 하나님의 뜻을 대행하기도 하고, 다수결에 따라 움직이기도 하지만, 하나님의 뜻을 분별하고 함께 기도하면서 결정해 가는 공동체를 어떻게 세울 것인지 깊이 고민해야 합니다. 무엇보다도 교회의 지도자들은 보이지 않는 하나님을 어떻게 자신들의 공동체적 삶과 사역을 통해서 세상 사람들이 볼 수 있도록 드러낼 것인지를 고민해야 할 것입니다. 그래야 하나님을 볼 수 없는 사람들이 교회를 보고 하나님을 어렴풋이 감지할 수 있을 테니까요.

각자의 단계에서 본이 되라

/

마지막으로, 그리스도인과 교회 모두 각자의 단계에서 본이 되어야 합니다. 저는 데살로니가 교회가 주님을 본받았다는 것은 이해가 되었지만, 아가야와 마케도니아에 있던 사람들에게 본이 되었다는 사실에는 충격을 받았습니다. 예수님을 안 지 1년 반밖에 되지 않았는데 어떻게 본을 보일 수 있었을까요? 그것은 각자 자기의 단계에서 본을 보인 것입니다.

영적 성숙의 단계는 100단도 넘는다고 할 수 있습니다. 그리스도인 각자는 대부분 단계가 다를 것입니다. 그렇다면 자신의 단계 아래에 있는 누구에게든 본을 보일 수 있습니다. 만약 우리가 이제 막 예수님을 알게 되었다면 예수가 주라는 사실을 더듬거리는 말로라도 사람들에게 전해줌으로써 본을 보일 수 있습니다. 이렇게 자기 단계에서 나누기 시작해야, 다음 단계에서도 나눌 것들, 본을 보일 것들이 생겨납니다. 예수 그리스도를 소개하는 것은 높은 단계에 이른 사람의 일이 아니라 예수를 만난 사람이라면 누구나 할 수 있는 일입니다.

기독교의 진리를 좀 더 깊이 이해하여 삶의 기초가 든든해졌다면, 그 기초를 다른 사람들에게 나누어 주십시오. 다른 사람들이 본받을 수 있도록 도와주십시오. 우리 자신이 영적인 대 선지자나 성자가 될 때까지 기다리지 마십시오. 만약 그러려고 한다면, 우리는 누구도 본받게 할 수 없을 것이며, 또한 그렇게 성장하지도 못할 것입니다. 자기 단계에서 나누기 시작할 때 놀라운 일들이 벌어질 것입니다.

교회 안에서 순기능적 대물림이 끊임없이 일어났으면 좋겠습니다. 청년들은 장년들에게서 배우고, 리더들은 또 다른 어른들을 보면서 자라날 수 있습니다. 그래서 청년들이 나중에 제 나이쯤 되어 교회의 지도자들이 되었을 때, 그들보다 어린 청년들은 지금의 청년들보다 수준이 높아졌으면 좋겠습니다. 세월이 지날수록, 세대가 바뀔수록 예수님을 닮아가고 예수님을 드러내는 것이 더 깊어지고 더 온전해지고 더 분명해져야 하는 것이 교회입니다. 그래서 감히 "우리를 보십시오. 부족하지만 우리 공동체를 보십시오. 우리 가운데 하나님이 조금 드러나 있습니다. 말과 혀만의 고백이 아닌 진실한 삶의 고백이 우리 공동체 속에 녹아 있습니다"라고 말할 수 있게 되는 것이 하나님이 꿈꾸시는 교회인 것입니다.

진실하게 따라가고 있는가?

이렇게 보이지 않는 하나님을 드러내 보여 주는 사명을 그리스도인 개인과 공동체가 가지고 있다는 사실은 가슴을 뛰게도 만들지만, 한편으로 매우 부담되는 일이기도 합니다. 사람을 보지 말고 하나님 보고 다니라고 말하던 사람들이 갖던 핑계거리나 면책특권이 갑자기 사라져버린 것 같습니다. '아! 그리스도인으로 사는 것이 이렇게 부담스러운 것이란 말인가' 하고 질문할지도 모르겠습니다.

그러나 우리가 꼭 기억해야 할 것은 앞서 우리가 각 단계에서 본을 보여야 한다고 말한 것처럼, 우리가 완전해서 본을 보이는 것이 아니라는 사실입니다. 사람들이 우리에게서 보기 원하는 것은 완전한 모습이 아닙니다. 진실하게 예수를 따라가는 모습입니다. 우리가 언제 완전에 이르겠습니까? 제가 30년 주님을 따라왔지만, 완전이라는 단어와는 거리가 멀어도 한참 멉니다. 그러나 진실할 수는 있습니다. 진실하게 그분을 따라갈 때, 그 진실성은 사람들에게 드러납니다.

영적 성숙의 어느 단계에 이르렀든지, 자신의 상황에서 진실한 것이 무엇보다도 중요합니다. 사람들은 완전한 것에서 감동을 받기보다는 거리감을 느낍니다. 완전하다고 주장하거나, 그렇게 보이는 사람에게는 정이 가지 않습니다. 그러나 부족하고 약하지만, 진정성을 가지고 성장하고 변화되어 가는 사람을 볼 때는 감동을 받습니다. 사실, 우리가 닮아야 할 예수님은 너무나 완전한 분이시지만, 우리가 그분을 닮아가는 과정을 한 단계 한 단계 기다려 주십니다. 우리가 해야 할 일은 자신이 다다른 단계에서 진실하게 예수께 반응하는 것입니다.

그러므로 진실하게 예수를 따라가면서 우리가 끊임없이 질문해야 함을 잊지 마십시오. 우리의 영원한 화두는, '나는 예수에 대해서 무엇을 알고 있는가?' 하는 것입니다. 그렇습니다. 예수는 보이지 않는 하나님의 형상입니다. 예수님을 알아 가는 것이 우리가 하나님을 알아 가는 귀한 일의 본령입니다. 알지 못하는 예수를 어떻게 따르며 어떻게 닮겠습니까? 우리가 예수에 대해서 무엇을 알아 가고 있는지, 예수의 어떤 면을 본받고 있는지, 그분의 발자취를 어떻게 따라 걷고 있는지 계속해서 질문하십시오. 우리가 개인적으로 그리고 공동체적으로 평생 놓치지 말아야 할 중대한 물음이 있다면, 바로 우리가 얼마나 그분을 알아 가고 있고, 그분의 발자취를 좇아 그분을 닮아가고 있는가입니다. 우리 모두, 바울이 고백했듯이, "내가 그리스도를 본받는 자 된 것같이, 여러분들도 나를 본받는 자가 되십시오"라고 말하는 성숙에 이르기를 기도합니다.

11

그 교회
부흥하네

나들목교회를 시작하고 3-4년쯤 지났을 때쯤 몇몇 사람이 제게
이런 질문을 해 왔습니다.

"나들목이 부흥한다면서요?"

그런 갑작스런 질문에 대답하기가 곤란할 때가 많았습니다.

"아, 부흥이요? 네, 부흥하죠."

"아, 네, 감사하죠."

이 정도가 저의 반응이었습니다.

시간이 좀 더 흘러서도 여전히 "나들목교회가 부흥한다면서
요?"라는 질문을 받았습니다. 여전히 좀 더듬으면서 "그, 그렇죠
뭐"라고 하면, 그다음 질문이 꼭 덧붙여졌습니다.

"그럼, 몇 명 정도 모이나요?"

당시는 교회가 5-6년 정도 되었을 때였으므로, 저는 "오륙백 명 정도 모입니다"라고 답을 했습니다. 그러면 "아, 그래요?"라며 대부분은 더 이상의 질문을 하지 않으셨습니다. 요즘 한국의 부흥하는 교회들은 5-6년 되면 천 명을 넘어서는데 나들목교회는 그 정도라니 흥미를 잃으신 거겠지요.

"그 교회, 참 부흥하네"라고 할 때 도대체 그 의미는 무엇일까요? 부흥이란 숫자와 규모가 커지는 것을 뜻하는 걸까요? 진정한 부흥은 무엇이고, 어떻게 하면 부흥하는 교회가 될 수 있을까요?

교회 부흥에 대한 일반적인 생각

/

사실 어떤 교회가 부흥한다고 하면, 대부분의 사람은 얼마나 많은 사람이 모이는가를 떠올립니다. 그래서 늘 주일 예배에 몇 명이나 모이는지 질문하고, 어떤 교회들은 주보에 예배 참석 통계를 싣기도 합니다. 또한 교회의 예산이 얼마나 되는지, 얼마나 큰 건물을 지었는지, 얼마나 멋있고 의미 있는 사역들을 하는지, 얼마나 다양한 프로그램이 운영되는지에 관심을 갖습니다. 혹은 이와는 달리, 어떤 사람들은 예배의 열기가 뜨겁고, 그 예배를 통해서 많은 사람이 위로를 받고 힘을 얻는 것을 부흥하는 교회의 특징이라고 생각합니다.

감성주의

가만히 살펴보면, 우선 부흥의 성격에는 감성주의가 있다는 느낌이 듭니다. 예배를 통해서 무엇을 느꼈는가, 얼마나 위로를 받았는가, 얼마나 새로운 에너지를 얻었는가가 중요한 의미를 가지기 때문입니다. 다시 말해, 자신이 무엇을 느꼈느냐가 교회 부흥에 중요하다는 것이지요.

사실, 세파에 지친 사람들은 교회에서 위로받기 원합니다. 편안함과 위안을 주는 교회라면 사람들이 많이 모일 것입니다. 또 많은 사람이 모여서 찬양을 하면 그것 자체로 힘이 있습니다. 열 명, 스무 명이 모여 찬양하는 것보다는 백 명, 이백 명이 모여서 찬양하면 더 힘이 있습니다. 또 그 수가 천 명, 만 명이 되면 정말 굉장한 힘이 됩니다. 그 속에 들어가 있으면 뭔가 일이 일어나고 있다는 느낌이 듭니다. 이는 심리학적으로나 사회학적으로도 충분히 설명할 수 있는 일입니다. 따라서 이렇게 많은 사람들이 모여서 예배를 드리고, 위로를 받고, 힘을 얻으면 교회가 부흥하고 있다고 생각하게 되지요.

그런데 하나님은 이런 겉모양을 보시는 분이 아닌 것 같습니다. 성경 곳곳에서 그런 말씀을 하시지만 호세아서 6장 6절에서도 이렇게 표현하십니다.

내가 바라는 것은 변함없는 사랑이지, 제사가 아니다. 불살라 바치는 제사보다는 너희가 나 하나님을 알기를 더 바란다(참고. 마 9:13).

하나님이 정말 원하시는 것은 사람들이 드리는 화려한 제사나 번제물이 아니라 그들이 하나님을 아는 것, 하나님을 아는 데서 흘러나오는 변함없는 사랑, 가난하고 약하고 힘든 자들을 향한 변함없는 사랑을 갖는 것이라고 말씀하십니다.

화려하고 멋지게 예배를 드리는 것은 물론 나쁘지 않습니다. 그럴 수 있다면 좋은 일입니다. 그러나 그 예배를 통해 하나님을 알게 되고 감격했다면, 그렇게 예배를 드리고 난 다음 일상에서 자신들이 경험한 하나님의 사랑을 변함없이 흘러나오게 하는가에 하나님은 관심이 있으십니다. 그런 열매가 있을 때, 우리는 참된 부흥을 경험하고 있다고 말할 수 있을 것입니다.

그러니 우리가 모여서 아주 화려하고 감동적인 예배를 드렸다 할지라도 우리 일상의 삶에서 변화가 일어나지 않는다면, 하나님은 그 예배가 힘들다고 하십니다. 하나님은 이사야서 1장에서, 그렇게 화려하게 드려지는 구약 시대의 예배를 바라보시면서, 이사야를 통해서 이렇게 말씀하셨습니다(11-14절).

11주님께서 말씀하신다. "무엇하러 나에게 이 많은 제물을 바치느냐? 나는 이제 숫양의 번제물과 살진 짐승의 기름기가 지겹고, 나는 이제 수송아지와 어린 양과 숫염소의 피도 싫다. 12너희가 나의 앞에 보이러 오지만, 누가 너희에게 그것을 요구하였느냐? 나의 뜰만 밟을 뿐이다! 13다시는 헛된 제물을 가지고 오지 말아라. 다 쓸모없는 것들이다. 분향하는 것도 나에게는 역겹고, 초하루와 안식일과 대회로 모이는 것도 참을 수 없으며, 거룩한 집회를 열어 놓고 못된 짓도 함께하는 것을, 내가 더 이상 견딜 수 없다. 14나는 정말로 너희의 초하루 행사와 정한 절기들이 싫다. 그것들은 오히려 나에게 짐이 될 뿐이다. 그것들을 짊어지기에는 내가 너무 지쳤다."

하나님은 이스라엘 백성들이 드리는 화려하고 멋지고 장엄하고 격식에 맞춘 예배들에 대해서 '역겹다, 지겹다, 짐이 된다, 내가 지친다, 하지 마라'라고 말씀하십니다. 예배가 필요 없어서일까요? 제사가 불필요한 것이었나요? 아닙니다. 예배와 제사는 구약 성경의 핵심적인 부분입니다. 그러나 그런 예배와 제사를 드렸다면 거기에 걸맞은 인애와 자비를 베푸는 삶이 있어야 했습니다. 그런 삶은 없이 화려한 예배만을 드릴 때, 하나님은 그것이 역겨워 견딜 수 없다고 말씀하시는 것입니다.

그러므로 정말 부흥이 일어나는 교회에서 드려지는 예배에서는, 우리가 무엇을 느꼈느냐가 중요하지 않습니다. 하나님은 그것을 그렇게 강조하지 않으십니다. 하나님은 우리가 받는 주관적인 감동보다는, 하나님으로 말미암아 우리의 내면이 변화되어 하나님께서 원하시는 삶을 살아가는 것에 관심을 가지고 계십니다.

외형주의

이뿐만 아니라 우리는 교회가 부흥한다는 이야기를 할 때 외형주의에 빠지는 경향이 있습니다. 우리가 자본주의 사회에서 살기 때문인지도 모르겠지만, 규모가 커져야 일할 수 있다는 생각들을 합니다. 커져야 돈이 모이고, 자금이 있어야 무언가를 할 수 있다는 것이지요. '숫자와 규모가 없이 세상에서 무슨 일을 할 수 있겠는가?'라고 이야기하기도 합니다.

그런데 성경에 나오는 하나님은 규모와 숫자를 싫어하시는 분 같습니다. 사사 기드온의 이야기를 예로 들 수 있습니다. 기드온이 미디안에 맞서 전쟁을 하러 나갈 때였습니다. 당시 3만 2천 명의 병력이 그를 뒤따랐습니다. 그러자 하나님이 그에게 나타나셔서 말씀하셨습니다. "네가 거느린 군대의 수가 너무 많다. … 이스라엘 백성이 나를 제쳐 놓고서, 제가 힘이 세어서 이긴 줄 알고 스스로 자랑할까 염려된다"(삿 7:2). 그래서 기드온은 하나님의 명령에 따라 두 번에 걸쳐서 군대의 숫자를 줄여 군대는 결국 3백 명 규모가 되었습니다. 기드온은 이 3백 명을 데리고 전쟁에 나가 승리합니다.

하나님은 이스라엘 백성을 택하셨을 때에도 그들의 수가 많아서 택한 것이 아니라고 말씀하십니다. "주님께서 당신들을 사랑하시고 택하신 것은, 당신들이 다른 민족들보다 수가 더 많아서가 아닙니다. 오히려 당신들은 모든 민족 가운데서 수가 가장 적은 민족입니다"(신 7:7). 하나님은 숫자가 많고 규모가 큰 것에 그렇게 관심이 있지 않은 것 같습니다. 오히려 적은 숫자, 세상이 볼 때 화려하지도 않고 힘 있어 보이지도 않는 자들을 기뻐하시고 그들을 통해서 일하시는 것 같다는 인상을 지울 수가 없습니다.

더욱이 고대의 신전들과 하나님이 지으라고 명하신 성막을 비교해 보십시오. 고대의 신전들은 장엄하고 그 규모가 아주 컸습니다. 바벨론의 느부갓네살 왕은 높이가 30미터에 달하는 자신의 신상을 만들었습니다. 그런데 더 중요한 것은 그것을 다 금으로 만들었다는 사실입니다. 또 이집트 제18왕조의 오벨리스크도 높이가 33미터에 달했고, 스핑크스는 20미터, 람세스 2세와 3세의 석상도 20-30미터에 이르렀습니다. 고대의 신전들은 그 신이 그렇게 크다는 것을 나타내기 위해 장엄하고 크게 만들어졌습니다.

그런데 하나님은 자신이 거할 곳으로 큰 성전을 지으라고 하신 것이 아니라 성막, 곧 텐트를 지으라고 하셨습니다. 직접 성막을 설계하시고 이것을 자세히 설명해 주십니다. 성막의 크기는 어느 정도일까요? 총 대지 면적은 1,200제곱미터(약 400평), 실제로 성막이 지어진 면적은 70제곱미터(약 20평), 그리고 하나님이 임재하시는 특별한 곳인 지성소의 면적은 고작 7평밖에 되지 않았습니다. 지성소 안에 하나님이 임재하신다는 속죄소, 즉 하나님의 보좌가 있었습니다. 그 보좌의 크기는 길이가 1미터, 너비가 50센티미터였습니다. 하나님은 이렇게 초라하고 작은 곳에 계시겠다고 말씀하셨습니다.

하나님이 거하시겠다고 직접 설계하신 장막은, 고대의 신상들과 비교해 본다면 지극히 조그마한 텐트에 지나지 않습니다. 이 텐트의 높이는 밖에서 보면 5미터 정도입니다. 멀리서는 잘 보이지도 않는 것이 바로 하나님이 스스로 거하겠다고 지시하셔서 만든 장막입니다.

하나님은 규모에 큰 관심이 없으신 것 같습니다. 자신의 영광을, 인간이 만들어 낼 수 있는 휘황찬란한 건축물이나 화려한 금은으로 드러내려고 하시지 않습니다. 예수님이 하나님나라에 대해 비유로 설명하실 때, 전 우주를 포괄할 수 있는 그 영광스런 하나님나라를 설명하실 때, 겨자씨라는 작은 씨앗에 빗대어 이야기하셨다는 것을 기억하십니까? 하나님은 규모가 아니라 그 속에 있는 생명력을 더 중요하게 여기십니다. 그러니 우리가 규모를 보면서 부흥을 이야기한다면 그것은 하나님에 대한 오해에서 나온 결과라고밖에 생각할 수 없습니다.

그렇다면 '부흥'이란 무엇입니까? 부흥의 의미는 이렇게 간략하게 정리할 수 있다고 생각합니다. '부흥이란 하나님이 개입하셔서, 하나님의 방식으로 하나님 자신을 드러내는 것이다.' 다시 말해 부흥이란, 하나님이 인간 역사에 개입하셔서, 인간의 힘이나 규모가 아니라 하나님의 방식으로, 세상의 논리와 세상의 방식이 아닌 하나님의 방식으로 하나님 자신을 드러내는 것, 인간들이나 어떤 다른 모습이 아닌 하나님 자신이 드러나는 것입니다. 그러므로 휘황찬란한 예배를 드리고, 대단한 사역을 하며, 교인의 숫자가 늘어나 큰 건물을 짓고 예산 규모가 커지는 것을 보고 교회가 부흥한다고 말한다면, 그것은 하나님에 대한 오해에서 오는 표현일 것입니다.

건강한 교회와 부흥하는 교회

/

저는 이번 장에서 진정으로 부흥하는 교회에 대한 이야기를 하려 합니다. 그러려면 사실 건강한 교회에 대한 이야기도 함께 해야 합니다. 이와 함께 건강하지 못한 교회에 대한 이야기도 하게 될 것입니다.

건강한 교회와 부흥하는 교회는 조금 차원이 다릅니다. 이를테면, 건강한 몸을 가진 사람과 창조적이고 생산력 있는 삶을 사는 사람을 생각해 볼 수 있습니다. 몸이 건강하다고 해서 꼭 창조적이고 생산적인 삶을 사는 것은 아닙니다. 하지만 건강한 몸과 마음을 가지고 살아가는 사람이 업그레이드되어 창조적이고 생산적인 삶, 영향력 있고 다른 사람들에게 영감을 주는 삶을 살아갈 수 있습니다. 이는 건강한 삶보다 높은 수준의 삶입니다. 이와 마찬가지로 교회의 경우에도 건강한 교회가 있고, 건강한 교회보다 높은 수준의 부흥하는 교회가 있습니다.

그렇다면 건강한 교회와 부흥하는 교회는 어떤 특징이 있을까요?

'나'에서 '하나님'으로

먼저, 건강한 교회는 사람들에게 나의 삶의 의미가 무엇인지, 내가 어떻게 살아야 하는지를 설명해 줍니다. 건강한 교회에 속한 사람들은 예수 그리스도를 통해 자신이 누구이고 어떻게 살아야 하는지를 발견하고 배워 갑니다. 그래서 건강한 교회의 특징 중 하나는, 끊임없이 회심이 일어난다는 것입니다. 그러니 숫자가 늘 수밖에 없습니다. 회심이 일어나지 않는다는 것은, 사람들이 예수 그리스도를 발견하고 인생이 바뀌는 놀라운 일들이 일어나지 않고 있다는 이야기입니다. 민주적 정관을 바탕으로 잘 움직이고 있다고 해서 건강한 교회는 아닙니다. 그것은 건강한 교회가 아니라 건강한 조직입니다. 건강한 교회에는 늘 예수께로 돌아오는 자들이 있습니다.

또한 건강한 교회에서는 우리 각자가 가진 삶의 문제, 위기, 고통 등을 어떻게 극복해야 하는지 성경적인 해답을 찾습니다. 그래서 예수 그리스도를 통해서 인생의 위기와 고통에 어떻게 접근하여 문제를 풀어 나가야 하는지를 깨닫게 됩니다.

반면, 건강하지 않은 교회는 삶의 의미를 편협하게 이해합니다. 고통에 대해서도 잘못 이해합니다. 고통이 생기는 이유는, '기도하지 않아서', 혹은 '벌 받을 짓을 했기 때문에'라고 이야기합니다. 그러니 해결책도 올바르지 못합니다. 고통의 문제를 제대로 파악하지 못하기 때문에, 제시하는 해결책도 "열심히 기도하십시오", "성경을 열심히 읽으십시오"에서 그칩니다. 물론 이는 부분적으로는 맞는 말지만, 하나님을 잘못 이해한 데서 나오는 결과들입니다.

그렇다면 부흥하는 교회는 어떨까요? 부흥하는 교회는 건강한 교회가 그렇듯 우리 각자와 관련된 문제로 하나님을 찾기 시작하지만, 그 관심이 '나'에서 '하나님'으로 옮겨 갑니다.

우리는 자신에 대한 관심에서 신앙생활을 시작합니다. 그리고 건강한 교회에서는 우리 각자의 삶에 대한 답을 주는 정도라면, 부흥하는 교회에서는 그 관심이 '나' 자신에서, 답을 주시며 해결할 수 있는 힘과 견딜 수 있는 능력을 주시는 '하나님'께로 옮겨가기 시작합니다. 그렇기 때문에 부흥하는 교회의 성도들은 하나님에 대한 관심, 예수님에 대한 관심이 지대합니다. 그들은 사복음서와 신약의 서신서들을 통해서 예수님에 대한 새로운 깨달음을, 더 나아가서는 구약에 나타나셨던 하나님에 대한 새로운 깨달음을 함께 나눕니다. 그 하나님을 알고 싶어서 성경을 열심히 연구합니다. 하나님을 알 수 있는 지식의 보고가 성경임을 알기 때문에, 성경을 매우 존귀하게 여기고, 그 속에 나타난 하나님을 발견하고 배우고 경험하려고 애씁니다. 뿐만 아니라 그렇게 깨달은 하나님과 일상의 삶 속에서 어떻게 동행할까, 어떻게 살아 계신 하나님의 임재 속에서 살아갈 수 있을까를 고민합니다. 관심의 초점이 하나님께로 옮겨 간 것입니다.

'나'에서 '이웃'으로

두 번째로, 건강한 교회에서는 성도들이 각자 어떻게 더 온전한 사람이 되어갈까를 생각합니다. 어떻게 좀 더 전인격적으로 건강한 사람이 될까, 어떻게 좀 더 거룩해질 수 있을까, 어떻게 예수님을 닮아갈 수 있을까에 관심을 갖습니다. 그리고 이렇게 성장하고자 노력할 때, 건강한 교회에서는 성경적인 답을 얻습니다.

반면, 건강하지 않은 교회에서는 사람을 온전하게 세우기보다, 잘못된 지식으로 사람들을 억압하고, 그릇된 죄책감을 갖게 합니다. 그래서 성도들이 설교를 듣고 성경을 공부하면서 자유로워지는 것이 아니라 죄책감에 시달립니다. 예수님이 보여 주셨던 너그러운 마음, 죄인들을 품으시는 은혜를 누리지 못하고, 죄와 부족을 떠올리며 정죄감에 시달립니다. 성도들은 눌려 있을 수밖에 없습니다. 그러다 보면 성도들은 사랑이 아니라 두려움에서, 건강하지 못한 교회가 요구하는 방식으로 움직입니다. 그렇게 하지 않으면 벌을 받으니까요. 그 결과는 붕어빵처럼 모두 똑같은 사람들이 나오는 것입니다.

이와 다른 방향으로 건강하지 못한 교회도 존재합니다. 어떤 교회에서는 사람들의 탐욕을 성찰할 수 있는 기회를 주지 않습니다. 오히려 각자에게 숨겨진 탐욕을 더 이루기 위해서 신앙생활을 하도록 부추깁니다. 더 열심히 기도하고 신앙생활을 하면 자신이 원하는 것을 얻을 수 있다고 가르칩니다. 세상에서 성공해서 하나님께 영광을 돌리라고 가르칩니다. 이렇게 될 경우, 사람들은 자신의 자기중심성을 분별해 내지 못합니다. 그래서 설교 듣기가 편합니다. 늘 복 받는 이야기입니다. 늘 하나님은 우리 편이고 사랑이 끝이 없으신 분이라는 이야기만 듣습니다. 위로받는데 익숙하고, 제자로서 대가를 지불하는 것은 해도 그만, 안 해도 그만인 선택사항이 되어버립니다.

그러나 건강한 교회에서는 정말로 예수님을 닮아갈 수 있도록 답을 줍니다. 예수님이 주시는 자유가 무엇이며, 그가 주시는 풍성한 삶이 무엇인지 알아 가고 누리는 법을 가르치고, 그렇게 살아가는 선배들이 존재합니다. 그런데 부흥하는 교회는 여기서 한 걸음 더 나아갑니다. 부흥하는 교회에서는 그 관심이 '나'의 성장을 넘어서 '이웃'에게로 넘어갑니다. 우리 각자가 그렇게 사랑을 받았고 하나님 앞에서 그처럼 존귀한 존재라면, 자기 옆에 있는 사람을 어떻게 사랑할 것인가에 관심을 갖기 시작합니다.

성경은 분명히 "네 이웃을 사랑하라" 하고 명령합니다. 그런데 우리의 현실은 그 이웃이 누군지 잘 모른다는 것입니다. 옆집 사람도 잘 모르고, 아파트 윗집 아랫집 사람도 잘 모릅니다. 도시가 가져다 준 소외겠지요. 이런 현상은 그대로 교회 안으로 들어옵니다. 그래서 우리는 누구를 사랑해야 하는지를 모르고, 사랑해야 할 사람이 없는 것 같습니다.

그러나 부흥하는 교회에서는 우리 각자가 사랑해야 할 사람들이 있습니다. 우리가 책임져야 할 사람들이 있고, 그 사람들과의 관계가 형성되어 있습니다. 특별히 우리보다 약한 사람, 요즘 힘든 사람을 붙잡아 줍니다. 어떤 때는 반대로 우리 자신이 도움을 받습니다. 그런 관계 속에서 서로 사랑하라고 말씀하셨던 주님의 뜻이 이루어지기 시작합니다. 그것이 '나'에서 '우리'로 관점이 달라지는 모습이며, 건강한 교회와 부흥하는 교회의 차이점이라고 말할 수 있습니다.

실제로 그렇게 사랑하게 되면 어떤 일이 벌어질까요? 놀랍게도 서로 싸우게 됩니다. 그만큼 가까워졌기 때문입니다. 그런데 그렇게 싸웠을 때, 부흥하는 교회에서는 용서가 이루어지고, 서로 용납하는 일이 벌어집니다. 그리고 그렇게 싸우고 부딪치는 것을 통해서 자기 안에 치유되지 않은 상처가 있다는 것을 발견하고, 그것이 예수 그리스도로 말미암아 치유되는 역사까지 일어날 수 있습니다. 부흥하는 공동체에서는 그런 신비한 일들이 가능해집니다. 자신만 생각하고, 자신만 거룩해지길 원하며, 자기 자신만 예수의 제자가 되겠다고 하는 사람들에게서는 이러한 일이 일어날 수 없습니다. 그러나 하나님이 만드신 공동체인 '우리'에 대한 자각이 생겨나고, 그 '우리'가 모호한 개념이 아니라 실제로 몇몇 사람들로 이루어진 공동체일 때, 그 속에서는 하나님의 놀라운 부흥이 일어날 수 있습니다. 친구와 동반자가 생기는 곳, 그곳이 바로 부흥하는 교회입니다.

'나'에서 '세상'으로

세 번째로, 건강한 교회에서는 우리 각자의 비전이 무엇인지 찾도록 도와줍니다. 사람들은 건강한 교회를 통해서 자신의 비전을 발견하고 그 비전을 이룰 수 있는 성경적 지혜, 시각, 에너지 같은 것을 얻습니다. 반면, 건강하지 않은 교회에서는, 열심히 교회 활동을 하고 열심히 교회의 프로그램에 참여하지만 사람들이 비전을 발견하지는 못합니다. 사람들이 발견한 비전은 그 교회 목사님의 비전일 경우가 대부분입니다. 늘 어떤 행사나 프로그램에 참여하고, 끊임없이 동원되고 봉사하지만 몸과 마음이 지쳐 갑니다. 열심히 헌신했지만, 헌신짝처럼 됩니다. 건강하지 않은 교회이기 때문에 그렇습니다.

그렇다면 부흥하는 교회는 어떨까요? 부흥하는 교회에서는 우리가 사는 세상을 있는 그대로 인식하기 시작합니다. 건강한 교회에서는 우리 각자가 비전을 어떻게 찾을지 고민하게 만든다면, 부흥하는 교회에서는 우리가 살고 있는 세상이 어떤 세상인가를 하나님의 시각으로 볼 수 있도록 도와줍니다. 하나님이 진정으로 관심을 갖고 일하시는 것이 무엇인지를 보여 주어, 이런 맥락에서 자신의 비전을 찾게 해 준다는 말입니다. 이 땅의 약자가 누구이며, 정말 억울한 자들이 누구인지, 이 땅의 정말 소외받는 자들이 누구이고, 하나님이 함께 있기를 원하는 자들이 누구인지를 보게 해 줍니다. 그래서 부족한 우리이지만 할 수 있는 일들이 무엇일까, 같이 꿈꾸며 이 땅에서 고쳐야 할 작은 부분이 무엇일까에 대해서 질문하게 만들어 줍니다. 하나님의 놀라운 일들에 어떻게 참여할 수 있을까 고민하게 합니다. 비록 그 일이 작다 할지라도 참여하고, 그 일을 통해서 함께 꿈꾸고 뭔가를 같이 도모하게 해 줍니다.

성경에는 교회에 대해 깊은 통찰력을 제공해 주는 구절이 정말 많습니다. 그중에서 아름다운 교회의 모습을 보여 주는 에베소서 4장 13절은 진정한 교회, 부흥하는 교회의 모습을 다음과 같이 표현하고 있습니다.

> 그리하여 우리 모두가 하나님의 아들을 믿는 일과 아는 일에 하나가 되고, 온전한 사람이 되어서, 그리스도의 충만하심의 경지에까지 다다르게 됩니다.

진정으로 부흥하는 교회에서는 '나' 자신보다는 하나님을 알아 가는 일, 그리스도를 알고 믿는 일에 집중합니다. 그렇게 하나님을 알고, 믿는 일에 '하나가 되고 온전한 사람이 되어', '우리'의 중요성을 깨닫습니다. 혼자가 아니라 '우리'가 함께하는 것임을 깨닫습니다. 그리고 그렇게 하나가 되어 "그리스도의 충만하심의 경지에까지" 이르게 됩니다. 이 세상 속에서 그 충만하심의 경지에 이르는 것입니다.

이 '충만하심'은 에베소서 1장 23절에도 나와 있는 표현입니다. "교회는 그리스도의 몸이요, 만물 안에서 만물을 충만케 하시는 분의 충만입니다."

성경이 가르치는 세계관은 만물이 지금 허무에 굴복하고 있다는 것입니다. 세상이 공허합니다. 이것을 충만케 하는 일을 지금 하나님이 하고 계시는데, 이 일의 동역자가 바로 교회입니다. 하나님은 교회를 통해서 사람들이 허무에 굴복하지 않고 하나님이 주시는 충만함에 이르도록 하십니다. 더 나아가 우리 사회와 문화가 허무에 굴복하지 않고 충만하게, 원래의 목적을 회복하여 각각의 역할을 의미 있게 감당할 수 있도록 일하고 계십니다. 다시 말해서 부흥하는 교회는 그리스도의 충만하심에 이르러서, 만물을 충만케 하시는 하나님의 놀라운 사역에 참여한다는 것입니다. 이것이 부흥하는 교회의 특징입니다.

부흥하는 교회가 되려면

/

그렇다면 건강한 교회에서 부흥하는 교회가 되려면 우리 각자는 구체적으로 어떻게 하면 될까요?

다니지만 말고 속하라

첫 번째는, 교회에 다니지만 말고 '속해야' 합니다. 교회를 의미하는 '에클레시아'라는 단어는 앞 장에서 다루었듯이 '공동체'라는 의미입니다. 교회는 공동체입니다.

한번 생각해 보십시오. 우리는 "나, 교회 다녀"라고 이야기하곤 합니다. 그런데 곰곰이 생각해 보면 "난 종로에 있는 회사에 다녀", "나, ○○학교에 다녀"라고 하는 것은 괜찮지만, "나 신촌에 있는 우리 집 다녀"라고는 하지 않습니다. 다니는 데는 공동체가 아닙니다. 그저 자주 가는 곳입니다. 교회는 다니는 데가 아니라 속해야 하는 곳입니다.

물론 일정 기간 먼저 다녀 보는 것이 필요하기도 합니다. 속하기 위해서는 탐색을 해야 하기 때문입니다. 하지만 일정한 시간이 지나면 교회에 속해야 합니다. 예수님이 정말 우리 인생의 의미를 밝혀 주실 분인지 알기 위해서 교회에 다녀볼 수 있습니다. 하나님에 대해 질문이 있어서 교회에 다닐 수 있습니다. 그러나 하나님을 알고, 예수님도 알게 되었고, 교회에도 오래 다녔다면, 그다음에는 한 교회에 속하는 것에 대해서 진지하게 고민해야 합니다.

왜냐하면 하나님은 실제적으로 하나님의 교회, 즉 하나님을 아버지로 부르는 자들의 공동체를 세우셔서 이 땅을 충만케 하기로 결심하셨기 때문입니다. 예수님이 부활하시면서 이 땅에 남겨 두신 교회는 단순히 천국에 가기 전에 신도들을 모아 놓는 대합소가 아니기 때문입니다. 교회는 대합소가 아니라 만물을 충만케 하시고, 세상에 삶의 의미를 가져다 주는 역할을 하도록 하나님이 정하신 하나님나라 백성들의 공동체입니다.

그렇기 때문에 교회에 속한다는 것은 어떤 면에서는 이 시대의 문화에 역행하는 일입니다. 이 시대는 우리에게 혼자서 자신의 행복을 위해서 살라고 말합니다. 물론 사람들이 공동체를 간

절히 원하기는 합니다. 그러나 사람들이 원하는 공동체는 아무
대가도 지불하지 않는 곳일 경우가 많습니다. 자신에게 맞을 것
같아, 자신에게 유익을 줄 것 같아 공동체를 찾았다가, 실망하고
떠나는 일이 비일비재합니다. 그러니 대가를 지불하고 자신의 몫
을 감당하며 교회 공동체에 속하는 것은 이 시대를 역행하는 일
입니다. 공동체에 속하게 되면, 전혀 모르는 사람들, 때로는 나에
게 잘 맞지 않는 사람들도 사랑해야 하니까요.

저는 교회가 참으로 신비한 조직이라고 생각합니다. 그다지 이
익 될 것도 없고 서로 공통분모도 별로 없는 사람들이 모여 공동
체를 이루어 가니 말입니다. 이는 정말 하나님이 이끌어 가시기
에 가능한 일입니다. 우리의 죄를 위해 죽으시고 부활하신 예수
를 우리의 주인이자 공통분모로 받아들이고, 만물을 충만케 하시
는 하나님의 비전을 우리가 받아들였기 때문에 가능한 일입니다.
이것은 우리가 하나님의 다스림 밑으로 들어가기로 결심하는 것
을 뜻합니다.

그래서 교회를 정하는 것은 배우자를 정하는 것 못지않게 중
요하다고 말할 수 있습니다. 자신에게 잘 맞지 않는다며 계속해
서 배우자를 바꾸면 어떻게 될까요? 아마 사람이 망가질 것입니
다. 교회를 정하는 일도 마찬가지입니다. 이 교회, 저 교회를 전전
하다 보면 스스로 공동체에 대해서 실망하고 상처가 깊어지고 꿈
이 사라집니다. 그러나 하나님이 세우신 교회에 속한다는 것은
실망을 극복하고 그 상처를 뛰어넘는 것을 뜻합니다. 이런 교회

가 부흥하는 교회입니다. 그러므로 다니지만 말고 속해야 합니다.

배우지만 말고 추구하라

두 번째로, 배우지만 말고 추구해야 합니다. 우리는 교회에서 하나님나라를 배웁니다. 평생 배워도 다 배울 수 없는 놀라운 진리를 배웁니다. 그리고 하나님나라의 주인이신 하나님을 알아 가고 있습니다. 우리는 아마 죽을 때까지 하나님과 그의 나라, 그의 뜻에 대해서 배울 것입니다.

그러나 배우기만 하지 마십시오. 지식이 모인다고 해서 우리가 변하는 것이 아니기 때문입니다. 그러므로 배우지만 말고 추구해야 합니다. 하나님을 추구하십시오. 예수 그리스도를 추구하십시오. 그분을 정말 만나려고 하십시오. 하나님에 대해 배운 지식이 정보로만 남아 있으면 그것은 죽은 지식입니다. 하나님은 살아 계신 인격이십니다. 그러므로 그분에 대해 배우게 된 것을 가지고 하나님 앞에 실제로 나아가십시오. 우리는 이것을 예배라고 부릅니다.

어떤 예배를 드리더라도 그 자리에 와 계신 하나님께 집중하십시오. 성경을 읽을 때 그 말씀을 통해서 하나님을 만나려고 애를 쓰십시오. 여러 사람들이 함께 모여 드리는 예배인 공동체적 예배가 중요하지요. 우리는 이를 통해서 예배를 배웁니다. 그러나 공동체 예배뿐 아니라, 개인적인 예배가 참으로 필요합니다. 매일이면 가장 좋겠지만, 최소한 한 주에 한두 번은 혼자 예배드리는 시간을 마련하십시오. 홀로 하나님을 추구하십시오.

　그리고 그렇게 개인적으로 드리는 예배 시간에, 나름대로의 독특한 문화와 영성과 색깔을 만들어 가십시오. 초를 사용해 보는 것도 좋습니다. 예쁘고 은은한 향기가 나는 초를 준비해서, 집에서 예배를 드릴 때마다 초를 켜 보십시오. 아마 시간이 지나면 초가 점점 키가 작아질 것입니다. 그리고 우리의 예배는 점점 깊어질 것입니다. 마음이 혼란스러우면 종을 이용할 수도 있습니다. 종을 은은하게 울리고 조용히 앉아 하나님께 집중해 보십시오. 집에 기도하는 공간을 만들어 놓아도 좋습니다. 따로 공간이 없으면 기도하는 방석이나 기도의자 같은 것을 만들어도 좋습니다. 그곳은 우리 각자가 은밀하게 하나님을 만나는 곳입니다.

　하나님을 찾으십시오. 하나님 때문에 우리가 이렇게 이 길을 가고 있지 않습니까? 하지만 그분에 대한 지식이 우리로 하여금 인생을 살게 만들까요? 그분에 대한 지식을 축적한다고 우리가 용기 있고 힘 있게 이 험한 세상을 거슬러 살아갈 수 있게 될까요? 아닙니다. 그것은 그분을 만날 때, 그분을 누릴 때, 그분을 추구할 때 가능합니다. 그때 하나님에 '대한' 우리의 지식은 하나님'을' 아는 지식으로 바뀌게 됩니다.

　그러므로 부흥하는 교회가 되려고 한다면, 하나님에 대한 지식을 모으는 데 집중할 일이 아닙니다. 알고 깨달은 지식을 기반으로 하나님을 인격적으로 추구해 나가는 것이 필요합니다. 부흥하는 교회는 공동체적으로 모일 때마다 공동체적으로 하나님과의 깊이 있는 만남을 추구할 뿐 아니라, 각각 골방에서 주님을 대면할 수 있도록 격려해 줍니다.

따라가지만 말고 함께 살라

더 나아가서, 따라가지만 말고, 함께 살아야 합니다.

물론 우리는 영적 리더들을 따라가야 합니다. 그런데 많은 사람들에게 영적인 리더가 없습니다. 이유는 두 가지입니다. 실제로 영적인 리더가 없기 때문입니다. 하나님을 깊이 사랑하면서 나아가는 선배들을 찾기 어렵기 때문에 영적인 리더가 없는 경우가 있습니다. 그러나 이런 경우에도 예수 그리스도가 우리의 영적 리더가 될 수 있으며, 사도 바울이 영적 리더가 될 수 있습니다. 또 좋은 글을 쓰는 C. S. 루이스, 프랜시스 쉐퍼, 유진 피터슨, 헨리 나우웬, 존 스토트, 톰 라이트, 팀 켈러와 같은 현대의 수많은 작가들이 우리의 영적인 리더가 될 수 있습니다.

반면, 어떤 사람들은 교만하기 때문에 영적 리더가 없습니다. 배울 만한 사람이 없다고 생각하는 것입니다. 그러나 교만은 모든 영적 성숙의 가장 큰 적입니다. 반보 앞섰어도 그 사람은 우리보다 앞선 것입니다. 그에게 배우려 해야 합니다. 그리고 배우려 하는 사람이야말로 영적으로 성숙한 사람입니다.

그렇지만 따라가는 데서 그쳐서는 안 됩니다. 따라가고 난 다음 어느 시점이 지나면 함께 살아가야 합니다. 함께 살면서, 하나님이 함께하는 우리를 향해 가지고 계신 뜻과 꿈을 물어보십시오. 함께 살면서 꿈꿔 보십시오. 우리가 어떤 삶을 살기 원하시는지, 우리가 속한 작은 공동체가 어떻게 하면 건강한 교회를 넘어서 부흥하는 교회가 될 수 있는지 주님께 질문해 보십시오.

같이 꿈을 꾸기 시작하면, 우리가 할 수 있는 일들이 조금씩 보이기 시작할 것입니다. 그러면 작은 일부터 조금씩 해 나가십시오. 어느 날 갑자기 하나님의 마스터플랜을 우리에게 보여 주시는 경우는 많지 않습니다. 물론 그런 일이 없다고 말할 수는 없습니다. 그러나 제가 본 바로는 이런 일은 자주 일어나지 않습니다. 하나님은 주로 한 걸음 한 걸음 우리를 인도하십니다. 하나님을 따라 작은 보폭으로 걷기 시작하면 어느 날부터는 그 보폭이 커지기 시작합니다.

가난한 자들이 마음에 걸리면, 그들을 섬기는 단체에 혼자라도 참여하십시오. 그러면서 함께할 형제자매를 찾고, 두세 명이라도 교회가 이런 일을 감당하도록 기도하며 준비하십시오. 이렇게 작은 보폭으로 걸어 가면, 어느 순간 하나님은 좀 더 큰일을 맡기실 것입니다.

작은 일에 충성하면 나중에 큰일을 하게 되어 있습니다. 부흥하는 교회에서는 계획을 세우고 예산을 배당해서 만물을 충만케 하는 하나님의 일이 시작되는 것이 아니라, 이렇게 작은 일이 성장하여 큰일이 됩니다. 교회는 늘 이렇게 작은 일로 시작해서 자라납니다. 함께 산다는 것은 함께 꿈꾸고 움직이는 것입니다.

다 알려진 비밀

/

부흥하는 교회의 비밀은 다 알려진 비밀입니다. 어떻게 교회가 부흥할 수 있습니까? 각기 다른 관심사를 가진 사람들이 모인 공동체가 어떻게 하나님이 개입하시는 공동체로 바뀔 수 있습니까? 한 가지 비결밖에 없습니다.

공동체를 만드신 분, 그 공동체를 가능하게 하신 분을 알아 가고 사랑하게 될 때 가능합니다. 부흥하는 교회는 우리가 만들어 낼 수 없습니다. '부흥'이라는 단어 자체가 우리가 조작할 수 있는 것이 아니라 하나님 자신이 하나님의 방식으로 개입하셔서 하나님 자신을 드러내는 것이기 때문입니다. 그것은 하나님이 하시는 일입니다. 그러므로 우리가 할 수 있는 최선의 선택은 바로 그분을 바라보는 것입니다. 그분을 알아 가는 것입니다. 그리고 그분을 안 만큼 우리 삶 속에서 행하는 것입니다. 그것이 구약으로부터 신약에 이르기까지 하나님이 우리에게 간절히 원하시는 바입니다. "나를 알아라. 그리고 나를 안 것만큼 변치 않는 사랑을, 인자를 세상에 베풀어라. 공의를 드러내라. 나를 안 것만큼."

교회들이 '부흥'이라는 단어를 잘못 사용하고 있습니다. 방향을 잘못 잡았습니다. 너무나 세속적입니다. 성경이 말하는 계명으로부터 너무 멀리 떨어져 있습니다. 그러나 하나님은 오늘날도 교회를 부흥시키고 계십니다. 만물이 허무한 데 굴복하는 것을 누구보다도 안타까운 마음으로 보고 계신 분이 우리 아버지 하나님이시기 때문입니다. 만물이 허무한 데 굴복하는 것을 치유할 수 있는 길을 아버지께서 이미 이 땅의 교회에게 주셨기 때문입니다. 교회들이 깨어나서 부흥하기 시작할 때, 그래서 그들이 만물을 충만케 하는 교회로서의 역할을 감당하기 시작할 때 어떤 일이 벌어질지 우리 아버지 하나님이 아십니다. 바로 이 이유 때문에, 아버지 하나님은 지금도 부흥시킬 교회를 찾고 계십니다. 하나님이 개입하시는 부흥하는 교회, 하나님이 찾으시는 교회, 저는 오늘도 그런 교회를 꿈꿉니다.

그 교회 부흥하네

난 평신도니까

우리가 긍정적으로 혹은 다소 부정적인 의미로도 사용하는 '배짱'이라는 단어가 있습니다. "그 친구 배짱이 있어"라고 말할 때는 보통 그 사람이 실력이나 확신을 가지고 패기 있게 살아간다는 긍정적인 의미를 띕니다. 그러나 '배짱을 부리다'라는 표현은 종종 배후의 잘못된 생각, 볼썽사나운 모습과 연결됩니다. 우리나라에서는 대학 입시가 중요하다 보니 수험생들이 배짱을 부리기도 하고, 문제아들도 배짱을 부리고 정치인들도 배짱을 부립니다.

그러나 저는 이런 배짱 중에서 그리스도인들에게서 나타나는 매우 심각한 배짱 하나를 소개하려고 합니다. 바로 '평신도 배짱'입니다. 많은 그리스도인들이 "나는 평신도니까", "나는 목사도 아닌데 뭐…"라면서 배짱을 부립니다. 누군가가 "성경에서 이런 이야기를 하던데… 하나님이 어떤 분이야? 예수님은 어떤 분이시지?" 하고 질문하면, "난 목사도 아닌데 내가 어떻게 아니?" 하고 답변하곤 합니다. "너 그리스도인이라고 하면서 그렇게 살면 되니?"라고 말하면, "내가 목사도 아닌데 어떻게 나한테 그런 기대를 하니?" 하고 반응합니다.

이런 배짱들을 좀 더 세부적으로 살펴봅시다. 많은 성도들은 자신이 성경을 모르는 것에 대해서 '성경 무지의 배짱'으로 대처합니다. 자신은 가르침을 받을 대상이지, 신학도 공부하지 않았는데 성경을 어떻게 알겠느냐는 것입니다. 성경을 모르는 것은 당연하다는 것이지요.

또 '영적 태만의 배짱'도 있습니다. 이는 영적으로 성장하면 좋지만, 꼭 그래야 할 필요가 있을까 하는 생각입니다. 그것은 지도자들이나 할 일이라는 것이지요. 성경을 읽고 기도하며 영적으로 깨어 있는 일은 특별한 사람들, 즉 목회자들과 특별히 헌신된 사람들의 몫이라는 것입니다.

'사역 면제의 배짱'도 있습니다. 이는, 다른 사람들을 섬기는 일은 교회 사역자가 할 일이라는 생각입니다. 성도들은 교회 사역을 위해서 사역자들에게 사례비를 지불하는 것이니, 평신도들은 사역의 대상이라는 것입니다. 놀랍게도, 때때로 사역자들을 교회 사역을 위해서 평신도들이 고용한 사람들처럼 여기는 경우도 있습니다.

뿐만 아니라 '수혜자 배짱'이라는 것도 있습니다. 자신은 주로 위로와 축복을 받을 대상이라고 생각하는 것입니다. 돌잔치나, 가게 개업식 등을 할 때면 흔히 목사님께 축복 기도를 해 달라고 초대합니다. 마치 목사님만이 특별한 축복을 줄 수 있는 사람인 것처럼 말입니다. 어떤 그리스도인들은 예배에 항상 늦는데, 예배가 끝날 즈음에는 반드시 참석합니다. 축도를 받아야 하기 때문입니다. 이분들이 교회에 가는 이유는 복을 받고 위로를 받기 위함입니다. 헌신과 제자도의 대가에 대한 설교를 들으면, 설교에 좀 더 '은혜'가 있었으면 좋겠다고 말합니다. 이렇게 수혜에 익숙해 있는 모습을 '수혜자 배짱'이라 할 수 있습니다.

세상 속에서도 마찬가지입니다. 많은 성도들이 다음과 같이 말하며 평신도 배짱을 내세웁니다. "교회에는 교회의 원리가 있고 세상에는 세상의 원리가 있지. 목사님이니까, 우리처럼 세상 속에서 살지 않으니까 그렇게 얘기하시지. 성경에서 가르치는 걸 어떻게 세상에 적용할 수 있어? 그건 교회에서 이론적으로 하는 얘기란 말이야. 로마에 가면 로마의 법을 따라야지." "내가 무슨 선교사야? 세상에 나가서 성경 얘기 하게?" 이것을 '로마법 배짱'이라고 부를 수 있을까요? 이러다 보니 세상에서는 세상 사는 법대로 살고, 교회에서도 세상 사는 법대로 사는 현상이 오늘날 한국 교회를 뒤덮고 있습니다. 이제는 아예 거꾸로 교회 속으로 세상이 들어와버리는 끔찍한 현상이 나타나고 있습니다.

정말 이런 배짱은 괜찮은 것인가요? "난 평신도니까"로 대표될 수 있는 이 수많은 거짓말들의 실체를 이제 파악해 보겠습니다.

평신도의 기원

/

사실 성경에는 '평신도'라는 단어가 나오지 않습니다. 초대교회에도 평신도라는 개념은 없었습니다. 초대교회에서 중요했던 사상은, 예수를 믿으면 모든 사람이 차별 없이 하나라는 것이었습니다. 신약성경에서 가장 먼저 쓰인 서신인 갈라디아서 3장 28절에서 바울은 이렇게 말합니다.

> 유대 사람도 그리스 사람도 없으며, 종도 자유인도 없으며, 남자와 여자가 없습니다. 여러분 모두가 그리스도 예수 안에서 하나이기 때문입니다.

예수 그리스도를 믿으면 우리 모두가 하나님의 자녀가 되기 때문에, 인종적 차별, 사회적 차별, 남녀의 차별까지도 없다는 말입니다. 이것이 초대교회의 중심 사상이었습니다. 당시의 사회문화를 살펴볼 때, 엄연한 계급사회에서 이러한 가르침은 혁명적인 사상이었습니다. 이러한 사상 때문에 예수 그리스도의 복음은 아무런 종교적, 재정적, 조직적 뒷받침이 없는 상황에서도 로마 제국과 전 세계로 퍼져 나갔습니다.

그러나 로마 제국이 기독교를 공인하고, 이어서 병합하면서 교회 속으로 권력적인 사고가 들어오기 시작했습니다. 그러다 중세 교회에 이르러서는, 어떻게 모든 그리스도인이 똑같을 수가 있느냐는 사고를 하게 되면서, 특별하게 인정받은 사람들만이 하나님의 일을 할 수 있다는 생각에 이르렀습니다. 로마 제국과 기독교가 병합되면서 매우 비성서적인 사상이 교회 속으로 들어오게 된 것입니다.

바로 이때부터 영적인 그리스도인과 세속적인 그리스도인을 나누는 개념이 생겨납니다. 즉, 사제와 수도사와 수녀들은 영적인 그리스도인이고, 세상에서 장사를 하거나 농사를 지으며 살아가는 사람들은 세속적인 그리스도인이라는 것이죠. 이때부터 성직자가 하는 일은 성직으로, 신자가 하는 일들은 세속적인 일로 구분하는 이원론이 교회 속으로 들어오게 됩니다. 성직자priest와 평신도laity라는 개념은 여기서 나오기 시작합니다.

뿐만 아니라 이런 사상은, 구약에 나오는 제사장과 일반 백성의 역할 구분을 근거로 더욱 강화되었습니다. 그래서 헌신하는 사람들은 제사장과 같이 사제가 되어야 하고, 일반 백성들은 사제의 이끌림을 받아 인생을 살아야 한다는 생각이 수천 년 동안 기독교 역사에 뿌리 깊이 남게 되었습니다. 이런 사상을 가지고 있다 보니 예수님이 가르쳐 주신 산상수훈의 윤리는 성직자에게만 국한되는 것이지 일반 성도에게는 해당되지 않는다는 주장까지 나타났고, 사람들은 그것을 거의 당연하게 받아들였습니다.

그러다 마르틴 루터를 비롯한 종교개혁자들이 일어나서 그 사상의 오류를 지적하기 시작했습니다. 이들은 가톨릭교회를 비판하면서, 모든 그리스도인이 제사장이라는 '만인제사장설'을 주장했습니다. 사실 이는 루터가 새롭게 주창한 것이 아니라 기독교가 처음부터 따랐던 가르침이었습니다. "성경에서 가르치는 기독교 윤리는 성직자에게만 적용되는 것이 아니라 모든 그리스도인에게 적용된다. 하나님의 일이란, 성직자가 하는 설교, 성례전, 목회만을 뜻하는 것이 아니라, 신자가 종사하는 모든 직업도 포함한다"라는 선언을 한 것이 바로 마르틴 루터의 종교개혁이었습니다.

그래서 종교개혁가들이 한 일 중 하나가, 모든 사람이 성경을 읽을 수 있도록 성경이 자국어로 번역되도록 한 것입니다. 당시에는 성경이 로마의 공식 언어였던 라틴어로 되어 있어서 특권층만이 읽을 수 있었습니다. 이에 종교개혁가들은 그것이 옳지 않다고 여겨 성경 번역 운동이 일어나기 시작했습니다. 성경 번역을 루터가 처음 한 것은 아닙니다. 1300년대 중반 위클리프는 영국에서 성경을 영어로 번역하다 화형에 처해졌습니다. 또 위클리프의 뒤를 이어 얀 후스도 체코에서 성경을 체코어로 번역하다 이단으로 몰려 화형당했습니다. 그러다 1500년대에 이르러서 루터가 성경을 독일어로 번역한 것입니다.

이렇듯 '평신도'라는 말은 성경적 근거 없이 역사적 정황 속에서 만들어져 오늘날까지 이어지고 있습니다. 그러니 만약 '나는 평신도니까'라는 생각을 갖고 있다면 그것은 철저하게 속은 것이며 성경적 근거가 없는 것입니다. 성경은 그렇게 말하지 않습니다. 초대교회 성도들도 그렇게 믿지 않았습니다.

성경의 가르침

/

성경은 분명히 우리 모두가 제사장이라고 말합니다. 요한계시록 1장 5-6절을 보십시오.

> 5...예수 그리스도께서는 우리를 사랑하시며, 자기의 피로 우리의 죄에서 우리를 해방하여 주셨고, 6우리로 하여금 나라가 되게 하시어 자기 아버지 하나님을 섬기는 제사장으로 삼아 주셨습니다. 그에게 영광과 권세가 영원무궁 하도록 있기를 빕니다. 아멘.

6절은 분명, 우리가 아버지 하나님을 섬기는 '제사장'이 되었다고 말합니다. 헬라어 원문을 보면, '나라'는 단수인데, '제사장'은 복수로 쓰여 있는 것이 눈에 띕니다. 우리 모두는 한 하나님나라가 되었으며, 한 사람 한 사람이 제사장이 되었다는 것입니다. 어떻게 우리 모두가 제사장이 되었는지는 5절 끝부분에서 이야기하고 있습니다. 그것은 예수 그리스도께서 우리를 사랑하셔서 자기 피로 우리를 죄에서 해방하여 주셨기 때문입니다. 이것이야말로 그리스도인의 자기정체감의 핵심이 되는 표현이 아닙니까? 그리스도인은 하나님의 사랑을 받은 사람들입니다. 그리고 하나님의 사랑을 받아, 예수의 피로 인해서 죄에서 해방된 사람들입니다. 이제 하나님의 자녀가 되어 하나님 앞에 설 수 있는 존재가 되었다는 것입니다. 그런데 이뿐만 아니라, 사도 요한에 따르면 이 그리스도인들은 또한 제사장들이 되었습니다. 하나님의 사랑을 받아 죄에서 해방된 모든 그리스도인이 제사장이라는 말입니다.

사도 베드로 역시 그렇게 증언했습니다.

> 그러나 여러분은 택하심을 받은 족속이요, 왕과 같은 제사장들이요, 거룩한 민족이요, 하나님의 소유가 된 백성입니다. 그래서 여러분을 어둠에서 불러내어 자기의 놀라운 빛 가운데로 인도하신 분의 업적을, 여러분이 선포하는 것입니다(벧전 2:9).

베드로는 우리 모두가 택함을 받은 백성이며, 왕 같은 제사장들이라고, '제사장' 앞에 '왕 같은', '왕처럼 보이는'이라는 수식어까지 붙여서 말합니다. 이는 출애굽기 19장 5-6절을 그대로 따온 것으로, 하나님이 이스라엘 백성을 가리켜 하신 말씀이었습니다. 하나님은 이방인으로 넘쳐나던 세상에서 이스라엘 백성을 특별히 택하셔서 제사장이자 거룩한 민족이 되게 하셨습니다. 그리고 이제 이스라엘을 향한 명칭들을, 예수를 믿는 모든 사람에게 적용하십니다. 우리는 왕 같은 제사장들입니다.

제사장이란, 베드로전서 2장 9절에서 이야기하는 것처럼 우리를 어둠에서 불러내서 자기의 놀라운 빛 가운데로 인도하신 분의 업적을, 그 아름다운 덕을 선전하는 사람입니다. "우리가 예전에는 어둠 가운데 있어서 하나님을 두려워했지만, 이제는 하나님의 사랑을 받아서 하나님과 관계를 맺고 살며, 하나님의 관점으로 세상을 보고 하나님의 뜻에 따라 살 수 있는 능력이 우리에게 부여 되었습니다"라는 놀라운 소식을 세상 사람들에게 알리는 사람입니다.

사도 바울은 이방인을 대상으로 사역했기 때문에, 제사장이라는 단어를 그리스도인들 모두를 지칭하는 말로 사용하지 않고, 이방인을 위해 자신이 복음의 제사장 직무를 수행하게 되었다는 표현을 씁니다(롬 15:16). 그리고 우리 인간에게 유일하게 제사장이 되어 주신 분으로 예수 그리스도를 소개합니다. 디모데전서 2장 5절을 보십시오.

하나님은 한 분이시요, 하나님과 사람 사이의 중보자도 한 분이시니, 곧 사람이신 그리스도 예수이십니다.

하나님과 사람 사이에 설 수 있는 분이 딱 한 분 계시는데, 그분이 바로 예수 그리스도라고 바울은 말합니다. 하나님과 사람 사이에 설 수 있는 다른 사람은 없습니다. 하나님과 우리 인간 사이에 제사장이 있을 수 있고, 오늘날의 제사장은 목사라고 말하는 것은 그야말로 이단사설입니다. 이제 모든 그리스도인들이 하나님 앞에 설 수 있습니다. 그리고 만약 하나님과 우리 중간에 설 수 있는 분이 계시다면 그분은 예수 그리스도이십니다. 이것이 성경의 사상입니다. 우리를 대신한 제사장 같은 존재가 하나님과 우리 사이에 서는 것이 아니라, 우리 자신을 하나님 앞에 설 수 있게 하신 것, 우리를 이 은혜의 자리에 들어오게 하신 것, 이것이 바로 로마서 5장에 나오는 것처럼, 기독교의 본질적 메시지입니다.

그런데 우리나라의 경우에는 샤머니즘이 문화 깊이 뿌리박고 있기 때문에 그리스도인들의 종교적 심성에도 샤머니즘적 요소가 짙게 깔려 있습니다. '샤먼'이란 쉽게 말해서 무당을 뜻합니다. 즉, 인간과 신 사이를 매개해 주는 역할을 하는 사람입니다. 한국 기독교가 샤머니즘을 걸러 내지 못하면 목사가 샤먼이 될 수 있습니다. 목사가 하나님과 인간 사이에서 하나님의 뜻을 중개하고, 하나님의 복을 끌어오고, 하나님의 뜻을 알려 주고, 인간의 뜻을 하나님께 알려 주는 역할을 한다고 생각하는 것이죠. 그러나 사도 바울은 하나님과 우리 사이에 아무런 중보가 있을 수 없다고 말했습니다.

사도 바울의 영향을 받은 사람이 썼을 것이라 여겨지는 히브리서에서도 비슷한 표현을 찾을 수 있습니다. 히브리서의 중요한 주제는 바로, 예수님이 우리의 대제사장이 되신다는 것입니다. 우리와 하나님 사이의, 이 끊어졌던 관계를 해결해 주시는 분이 바로 예수님이시라는 것입니다. 그래서 히브리서 3장 1절은 이렇게 말합니다.

그러므로 하늘의 부르심을 함께 받은 거룩한 형제자매 여러

분, 우리가 고백하는 신앙의 사도요, 대제사장이신 예수를 깊
이 생각하십시오.

예수님이 대제사장이시므로, 히브리서 10장 19절은 "그러므
로 형제자매 여러분, 우리는 예수의 피를 힘입어서 담대하게 지
성소에 들어가게 되었습니다"라고 말합니다. 구약에서 지성소는
1년에 한번 대제사장만이 사람들을 대표해서 들어갈 수 있었습
니다. 그런데 히브리서는 바로 그곳에 우리가 들어가게 되었다고
합니다. "예수 그리스도의 피를 힘입어서", 자신을 제물로 삼으신
예수라는 대제사장을 힘입어서 우리가 그 속에 들어가게 되었다
는 것입니다.

성경은 하나님 앞에 감히 나아갈 수 없는 우리가 대제사장이
신 예수 그리스도를 힘입어서 그 앞에 나아갈 수 있게 되었다고
이야기합니다. 그리고 우리 모두가 제사장들이 되어서 하나님의
아름다운 덕을 세상 사람들에게 알리고, 그들을 하나님 앞에 나
아올 수 있게 하는 귀한 사명을 가지게 되었다고 가르칩니다. 다
시 말하지만, 성경은 명백하게 말합니다. 우리가 모두 제사장이라
고 말입니다. 목사만이 아니라 모든 성도가 제사장입니다. 우리
모두 하나님 앞에 설 수 있는 존재가 되었을 뿐 아니라 사람들을
하나님 앞에 이끄는 존재가 되었습니다.

두 가지 성도?

/

그렇다면 우리 모두가 제사장이니 교회는 제사장들의 민주적 협의체일까요? 그렇지 않습니다. 교회를 민주적 협의체로 생각하는 것은 만인제사장설에 대한 오해에서 비롯된 것입니다. 모든 사람이 제사장이 되었지만, 또 다른 면에서 우리는 하나님의 가족입니다. 따라서 교회 내에는 영적인 부모가 있고, 영적인 아이가 있습니다. 또 우리 모두가 성도지만, 하나님의 교회 안에서 성도는 크게 두 가지로 나눌 수 있습니다. 이를 잘 설명해 주는 구절이 바로 에베소서 4장 11-12절입니다.

> 11 그분이 어떤 사람은 사도로, 어떤 사람은 예언자로, 어떤 사람은 복음 전도자로, 또 어떤 사람은 목사와 교사로 삼으셨습니다. 12 그것은 성도들을 준비시켜서, 봉사의 일을 하게 하고, 그리스도의 몸을 세우게 하려고 하는 것입니다.

교회 내에는 두 종류의 성도가 있습니다. 하나는 사도, 예언자, 복음 전하는 자, 목사와 교사로 불리는 사람들로, 특별하게 준비되고 훈련되어 교회를 세우는 일에 헌신된 리더들이라고 할 수 있습니다. 이들이 하는 일은 성도들을 준비시키는 것입니다. 성도를 무장시켜 사역을 감당하도록 하는 성도가 있다는 말입니다.

그런데 그것은 성도들을 준비시켜서 봉사의 일을 하게 하기 위함이라고 말합니다. '봉사'란 섬김을 뜻합니다. 이 본문을 볼 때 봉사의 일을 감당하는 성도가 있다는 사실을 알 수 있습니다. 즉, 성도를 무장시켜 사역을 감당하도록 해 주는 성도와, 자신의 사역을 찾아서 사역적인 삶을 감당하는 성도, 두 부류가 있다는 말입니다.

그런데 불행하게도, 그리고 슬프게도 오늘날에는 다른 두 가지 부류의 성도들만 있는 것 같습니다. 성도를 무장시키지 않고 사역을 독식하는 성도, 즉 자칭 제사장이라 부르는 '주님의 종님들'(종에는 '님'을 붙이지 않고, '놈'을 붙이는 것이 옳지만), 그리고 마땅히 준비하지 않고 자신에게 주어진 사역을 회피하는 성도가 그들입니다. 후자를 바로 평신도 배짱을 가진 성도들이라 할 수 있겠죠. 성경에서 가르치지도 않는 사상을 가지고 자신에게 주어지는 사역들을 전부 회피하며 어떻게 해서든지 사역자들을 고용하여 영적 서비스를 받는 것이 당연하다고 생각하는 성도입니다. 물론 이런 평신도 배짱을 가진 성도들은 사역을 자신들만의 것으로 독식해 버린 목회자들이 있는 곳에 있겠지요. 이런 독과점 목회자와 배짱 성도 때문에 이 땅의 교회가 병들어 가고 있는 것이 아닌가 싶습니다.

평신도를 넘어 진정한 성도로

/

그러므로 이제 우리는 '평신도'라는 말을 아예 지워버립시다. 이런 말을 이제는 아예 쓰지 맙시다. 이 단어가 가지고 있는 역사적 뿌리와 비성경적 가치를 잊지 맙시다. 이제, 평신도를 넘어서 우리 모두 그저 성도로 남아 있는 것이 필요합니다. 그러기 위해서는 구체적으로 어떻게 해야 할까요?

예수 그리스도를 따라가며 알아 가라

첫 번째로, 예수 그리스도를 따라가며 알아 가야 합니다. 그리스도인이 되는 일은, 우리를 하나님 앞에 서게 하신 예수를 알아가는 데서부터 시작합니다. 우리를 제사장 삼으신 그 놀라운 일을 하신 분을 알아 가는 것입니다. 예수를 따르는 삶을 배워 나가는 것입니다. 이렇게 예수를 알아갈수록 예수를 따르는 삶이 우리 속에 들어오게 될 것입니다.

종교개혁이 일어났을 때, 모든 사람들이 성경을 읽을 수 있도록 성경을 자국어로 번역했던 일을 잊지 마십시오. 이는 우리 모두에게 성경을 해석할 수 있는 권한이 있다는 사실을 알려 줍니다. 물론 아무렇게나 해서는 안 되고 교회 안에서 이루어져야 하겠지만, 모두가 성경을 이해하고 해석하는 일은 아주 중요합니다. 성경을 통해서만 예수를 알 수 있고 하나님의 뜻을 따를 수 있기 때문에 그렇습니다. 설교가 중요한 이유는, 성경의 예수 그리스도를 성도들에게 잘 설명해서 보여 주기 때문입니다. 그러나 설교를 듣는 데서만 그쳐서는 안 됩니다. 이제 성도들 각자가 성경을 통해서 예수 그리스도를 알아 가기를 사모하는 일이 일어나야 합니다. 목사의 설교는 여전히 중요하고 필요하지만, 그것이 전부가 되어서는 안 됩니다.

그리고 우리는 그 성경 말씀에 순종해야 합니다. 우리가 성경을 이해해야 하는 이유는, 예수님의 뜻을 우리 삶의 상황에서 어떻게 적용할지를 배우기 위해서입니다. 지식을 얻기 위해 성경을 읽는 것이 아닙니다. 우리 삶의 정황에서, 하나님의 제사장으로서 어떻게 살아야 하는지를 알기 위해 성경을 읽는 것입니다. 그래서 스스로 성경을 해석하고 적용하는 훈련을 할 뿐 아니라, 혼자서만 하게 되면 위험성이 있으므로 사랑하는 형제자매들과 그것을 나누는 일이 필요한 것입니다. 살아 있는 교회에서는 성경 말씀을 가지고 대화하고 토론하는 일이 끊임없이 일어납니다. 제대로 순종하기 위해서, 하나님의 뜻을 제대로 분별하기 위해서, 시대를 분별하기 위해서 말입니다.

때때로 성숙하지 못한 사람들이 성경을 자기 마음대로 해석하여 잘못된 길로 가는 경우가 있습니다. 그럴 경우에는 영적 부모들이 이를 바로잡아 줘야 합니다. 그것이 영적 부모의 책임입니다. 가끔 사춘기 아이들처럼 말을 잘 듣지 않는 영적 아이들이 있을 때에는 스스로 깨닫고 돌아오도록 내버려 두는 일이 필요할지도 모르겠습니다. 성경을 알아갈수록 그 사람은 겸손해지고 자기 위에 있는 권위에 순종하는 법을 배웁니다. 성경을 제대로 알아 간다면 결코 교만해질 수 없습니다. 성도들이 성경을 읽으면 교만해질 것이라는 현대의 많은 지도자들의 생각은 올바르지 않습니다. 그러므로 우리가 해야 할 것은 성경을 통해서 예수 그리스도를 따라가며 알아 가는 일입니다.

예수 그리스도를 전하고 따르게 하라

두 번째는, 예수 그리스도를 전하고 따르게 해야 합니다. 우리 자신이 깨닫고 따르는 예수를 다른 사람에게 알리고 다른 사람들도 따를 수 있도록 도와주는 것이 성도가 해야 할 가장 중요한 일입니다. 그것이 제사장의 역할입니다. 제사장은 자신이 하나님께 예배를 드릴 뿐 아니라 다른 사람들도 예배를 드릴 수 있도록 도와주는 역할을 하는 사람입니다.

왜 복음 전도를 목사 혼자 해야 합니까? 물론 저는 복음을 전하는 일이 영광스럽고 너무나 좋습니다. 사람들이 예수님을 주로 고백하는 것을 보는 것이 얼마나 큰 기쁨인지 모릅니다. 그러나 이 영광스러운 일을 목사가 독점해서는 안 되겠지요. 이는 모든 성도가 해야 할 중요한 일입니다.

어떻게 전해야 할지 모르시겠다면, 기독교를 소개하는 다양한 책들을 먼저 읽어 보고, 그것들을 소개해 주십시오. 저는 10대 후반 주님을 만나고 난 이후 지속적으로 복음을 전하면서 한국의 그리스도인들에게 적합하다고 생각되는 복음 전도 내용을 영상과 책으로 담았습니다. 복음 전도에는 선명하고 적실한 복음 제시와 진실하고 인격적인 만남이 필요합니다. 《풍성한 삶으로의 초대》 책과 동영상(www.imseeker.org)으로 복음을 선명하게 전하게 될 때까지 활용해 보십시오. 그리고 예수를 믿을 뿐만 아니라 예수를 따르는 제자가 될 수 있도록 제자훈련도 하십시오.

요즈음은 제자훈련을 구시대적인 것처럼 여기는 사람들이 있지만, 예수로 말미암아 제사장들이 된 자들이 다른 사람들이 '준비된 성도'가 되도록 이끌어 주는 일은 시대를 불문하고 그리스도인들이 늘 누려왔던 특권입니다. 성도들이 해야 할 가장 중요한 일은 복음을 전하고 이 복음에 걸맞게 살 수 있도록 다른 사람을 섬기는 일입니다.

제가 교회를 시작하면서 성도들과 같이 나누고 싶었던 것이 이것입니다. 목사 혼자 독차지하고 있던 복음 전하는 일과 제자훈련을 성도들과 같이하는 것 말입니다. 이 주제는 책을 써야 할 만큼 중요하고 방대하기에, 먼저 제자훈련을 위해 12주 과정의 일대일 훈련을 담은 《풍성한 삶의 기초》를 출간했습니다. 동영상 강의와 책으로 익힐 수 있는 이 훈련은 분명히 그리스도인이 된 사람들이 준비된 성도가 되기 위해서, 하나님나라 복음으로 기초를 놓도록 돕는 자료입니다(http://hananokdna.org를 참고하십시오). 이 자료들은 나들목교회 공동체에서 10년 이상 임상을 통해서 검증되었는데, 이 자료들이 아니더라도 주변에 좋은 복음전도 자료와 제자훈련 자료들이 있다면 충분히 활용해서 진정한 제사장의 삶을 사시기 바랍니다.

예수 그리스도의 공동체를 세우라

이렇게 제사장으로서 복음을 전하고 성도들을 준비시켜 나간
다면, 당연히 예수 그리스도의 공동체가 세워집니다. 진정한 성도
는 하나님의 공동체를 세워야 합니다. 성경이 가르치는 공동체는
단순히 조직이 아닙니다. 공동체는 예수를 주인으로 삼고 하나님
을 아버지로 삼아 사랑의 관계를 맺은 이들이 모인 곳입니다. 조
직은 나중에 필요합니다. 처음에 필요한 것은 사랑의 관계입니다.
그러므로 성도들이 해야 할 일은 '○○회'를 만들어 회장을 선출
하고, 회계, 서기를 뽑는 일이 아닙니다. 성도들이 배워야 할 것은
조직 만드는 법이 아니라 함께 살아가는 공동체를 세우는 법입니
다. 서로 사랑하는 사람들끼리 엮어 가는 삶을 배우고, 함께 꿈꿔
야 합니다.

교회 공동체를 생각할 때, 성도들이 늘 조직과 행정을 생각하
는 것은 참으로 안타까운 일이 아닐 수 없습니다. 보고 자란 교회
가 늘 이런 식으로 운영되기 때문에, 그리스도인들이 모이면 조
직을 만들고 정관을 만드는 데에는 일가견이 있습니다. 그러나
공동체 속에서 먼저 일어나야 할 사랑하는 일에는 매우 서툽니
다. 사랑하기 위해서는 진실한 소통이 반드시 필요한데, 자신의
속마음을 진실하게 표현하지도, 그런 마음을 잘 경청하고 이해하
지도 못합니다.

공동체가 만들어져도, 그 안에는 세상의 가치관과 삶의 방식에 아직도 영향을 받는 사람들이 늘 있기 마련입니다. 이러한 사람들이 성경적 가치관과 삶의 방식으로 바뀌어 가는 과정 속에서 서로 가르치고 용납하는 일은 필수적입니다. 더군다나 사람들은 저마다 취향도, 중요하게 생각하는 점도 다릅니다. 이럴 경우, 자신과 다른 사람을 바라보며 그들이 틀린 것이 아니라 단지 차이가 있을 뿐이라는 사실을 받아들이는 성숙의 과정이 필요합니다.

이 모든 것보다도 공동체에서 더욱 중요한 것은 바로 자기 자신이 될 수 있는 안전한 환경을 만드는 것입니다. 서로의 약점을 지켜 주는 공동체가 안전한 공동체입니다. 이런 공동체를 위해, 서로 배우고 가르치고 용납하고 용서하는 공동체가 만들어져야 하는데, 이것을 가능케 하시는 분이 바로 예수 그리스도가 아니십니까? 대제사장이신 그로 말미암아 우리 모두가 차별 없이 하나님의 자녀가 되었습니다. 그가 우리를 차별 없이 있는 그대로 사랑하셨기 때문에, 우리도 서로를 그렇게 사랑하고 기다려 줍니다. 자주 용납하고, 때로는 용서하기도 합니다. 그렇게 하면서 우리도 대제사장을 닮아, 제사장의 풍모를 갖추어 가는 것이지요.

이런 제사장다운 성도를 우리는 영적 부모라고 부를 수 있습니다. 이 점에서 성도인 우리에게는 두 가지 길이 있습니다. 하나는 영적 아이로 살다가 영적 아이로 죽는 길입니다. 아무도 돕지 못하고, 아무도 낳지 못하고, 키우지 못하고, 영적 가정도 이루지 못한 채 영적 아이로 죽는 길이 있습니다. 반면, 또 다른 길이 있습니다. 영적 아이로 시작했지만, 영적 부모가 되어서 죽는 길입니다. 이는 우리를 통해서 예수를 알게 된 사람들, 예수 그리스도를 따르게 된 사람들, 예수 그리스도의 공동체를 세운 사람들을 남겨 놓고 죽는 길입니다.

예수 그리스도의 제사장 사역에 동참하라

이렇게 평신도 배짱을 버린 성도들이 세우는 공동체는 영적 부모들이 이끌어 갑니다. 이런 공동체는 대제사장이신 예수께서 우리를 하나님 앞에 이끌어 들이시고서 지금은 쉬고 계신 것이 아니라는 사실을 반드시 깨닫습니다. 안식일에도 쉬지 않으시며 하나님 아버지도 쉬지 않으신다고 말씀하셨던 예수께서(요 5:17), 지금도 잃어버린 자들을 찾고 계시고, 우리로 하여금 선한 일을 하기를 원하시고, 또한 허무에 굴복하고 있는 만물을 교회를 통해서 충만케 하신다(엡 1:22-23)는 사실을 깨닫습니다.

영적 부모가 된 성도들은 이제 예수께서 행하고 계신 제사장 사역을 분별하게 됩니다. 자신의 삶의 터전에서 어떻게 이 제사장 역할을 할 것인지 생각합니다. 자신이 하는 일, 자신의 직업이 세상을 회복하시는 예수 그리스도의 사역에 어떻게 사용될까 질문합니다. 예수 그리스도를 통해서 이미 임한 하나님나라를 세속적 삶의 현장에서 어떻게 드러낼 수 있을지 질문합니다. 일주일 내내 시간을 보내는 삶의 현장에서(그것이 가정, 학교, 직장, 어디가 되었든) 어떻게 하나님의 제사장으로 살지 고민하고, 하나님의 뜻을 분별하고, 그 뜻을 따라 살아갑니다.

더 나아가 이런 제사장들이 모여 있고, 영적 아이들이 성장하도록 돕는 하나님의 공동체는 우리가 살고 있는 이 깨어진 세상에서 무슨 일을 할 수 있을지 질문합니다. 우리가 살고 있는 세상, 더 구체적으로 우리 공동체가 뿌리 내리고 있는 지역에서 우리가 어떤 역할을 감당해야 우리 지역의 사람들이 하나님을 발견할 수 있을지 질문합니다. 만물을 회복하고 계신 주님은 주님의 뜻을 묻는 성도들에게 당신의 뜻을 즐거이 보여 주실 것입니다. 아! 주님께서는 이런 질문을 하는 공동체를 얼마나 기다리고 계실까요?

상상할 수 있겠습니까? 평신도 배짱을 버린 성도들이 스스로 제사장으로서 삶을 살아가고, 그들로 이루어지고 이끌어지는 공동체가 그들이 위치한 지역에서 하나님을 드러내는 모습을, 그래서 제사장 역할을 제대로 수행하는 모습을 말입니다. 사람들은 이런 공동체를 보고 하나님이 살아 계신 것과 하나님이 그들을 얼마나 사랑하시는지를 깨닫게 될 것입니다. 더 나아가서, 사람들이 선한 일에 대한 관심을 공통적으로 가지고 있기에, 교회 공동체가 행하는 일에 일반 시민들조차 동참하며, 우리로 하여금 이런 삶을 살게 만드신 그분께 더욱더 관심을 갖게 되는 일이 일어날 것입니다. 그렇게 될 때, 정말 우리 가운데 있는 소망에 대하여 묻는 사람들이 생겨나지 않을까요?(벧전 3:15)

평신도는 없다, 성도가 있을 뿐!

/

저는 담대하게 선언합니다.

"평신도는 없습니다! 다만 성도가 있을 뿐입니다."

'공산당 선언', '휴머니스트 선언'처럼, '성도의 선언saint mani-festo'을 하고 싶습니다. "우리가 성도입니다", "내가 성도입니다"라고 말입니다.

2017년이면 종교개혁 500주년이 됩니다. 앞에서도 언급했듯이, 루터의 종교개혁은 로마 가톨릭에 의해서 왜곡되었던 기독교의 메시지를 바로잡았습니다. 그러나 아직 미완입니다. 루터를 비롯한 종교개혁자들은 성직자와 평신도를 나누었습니다. 아니, 당시 상황을 볼 때 나눌 수밖에 없었습니다. 그리고 그것이 지금까지 이어져 오고 있습니다.

그러므로 종교개혁이 완성되려면, 사역자는 성도 중의 한 부류로서 특별한 부르심을 받은 사람으로 남아 있고 나머지 성도들이 제자리를 찾는 일이 일어나야 합니다. 아직 시간이 좀 있으니, 저는 종교개혁 500주년을 맞으면서 이 일들이 일어나기를 소망합니다. 우리 각자가 평신도 배짱을 버리고 '내가 성도입니다'라는 정체감을 가질 때 진정한 의미에서 종교개혁을 완성할 수 있을지도 모릅니다.

간혹 우리는 목사님들의 부정과 타락에 대한 이야기를 듣습니다. 목사님들이 권력욕에 빠지기도 하고, 윤리적인 문제에 빠지기도 합니다. 그러나 이것이 목사들만의 책임이라 할 수 있습니까? 목사들만의 문제가 아닙니다. 성도들이 성도 될 것을 포기하고, 교회를 몽땅 사역자들에게 맡겨버리고 평신도 배짱으로 뒤로 물러앉아, 교회에서 부정직한 일이 횡행하고 투명하지 않은 일들이 만연해도, "나는 평신도니까" 하고 도망간, 한국 교회 전체의 문제입니다.

저는 소망합니다. 어느 목사에 의해 좌지우지되는 교회가 아니라, 한두 사람 때문에 흔들리는 교회가 아니라, 성도들이 중심에 자리를 잡고 있어서 누구도 흔들 수 없는, 하나님이 원하시는 교회를 소망합니다. 이제 '평신도'라는 말은 아예 쓰지 않았으면 좋겠습니다. 평신도는 원래 없었습니다. 성도만이 있을 뿐입니다. 성도들이 성도 되는 날, 그래서 한국 교회가 다시 교회로서의 풍모를 되찾는 날, 그날이 오고야 말 것입니다.

아멘!

교회 안의 참말!

우리는 우리가 믿는 바를 입으로 고백합니다. 마음속에 있는 것이 결국 입으로 나옵니다. 우리가 진정으로 좇고 있는 숨겨진 가치관이 대화에서 결국은 모습을 드러내고야 맙니다.

이 책에서 다룬 12가지 거짓말은 사실, 한국 교회, 특별히 보수적인 교회 내에서 자주 사용되는, 성경적 진리에 기초하지 않은 말들입니다. 이 거짓말은 우리 성도 개인을 병들게 하고, 교회 전체를 회복하기 어려운 지경에까지 몰아가고 있습니다. 완벽한 거짓을 구별해 내는 것은 삼척동자도 할 수 있는 일이지만, 진리와 비진리가 적당히 얼버무려져 있을 때는 구별하기가 쉽지 않습니다. 한 걸음 더 나아가 이러한 왜곡이 우리가 살아가는 사회 문화적 맥락에서 형성되었을 때, 이것을 정확하게 찾아내어 정직하게 대면하는 것은 결코 쉽지 않습니다.

하지만, 이 책을 여기까지 읽어 오신 여러분들은 우리가 믿음을 우리의 문화나 전통, 또는 우리가 속한 교회의 관례 위에 세워서는 안 된다는 사실에 동의하실 것입니다. 문화, 전통, 관례 모두 아름다운 것이지만, 이러한 것들이 하나님께서 우리에게 전해 주신 진리를 파편화하거나 왜곡한다면, 지혜와 마음과 힘을 총동원해서 바로잡아야 합니다. 바로잡는 일에 머무는 것이 아니라, 한 걸음 더 나아가서 이 놀라운 진리에 뿌리박은 문화와 전통과 관례를 창조해가야 합니다.

저는 이 책을 한국 교회가 건강해지기를 원하는 간절한 마음으로 썼습니다. 누구를 비판하고 정죄하는 것에 머무르는 지식은 하나님이 원하시는 지식이 아닙니다. 진정한 지식은 늘 사랑으로 옷 입고 지혜와 인내로 행합니다. 우리가 아무렇지도 않게 주고받았던 말들이, 참된 진리 위에서 정화되고, 사람과 하나님 사랑을 위한 지혜로 거듭나기를 기대합니다. 그리고 우리 모두가 인내를 가지고 '교회 안에 있는 거짓말' 대신에 '교회 안의 참말'을 우리 입으로 고백하고 살아 낼 때, 우리 자신과 교회 공동체는 점점 더 건강해질 것입니다. 다음과 같은 참된 고백과 표현이 우리 속에 풍성해지길 기도합니다.

"예수 믿으면 하나님 자신을 얻는 복을 받아요."
"건강한 회의가 진정한 믿음을 가져와요."

"하나님의 뜻이 이 땅에 이루어지도록 기도하면 응답받아요."

"우리는 구원을 받았고 앞으로 받을 구원을 향해 자라가고 있어요."

"믿음이 좋은 만큼 예수님 닮아가요."

"그리스도 안에서 얻은 새로운 정체감으로 살아요."

"육신의 약함을 성령의 힘으로 이겨 내요."

"하나님의 하나님 되심을 드러내고 싶어요."

"교회는 완전하진 않지만 진실할 수 있어요."

"변화된 사람들을 보고 교회를 찾게 되지요."

"우리는 교회의 진정한 부흥을 꿈꿔요."

"평신도는 없어요. 우리 모두가 성도일 뿐!"

아멘.

진리를 말하고 살아 내길 원하는 사람들을 위한
삶으로 말씀 읽기

책을 읽는 것도 유익하지만, 읽은 내용을 가지고 함께 이야기를 나누는 것은 그 유익을 극대화하는 일입니다. 이 책에서도 강조했지만 지식을 습득하는 것이 중요한 것이 아니라, 그 지식을 자신의 것으로 살아 내는 일이 가장 소중합니다. 교회 안에서 우리가 쉽게 사용하고 있었던 거짓말들을 벗어버리고 성경적 가르침에 기초해 말하고 생각하고자 하는 사람들을 위해 다음의 토론 문제를 준비했습니다. 이를 잘 사용하기 위해서 몇 가지 조언을 덧붙입니다.

먼저, 책을 처음부터 끝까지 다 읽고 토론하면 피상적인 이야기만을 나누게 될 가능성이 높아집니다. 생각을 나누는 것은 도움이 되지만 사람을 변화시키는 일에는 한계가 있습니다. 가능하면 각 장이 끝날 때마다 이야기를 나누고 어떻게 삶 속에 적용할 수 있는지 함께 고민하고 서로를 지지해 줄 것을 추천합니다. 그렇게 하면 12주가 소요될 것입니다.

둘째, 이를 위해서 함께 이야기를 나눌 그룹(2-8명)을 만들어 보십시오. 그리고 정기적인 모임 시간과 장소를 정하십시오. 그룹의 인원에 따라 다르겠지만, 각 장은 3-4명의 그룹일 때, 최소 30분 정도의 토론 시간이 필요합니다. 8명이 넘지 않도록 하는 것이 최선이고, 숫자가 많아지면 그만큼 나눔의 시간을 길게 갖는 것이 좋습니다. 부득이하게 혼자 이 책을 읽게 된다면, 혼자 아래의 질문들에 대해서 생각해 보고, 생각한 내용을 적어 보는 것이 유익할 것입니다. 교회 부서나 성경공부 그룹에서 이 책을 사용하는 것은 교회 공동체를 건강하게 하는 매우 바람직한 일입니다. 반드시 성경과 책을 함께 읽고 깊이 생각한 이후에 나눔을 가질 수 있도록 서로를 격려합시다.

셋째, 이러한 대화나 성찰 이후에는 반드시 마음속에 새긴 것을 가지고 하나님 앞에 나아가 기도하는 시간을 가지십시오. 머리로만 들어가는 지식은 사람을 살리지 못하지만, 머리로 들어가 마음을 통해 내 입술로 하나님께 토해 놓는 지식은 살아 있어 우리의 손과 발을 통해 세상 속에 하나님을 드러냅니다. 각 과의 마지막에 있는 기도 제목을 구체적으로 발전시켜서 기도 속으로 나아가십시오.

이 '삶으로 말씀 읽기'를 통해, 이 책을 읽는 모든 분들이 삶 속에서 말씀을 읽어 내어, 교회 안에 있는 거짓말들을 참말로 바꾸어 가는 사람들이 되기를 기도합니다.

1. 예수 믿으면 복 받아요

1. 우리는 "예수를 믿어 복 받았다"는 간증을 하기도 하고 듣기도 합니다. 그것은 대체로 어떤 내용들이었는지 이야기 나누어 보십시오.

2. 당신은 아삽과 같은 마음으로 마음이 상할 때가 있지는 않으십니까? 자신을 본문의 "21세기 아삽"이라고 생각하고 당신 자신의 기도문을 써 보십시오.

3. 예수를 믿을 때 당신에게 주어진 '몫'은 무엇입니까? 당신은 그 몫을 진정으로 누리십니까? 당신의 삶의 여건도 당신의 몫으로 받아들여 자족할 수 있습니까? 당신은 어떤 면에서는 자족하고, 어떤 면에서는 더 열심히 일해야 합니까?

4. 록펠러의 경우를 보면서, 우리는 그를 복 받은 사람이라고 생각해야 할까요? 아니면, 이러한 현상을 어떻게 이해해야 할까요? 하나님의 주권을 인정하며 하나님의 심판이 지금 유보되

어 있다는 사실을 믿을 때, 당신의 삶은 어떻게 바뀌겠습니까?

5. 물질적이고 세상적인 복을 하나님이 주신 복으로 생각하는 세태 속에서 우리는 어떻게 하나님이 주시는 진정한 복을 온전히 누릴 수 있을까요?

6. 당신이 속한 공동체에서, '예수 믿을 때 받을 진짜 복'을 위해 서로 격려해야 할 일은 무엇일까요?

7. 함께 기도합시다—우리가 예수를 믿고 누리게 되는 진정한 복이 무엇인지 알고, 더욱 깊이 누릴 수 있도록. 세속적인 복을 하나님이 주시는 복으로 둔갑시키는 유혹을 이기는 개인과 공동체 되도록.

2. 일단 믿어보세요

1. 당신 자신이나 주변 사람들이 "일단 믿어 보세요!"와 같은 말을 하는 경우가 있었는지 생각해 보십시오. 어떤 상황에서 이런 말을 하게 됩니까?

2. 회의에 대한 건강하지 못한 자세와, 건전한 회의의 필요성, 불

가피성과 한계에 대해서 이야기를 나누어 보십시오.

3. 당신이 '찾는이'라면(또는 '찾는이'였을 때), 당신의 가장 큰 질문/회의는 무엇입니까?(무엇이었습니까?)

4. 당신의 '찾는이'들(당신이 복음을 전하고자 마음에 품고 있는 이들)이 던지는 질문 중에서 답을 제대로 하지 못하거나, 회피하는 주제가 있다면 무엇입니까?

5. 당신은 '찾은이'로서 어떤 질문/회의가 있습니까? 또 그것을 어떻게 풀어 가고 있습니까?

6. 최근 성경을 통해서 당신이 가지고 있던 질문에 대해서 새롭게 깨닫게 된 답변이 있다면 무엇인지 나누어 보고, 건강한 질문/회의에 대한 답을 찾아가기 위해서 성경 말씀에 어떻게 접근해야 할지 나누어 보십시오.

7. 함께 기도합시다—우리 자신이 하나님 앞에서 진실하게 질문할 수 있도록. 또 '찾는이'들을 진실하게 대해 그들이 던지는 진실한 질문을 함께 고민하며 답을 찾아갈 수 있도록.

3. 믿고 기도하면 응답받아요

1. 믿음이 없어서 기도와 소원이 이루어지지 않는다고 생각한 적이 있었다면, 이야기해 보십시오.

2. 믿음(또는 긍정적 사고)의 중요성에 대해서 주장하는 책을 읽었거나 설교를 들은 경험이 있습니까? 그것은 어떤 내용이었습니까?

3. 예수님이 가르치시는 믿음에 대해서, 본문에서 언급한 성경 구절을 가지고 이야기 나누어보십시오.

4. 세상과 일부 그리스도인들이 이야기하는 '믿음'과 예수님이 가르치신 '믿음'의 가장 중요한 차이는 무엇입니까?

5. '참된 믿음으로 드리는 기도'를 드리기 위해서 필요한 세 가지를 요약해 보십시오. 당신에게는 각각이 어떤 깨달음과 실천을 가져올지 이야기해 보십시오.

6. 이 불완전한 세상에서 당신에게 필요한 긍정적인 자세는 무엇입니까? 이런 긍정적 자세를 가질 수 있는 이유는 무엇입니까?

7. 함께 기도합시다—자신이 원하는 것을 믿는 것이 아니라, 하나님께서 하고 계신 일과 하나님 자신을 더욱더 깊이 믿을 수 있도록. 이를 위해 예수님 자신과 하나님나라와 그분의 주권을 더 깊이 이해하고 마음으로 따를 수 있도록.

4. 구원의 확신 있으세요?

1. 종교는 궁극적으로 죽음 이후의 삶에 관심을 가지고 있습니다. 이웃 종교들은 죽음에 대해 어떤 생각을 하는지에 대해, 나눌 수 있는 사람이 있다면 나누어 봅시다.

2. 지금까지 '구원의 확신'에 대해서 당신이 가지고 있던 생각은 무엇이었습니까? 그것은 어떤 근거를 가지고 있었습니까?

3. 성경이 가르치는(특히 로마서 5:6-11에서) 구원의 내용은 무엇입니까?

4. 구원의 확신의 성경적 근거는 무엇입니까? 왜 예수께서 역사적으로 오셔서 실제로 인간을 위해서 죽은 것이 그토록 중요합니까?

5. 구원의 삼중 시제에 대해 성경을 찾아 다시 읽고 그 의미를 함께 나누어 보십시오.

6. 구원을 확신하는 사람들의 삶의 표지는 무엇입니까? 당신에게는 그러한 징표가 나타나고 있습니까?

7. 함께 기도합시다—자신이 구원을 얻은 근거가 무엇인지 선명하게 이해하도록. 현재 이루어져 가는 구원을 누리고 경험할 수 있도록. 그리고 온전한 구원을 기다리며 살 수 있도록.

5. 믿음은 좋은데, 왜 저래?

1. "믿음은 좋은데, 왜 저래?"라는 식의 말을 해본 적이나 들어 본 적이 있다면, 어떤 상황에서였습니까?

2. 보통 "믿음이 좋다"고 말할 때 그것은 무엇을 뜻합니까?

3. 좋은 믿음, 참된 믿음의 특징을 이야기해 보십시오. 특별히 골로새서 2장 3-7절을 읽고 이야기 나누어 봅시다.

4. 좋은 믿음을 가지기 위해서 당신이 해야 할 것은 무엇입니까?

5. 최근에 예수님에 대해서 더 알아 가고 그래서 더욱 사랑하게 되고, 이로 말미암아 당신의 삶이 변화되고 있는 부분이 있다면 이야기해 보십시오. 또는 믿음 생활 초기부터 최근까지 예수님에 대한 믿음이 어떻게 성장해왔는지 이야기해 보십시오.

6. 우리 공동체가 서로 좋은 믿음을 가질 수 있도록 도와야 할 부분, 공동체적으로 해야 할 일이 있다면 무엇일까요?

7. 함께 기도합시다—우리의 믿음이 굳어져 있는 믿음이 아니라, 살아 계신 예수님을 향한 살아 있는 믿음과 사랑으로 자리 잡을 수 있도록. 그리하여 그 믿음이 오늘 우리의 삶을 변화시킬 수 있도록.

6. 제가 아직 덜 죽어서요

1. 당신은 지금까지 "아직도 제가 덜 죽어서요" 식의 말을 할 때, 자신의 구원이나 성숙에 대해서 어떤 생각을 가지고 있었습니까?

2. 성숙에 대한 일반적인 생각이나 다른 종교의 관점에 대해서 이야기해 보십시오.

3. 로마서 6장을 읽고 묵상해 보십시오. 하나님이 당신을 어떤 존재로 바꾸셨다고 하시는지 찾아보십시오.

4. 성경은 예수와 연합한 우리의 새로운 신분에 대해서 강조합니다. 갈라디아서 3:28-29, 에베소서 2:4-6, 골로새서 2:6-15, 베드로전서 2:9-12, 로마서 6장도 함께 찾아 읽어 보고 그 의미를 분명히 하도록 합시다.

5. 로마서 6장을 볼 때, 당신이 가장 먼저 해야 할 것은 무엇이라고 생각하십니까?

6. 로마서 6장을 볼 때, 당신이 하나님을 닮은 거룩함에 이르기 위해서 살아야 할 삶은 구체적으로 무엇이라고 생각하십니까?

7. 함께 기도합시다—우리가 그리스도 안에서 얼마나 놀라운 존재가 되었는지 분명히 깨닫고 그에 걸맞은 삶을 살 수 있도록.

7. 마음은 원이로되 육신이 약해서

1. "마음은 원이로되 육신이 약해서"와 같은 이야기를 하거나 듣게 되는 경우는 어떤 때입니까?

2. 인간의 약함에 대해, 세상과 성경에서는 어떻게 이야기합니까? 이런 생각이 우리가 흔히 쓰는 이 말에 어떤 영향을 끼친 것 같습니까?

3. 로마서는 우리에게 일어난 놀라운 일들(하나님의 사람, 하나님의 능력, 하나님의 사랑)에 대해서 어떻게 가르치는지 정리해 보고, 이러한 내용이 당신에게 어떤 의미가 있는지 이야기해 보십시오.

4. 그리스도 안에서 이렇게 놀랍게 변화된 신분으로 말미암아 당신이 갖게 된 비전이 있습니까? 있다면 그것은 무엇입니까?

5. 당신의 경우, 성령을 통해 부활의 능력을 의지해서 자기 훈련을 해야 할 부분은 어떤 부분입니까?

6. 개인적으로, 또 공동체로 우리 속에 부어지는 하나님의 사랑을 누리기 위해서 무엇을 해야 할까요?

7. 함께 기도합시다—그리스도 예수 안에서 얻은 새로운 영적 신분으로 말미암아 비전을 가질 수 있도록. 이 비전을 가지고 성령을 의지해서 자기를 훈련할 수 있도록. 무엇보다 이것을 가능케 하는 하나님의 사랑을 우리 마음속에 늘 간직하도록.

교회 안의 거짓말

8. 하나님께 영광 돌립니다

1. "하나님께 영광 돌립니다"라는 말을 듣거나, 하거나, 그런 마음
   이 들었던 때는 언제였습니까? '하나님께 영광'이 되는 경우와
   세상 속에서의 성공은 어떤 관계가 있는 것 같습니까?

2. 하나님의 영광과 관련된 네 가지 주제(여호와의 영광, 예수 그리스도
   의 영광, 구원받는 자들이 소망하는 영광, 우주적 회복에 나타날 영광)를 살펴
   보며, 하나님의 영광이 무엇인지 당신 자신이 이해한 말로 말
   해 보십시오. 당신이 생각했던 '하나님의 영광'과 성경에서 이
   야기하는 하나님의 영광은 어떤 차이가 있습니까?

3. 하나님께서 진정으로 영광을 받으실 때가 언제인지 구체적으
   로 네 가지 주제와 연관하여 이야기해 보십시오.

4. 당신은 삶 속에서 구체적으로 어떻게 (진정한 의미에서의) '하나님
   께 영광'을 돌릴 수 있겠습니까?

5. 우리 공동체가 '하나님께 영광을 돌리는 공동체'가 되기 위해
   서 우리는 무엇을 해야 할까요?

6. 한국 교회가 '하나님께 영광 돌리는 교회'가 되기 위해서 우리

가 해야 할 일은 무엇일까요?

7. 함께 기도합시다—하나님의 영광을 온전하게 이해할 수 있도록. 우리 개인과 교회, 그리고 한국 교회가 구체적으로 하나님께 영광을 돌릴 수 있도록.

9. 지상의 교회는 어차피 완전하지 않아

1. 당신은 언제, 어떠한 상황에서 "지상의 교회는 어차피 완전하지 않아" 식의 말을 하거나 들었습니까? 또는 언제 그런 생각을 마음속으로라도 했습니까?

2. 당신이 교회에 대해 오해하고 있었던 점이 있습니까? 당신은 교회가 무엇이라고 믿고 있습니까?

3. 예수를 믿어도 어떤 예수를, 예수가 가르치신 어떤 가르침을 믿느냐가 중요하고, 진정한 교회가 되느냐가 그에 따라 판가름 난다면, 그 중심 가르침은 무엇입니까? 예수님을 따르던 제자들이 예수님이 부활하신 후에야 교회를 이루게 된 것에 대해 설명해 보십시오.

4. 메시아이신 예수가 다스리시는 교회가 되기 위해서 우리 각자는, 또 우리 공동체는 무엇을 할 수 있을까요?

5. 우리는 사랑의 전문가입니까? 우리들 속에서 서로 사랑하는 일과, 가깝고 먼 이웃을 사랑하는 일에서 당신에게는 어떤 어려움이 있습니까? 무엇을 배우고 훈련해야 합니까?

6. 당신과 당신이 속한 공동체는 하나님나라 복음을 제대로 이해하고 있습니까? 하나님나라 복음을 누리고 있습니까? 만약 그렇다면 이 놀라운 소식을 전하지 않을 수 없을 것입니다. 우리가 하나님나라 복음을 제대로 전수하고 있는지, 우리 자신의 삶을 돌아봅시다.

7. 함께 기도합시다—우리가 속한 교회와 공동체가 "어차피 지상의 교회는 완전하지 않아" 같은 말 뒤에 숨지 않고, 진정한 교회로 성장해 가도록. 그의 다스림, 그의 사랑, 그의 메시지에 천착하도록.

10. 사람을 왜 봐? 하나님 보고 다녀야지

1. 당신도 사람들이 보기 싫어서 교회에 더 이상 나가지 말아야겠

다고 생각한 적이 있었습니까? 그럴 때, "교회는 사람 보고 다니는 게 아니라 하나님 보고 다니는 거야" 하는 식의 말을 들었던 적이 있습니까? 또는 그러한 말을 해본 적이 있었다면 언제였습니까?

2. 성경의 하나님이 자신을 이스라엘에, 이어서 예수님, 그리고 교회와 그리스도인에게 드러내기 원하신다는 사실을 본문의 성경 구절을 차례로 읽으면서 다시 한번 확인해 보십시오.

3. 성경에 나타난 구체적인 예로 데살로니가 교회의 특성을 다시 정리해 보십시오.

4. 우리는 예수를 닮기 위해서 무엇을 할 수 있을까요?

5. 우리 공동체가 예수를 따르고 드러내는 공동체가 되기 위해서 무엇을 할 수 있을까요?

6. 우리 각자는 성장 단계가 다 다릅니다. 그렇다면 당신 자신의 성장 단계에서 그리스도를 본받는다는 것은 무엇을 의미할까요? 온전해지려 노력하지 말고 진실해지려고 노력한다는 의미는 무엇일까요?

7. 함께 기도합시다—자신의 삶 속에서 예수 그리스도의 모습이 드러나고 하나님의 뜻이 나타날 수 있도록. 이를 위해서 우리 각자가 속한 교회 공동체가 하나님의 뜻을 더욱 온전히 세상 속에 드러낼 수 있도록.

11. 그 교회 부흥하네

1. 요즈음 주변에서 부흥한다고 하는 교회는 어떤 교회입니까?

2. 교회가 부흥한다고 말할 때, 지금까지 당신이 가장 중요한 요소라고 생각했던 것은 무엇입니까? 특별히 두 가지 요소(감성주의, 외형주의)와 관련 지어 생각해 보십시오.

3. 건강하지 못한 교회의 특성은 무엇입니까?

4. 건강한 교회의 특성은 무엇입니까?

5. 건강한 교회와 부흥하는 교회를 비교한다면 부흥하는 교회는 어떤 특징이 있습니까?

6. 부흥하는 교회가 되기 위해서 우리 자신과 공동체는 무엇을 해

그룹 토론 가이드

야 할까요?

7. 함께 기도합시다—우리가 속한 교회가 건강한 교회가 되기 위해서 자신이 할 일이 무엇인지 찾아 움직일 수 있도록. 우리 공동체가 부흥하는 교회가 되기 위해서 하나님 앞에서 바르게 살아가도록.

12. 난 평신도니까

1. 당신에게는 어떤 '평신도 배짱'이 있습니까? 본문에서 열거한 몇몇 배짱이 당신의 모습과 닮았다면 어떤 면에서 그렇습니까? 그리고 이런 생각이 당신의 삶에는 어떤 영향을 끼치고 있습니까?

2. '평신도'라는 단어의 교회 역사적 기원을, 본문을 통해서 다시한번 정리해 보십시오.

3. 사도 요한, 사도 베드로, 사도 바울, 그리고 히브리서 저자가 성경에서 증언하는 '만인 제사장'과 관련된 구절을 본문에서 찾아 읽어 보십시오. 당신에게 특별히 도전이 되는 구절은 무엇이며, 그 이유는 무엇입니까?

4. 에베소서 4:11-12에 따르면, 당신은 어떤 성도이며, 당신에게 필요한 것은 무엇인가요?

5. 평신도가 아니라 성도로 살아가기 위해서 당신에게 지금 필요한 것이 무엇인가요?

6. 평신도가 아니라 성도가 세우는 공동체가 되기 위해서 우리는 서로를 어떻게 도와야 할까요?

7. 함께 기도합시다—평신도라는 말이 아예 없어지고 성도들이 주축이 되어 교회를 세울 수 있도록. 목회자와 성도가 각자의 역할을 잘 감당하여 한국 교회를 통해 드러내야 할 하나님의 영광을 온전히 드러낼 수 있도록.

교회 안의 거짓말
우리가 신앙이라고 착각하는 12가지 확신

김형국 지음

2021년 4월 30일 초판 1쇄 발행
2021년 6월 21일 초판 2쇄 발행

펴낸이 김도완
등록번호 제2021-000048호
등록일자 2017년 2월 1일
전화 02-929-1732
전자우편 viator@homoviator.co.kr

펴낸곳 비아토르
주소 서울시 종로구 삼일대로 428, 500-26호
     (우편번호 03140)
팩스 02-928-4229

편집 김명희
제작 제이오
제본 (주)정문바인텍

디자인 임현주
인쇄 (주)민언프린텍

ISBN 979-11-88255-90-0 03230

저작권자 ⓒ 김형국 지음, 2021